我在发现中成长

——河南省安阳市殷都实验小学『发现教育』解读

主编／赵验军

中原出版传媒集团
大地传媒

大象出版社
·郑州·

图书在版编目(CIP)数据

我在发现中成长：河南省安阳市殷都实验小学"发现教育"解读 / 赵验军主编. — 郑州：大象出版社，2014. 12
ISBN 978-7-5347-7529-1

Ⅰ. ①我… Ⅱ. ①赵… Ⅲ. ①小学教育—教学研究 Ⅳ. ①G622. 0

中国版本图书馆 CIP 数据核字(2014)第 140674 号

我在发现中成长

——河南省安阳市殷都实验小学"发现教育"解读

赵验军 主编

出 版 人 王刘纯
责任编辑 孙 波
责任校对 裴红燕
封面设计 付锬锬

出版发行 大象出版社(郑州市开元路 16 号 邮政编码 450044)
发行科 0371-63863551 总编室 0371-65597936
网 址 www.daxiang.cn
印 刷 河南大美印刷有限公司
经 销 全国新华书店
开 本 787mm×1092mm 1/16
印 张 19
字 数 301 千字
版 次 2014 年 12 月第 1 版 2014 年 12 月第 1 次印刷
定 价 46.00 元

印厂地址 郑州市索凌路北段
邮政编码 450004 电话 0371-63789531

主　编

赵验军

副主编

孙　巍　白艳红

编　委

李凤茹　杨卫芳　范丽娟
田玉娟　于　娟　马　娟
牛苗苗　马海芹

目　录

第一章

发现·文化

——科学种子在这里萌芽

学校文化是学校中所有人，包括教师、学生、家长所共同具有的一种教育认识，也可以说是一个学校的“性格”。它是一个学校有别于其他学校的显著特征，是一个学校的“魂”，是学校在长期的教育实践过程中积淀和创造出来的。学校文化承载着学校的办学思想，承载着学校的育人理念，也反映了学校的实践模式。其本质意义在于影响学校内人的发展，其最高价值在于促进学校内人的发展。学校文化作用于学校的方式有二：其一是形成文化凝聚力，即把不同认识、不同能力程度、不同社会分工的人凝聚起来，形成教育合力；其二是形成文化示范，将文化的诸多元素物化为一定的显性符号，直接或间接作用于学校中的人。学校文化可以分为思想理念文化、制度规划文化、物表环境文化三方面。分别从这三个方面呈现，承载了学校文化的实质。其中物表环境文化是一种显性文化，走进不同的学校，人们所得出的不同感觉首先是从环境而来的，独特的校园环境吸引人们关注它、认同它、接受它。校园里的每一处环境都应能够反映出学校浓郁的文化气息，同时学校文化应该显现在学校的一切教育行为、各种物质载体和全部的符号体系（校训、校歌，以及校风、教风、学风的语言表达）之中。

殷都实验小学以“发现教育”为教育指导思想，以“我发现”学校文化为思想载体，统领学校的教育教学各项工作。“我发现”学校文化如根深叶茂的大树，根植于殷都实验小学长期自主教育实践的沃土，萌发于教育的“传承和创新”本质功能论，受主体多元教育思想和自主发展教育理念的滋养浸染，形成了以培养学生科学创新素养为目标的思想体系和方法体系。这种独特的文化，是在这片土地上长出来的，没有移植，更没有复制。让我们通过几个特写镜头，去了解殷都实验小学情理交融、充满活力、风貌独特的“我发现”学校文化。

特写一：醒目的“我发现”文化主题墙

走进殷都实验小学的校园，首先映入眼帘的是以“我发现”为主题的大幅墙壁画，学校的校 园文化建设正是围绕“我发现”这一主题展开的。

这三个大字的色彩是富有生命气息的绿色，象征着在不断发现中成长的孩子们犹如茁壮成长的绿芽，生长着，生长着。这个大型主题壁画的方案是根据孩子们的投票结果产生的。学校将几种供选方案公布，由孩子们挑选、投票，确定了现在的图案。

东校区主题墙

西校区主题墙

仔细看“我发现”中“我”字的笔画，会发现是由学生的签名构成的，表示每个学生都是主体的“我”，“我”包括每一个学生。后边的省略号，由六个字母组成，是“我发现”的英文缩写。左上角的图案，是“我发现”文化的标识。学校希望每一位孩子能够用“我”的眼睛去观察，用“我”的大脑去思考，用“我”的双手去操作，用“我”的智慧去创造。在生活中发现，在校园中发现，在课堂上发现……在时时处处的发现中，最终形成科学创新素养。“发现”

两个字是启迪智慧的开端，这里既指具备发现素养的一种行为，形成发现习惯后所形成的一种行为模式；还指发现就是学习，发现就是研究，发现就是发明，发现就是进步。

“我发现”三字上方的LED电子屏滚动播放着“科学并不遥远，发现就在身边，万事万物神奇，奥秘我能发现”的发现文化理念，启发学生“敏于观察、勤于思考、善于发现、敢于创造”，提高学生的科学创新精神和实践能力。校园围墙内外由每个班级“我发现”卡汇集而成的各具特色的展板，静静地向过往的行人诉说着学校鲜明的文化特色，体现着校园文化的无声力量，无痕的浸染。

在“我发现”学校文化的浸染下，学生获得了一些科学创新知识，形成了一定的科学创新意识，养成了一系列科学创新习惯，经常做出一些科学创新行为，甚至有一些科学创新的成果。一句话，就是形成了科学创新素养。这是我们的“文化理想”。

围绕“我发现”校园文化，我们制定的校训是：让发现成为一种习惯；我们的校风是：自主、快乐、发现、创新。

而今，“我发现”不仅成为学校一切环境建设的起点，更成为学校师生的语言符号，成为师生的思维习惯，成为校园特有的精神内涵。

特写二：耳熟能详的《我发现》之歌

校歌是学校文化的重要组成部分，是学校办学理念、校园精神和学校特色的集中体现，是引领学校发展方向的精神宣言，在激励学生成长、凝聚学校精神、推动校园文化建设等方面发挥着重要作用。

一首好的校歌，具有自己鲜明的特色，起着明责、励志、抒情、奋进的教育鼓舞作用，这种作用甚至让人一生都铭记在心。

我们殷都实验小学的校歌是什么呢？校歌的歌词既要体现学校文化特色和时代精神，又要具有儿童特点，简洁明快、朗朗上口。于是学校发动每一位老师和学生都参与校歌歌词的创作活动，并为校歌的创作献计献策。这时，多年前中央电视台少儿节目《天地之间》的主题曲《天地之间》进入到大家脑海里，这首歌曲旋律优美，节奏欢快，为许多人所熟悉，歌词朗朗上口而且寓意深远，旨在引导学生观察和发现，强调动手动脑，和“我发现”学校文化理念相得益彰，于是我们的校歌《我发现》诞生了：

从地到天，从天到地，
万事万物多么神奇，
多么神奇，啦啦啦啦啦，
多么神奇，啦啦啦啦啦，
谁能解开这些奥秘，
谁就变得聪明无比！
啦啦啦啦啦啦啦啦，
啦啦啦啦啦啦啦啦。
从天到地，从地到天，
天上地下多么壮观，
多么壮观，啦啦啦啦啦，
多么壮观，啦啦啦啦啦，
人人学会动手动脑，
共同建造幸福乐园，
啦啦啦啦啦啦啦啦，
啦啦啦啦啦啦啦啦。

在一年一度的“我发现”文化节上的合唱比赛中，这首校歌成为各年级必唱的曲目，嘹亮动听的歌声回荡在校园上空。

特写三：自由自在的书吧

寒假结束了，重新聚集到学校的学生们在学校楼梯间里发现了一件奇妙的事情，不禁兴奋地叫起来。

原来，每栋教学楼的楼梯间都添加了开放式书架，书架中的图书琳琅满目，有《可怕的科学》《神奇的校车》《美国国家地理》等。这些图书，突出了科学特色，绝大多数是儿童科普类读物。学生无需办理任何借阅登记手续，只需从中选取一本图书，在书架旁或站或坐静静阅读，阅读后把书放回原处就可以了。这是学校为学生设置的一个无障碍自由阅读的平台，比在新华书店当书虫还要自由。

我们在校园内的雪松周边，用大理石做成长凳，并镌刻了象棋盘，每个棋盘配上一副象棋，方便学生在课间十分钟，得空坐下来杀一盘。在车棚的横梁上悬挂了许多铁钩钩，买来塑料绳，截成适合跳绳的长度，挂在铁钩钩上，方便学生在课间得空取一根跳绳，欢快地跳一跳。乒乓球台的下边，我们给学生准备了一个工具箱，箱子中放了乒乓球和乒乓球拍，方便学生随时战一局。篮球架下，给学生准备了篮球。书吧随后也出现在校园的楼梯间。

最开始把书放上去，发现学生看得很少，也不去围观。随后我们做了调查，原来是书吧里放的图书太陈旧了。那些散发着腐味儿、霉味儿的发黄的图书，根本就吸引不了孩子们的眼球。怎么办？那就买新书。学校立即和新华书店联系，提出购买科普类书籍的要求，由新华书店整理出图书目录，交由学校审定。在审定目录时，结合《中国教育报·读书周刊》推荐的儿童读物，我们增加一些品种进去。买来的新书全部放在书架上，这下子，情况完全变了，学生一下课就挤到书架旁。北京一位儿童教育专家到学校考察，看见一个孩子靠在书架旁看书，说：这个孩子了不起，你们学校这样安排学生阅览，更了不起。

学生喜欢看书了，新的问题又出现了，一些孩子看书看得入了迷，站着可能觉得累，索性席地而坐，将书放在腿上出神地看。校长看见这些坐在水泥地上看书的孩子，既心疼又兴奋，安排总务部门买来一批塑料板凳，每个书架前放一些。学生看书的时候可以拿来坐，平时将板凳摞起来还不占地方，这下子彻底解决了孩子们看书的问题。

我们给开放式书架取了一个好听的名字，叫作“书吧”。不过这个书吧不仅不需要付费，而且连登记签名都不需要。我们只有一个追求，那就是学生能够读书，学生能够方便地读书。在后来的校园规划中，配合“科技园”等特色阵地的命名，我们给书吧改了名，借蜜蜂采蜜的寓意，更名为“采蜜园”。

现在我们“采蜜园”中的图书，基本每个暑假都要更新，更新率在50%。

我们更新图书的原则是，内容前沿、最新出版、科学特色、适合孩子。

自由自在的校园书吧

到学校来的客人总是问一个问题：这些图书难道不丢吗？难道你们不怕丢书吗？我们校长的回答是，丢了书好像不是什么坏事，可能是某个孩子太喜欢看某一本书了，在课间又看不完，于是拿到家里继续看。书到了喜欢它的孩子家里，应该是一件大好事。实质上，我们在学期初充实了书架以后，一般情况，到学期末也丢不了几本。曾经跟踪过几起“丢书”事件，都是我们的教师拿书看，看着书好，就带回家让孩子也看看，之后再还回来。

“采蜜园”也是一个校级管理岗位，每个书吧都有两三个管理员。管理员只负责整理图书，清理书架卫生，而不需要管理学生看书的情况。

特写四：可以爬来爬去的操场

陶行知先生在《创造的儿童教育》一文中说：“我们发现了儿童有创造力，认识了儿童有创造力，就必须进一步把儿童的创造力解放出来。”为此，他提出了“六大解放”：解放儿童的头脑，解放儿童的双手，解放儿童的眼睛，解放儿童的嘴巴，解放儿童的空间，解放儿童的时间。陶行知的教育理论不仅在当时具有划时代的意义，即使在今天，仍具有极强的指导价值，21 世纪需要的正是具有这种创造精神的人才。

参观一些学校，总能看见硕大的电子屏上打着“不奔跑，不打闹，课间文明休息”的字样。在操场上，课间难见孩子喧闹的踪影，而以安全为口号的“圈养”则成了越来越多的小学管理孩子的方式……爱游戏、爱玩耍，本是少年的天性所在，在玩耍中接触社会，在玩耍中张扬个性，在玩耍中充实人生，是培养创新人才的一条自然之道。

为了给孩子创设更好的“玩耍”环境，经过大量的前期准备、精心筹划和设计，把东、西两个校区所有的水泥地面改建成了色彩鲜艳、质地柔软的塑胶地面，使学生在校园里“处处能运动，人人会运动”，让学生健康成长。学校允许学生放开手脚，在塑胶操场上或自由自在地打滚，或无拘无束地爬来爬去，或三五成群地席地而坐……这样的校园里多了一份童真，多了许多欢笑，给学生创造了一种宽松愉快的学习环境，多了一些自由成长的空间，不但有利于学生科学素养的培养，更有利于学生个性的张扬。

实际上，学校铺设塑胶地面，也的确来源于学生“玩得高兴”。我们学校的春季运动会每年 4 月份举办，由于学校校园面积较小，没有活动空间，我们只能到外面开。我们学校几乎在安阳市所有设有塑胶操场的学校开过运动会，安阳五中、安阳实验中学、安阳市外国语中学、安阳工学院、安阳师范学院等。每当开运动会时，孩子们都会在塑胶操场上滚着、躺着、趴着、坐着，好不惬意。看着操场上快乐的孩子，老师们都想，我们学校的操场何时也铺设塑胶呢？

可以爬来爬去的操场

学校操场刚铺上塑胶的那段日子，孩子们可兴奋呢。他们在地上打滚、叠罗汉、翻跟头，甚至还躺在地上晒太阳。我们校长看见了，还专门拍了一组照片发在学校的博客上，博客的题目就是“他们家的‘炕’可真大啊！”让孩子们高兴，让孩子们喜欢学校，是我们教育者的永恒追求。只要真心地热爱孩子，做好孩子们感兴趣的一件一件小事，孩子们就会高兴和喜欢。

当然，孩子的行为是童心的表现，对于有可能带来不安全的隐患的行动也要禁止，并用通俗易懂的韵语儿歌教育孩子学会保护自己……

为了让学生“到大自然、大社会里去扩大认识的眼界，取得丰富的学问”（陶行知语），学校因地制宜，对操场的每一隅都进行了精心设计，把学校原有的修剪整齐的绿色灌木统一去除，分割出会结出雪白棉朵的小块棉花田，会长出紫色红薯的小块红薯地，会结出弯弯穗子的小块红高粱地，还有养着胖乎乎的小白兔的小兔之家，养着长相奇特、鸣声响亮的火鸡的养殖角……棉花、红薯、高粱、兔子、火鸡等这些对于城市孩子来说感到无比新鲜的植物、动物已成为孩子们的小伙伴，就连校园的花草树木都挂着自我介绍的卡片，引导学生去触摸自然，学会发现……校园里的一墙一瓦、一树一花，使每一个走进校园的人都感受到学校对于校园文化别具匠心的设计。“文化育人、环境育人”，润物无声、潜移默化地培养学生的发现意识，培养学生想发现、善发现、常发现、有发现的科学素养。

校园中的植物

特写五：会说话的墙壁

“创新精神是一个民族发展的不竭动力。”教育的本质功能就是传承人类既有的文明成果和培养学生的科学创新素养。我们的传统教育注重传承功能，学生对基本知识和基本技能掌握得比较好，但是创新能力和动手能力十分欠缺。我校以此为鉴，确立科学创新素养为教育侧重目标，把科学知识教育和创新品质教育作为教育的着力点，以“我发现”为思想承载和标签，进行了系列的科学主题物表文化建设。比如学校的墙壁文化，几乎全部以科普知识为内容，实现了让墙壁会说话，让墙壁说科学创新素养的话，让墙壁成为学生接受科学教育的一个个“老师”。

学校通过校园环境的建设，尤其是利用墙壁的育人功能，使科学性、教育性、知识性、趣味性融为一体，为学生营造出爱科学、学科学、用科学的良好氛围。

（一）变走廊为“科学知识长廊”

教学楼的走廊张挂着科学家画像、科普知识、世界著名大学等图片，成为普及、学习科学知识、科技信息的“科学长廊”。科学走廊按“宇宙空间”“科学人物”“科学历程”“微观世界”“航空航天”“交通工具”等主题布置，让学生有序了解和学习科普知识。其实不仅是走廊，连教室、卫生间乃至一花一木，处处皆文化，可谓是大百科全书，学生时时都可以耳濡目染地知道许多海、陆、空的奥秘及其他科学知识。

（二）变围墙为“科技文化墙”

学校利用校园围墙，形成以展示“我发现”卡片为主的文化墙。这些卡片来自不同年级、不同班级，卡片内容涉及广泛，但都来源于学生在生活中的发现，通过观察、探究的方式获得启迪；卡片的造型也是千姿百态，每一个小卡片背后都有它的小主人认真观察、勤于探索、认真创作的汗水。面向校外的文化墙让来往的路人对学校的“我发现”文化建设也能略窥一二，同时也激发了小作者们的自豪感和荣誉感；面向校内的文化墙更是让学生对校园文化耳濡目

校园文化墙

西校区学生涂鸦墙

染。墙壁成为了宣传和展示学校文化的重要窗口和阵地，既展示了学生平时的小发现，又创造了人人是发现之人，天天是发现之时的氛围，培养学生善发现、常发现的意识。

（三）增设说出心声的“涂鸦墙”

如果说“我发现”文化墙展现的是学校文化的共性，那么在西校区南墙上近 30 米的涂鸦墙更能代表学生的独特个性。学生可以在涂鸦墙上写写画画，抒发情感，晒晒想法，展示特长……由于学校特意选择了质硬面光的材质铺到墙面上，使得学生写上的字画可以轻松擦掉，非常方便。这面墙又高又大，足够让学生随性涂抹。涂鸦墙开放以来，先后有“毕业赠言”“我发现”等主题让学生去涂鸦，随后根据学生们的建议，我们固定了一些栏目，有“我来问—你来答”“我来写—你来看”“我发现—你发现”等。饱含深情的语言、匠心独运的设计、色彩艳丽的绘画……让学生有了一个展示自己的舞台、抒发心声的平台，独具特色的涂鸦墙也成为校园一道别样的风景。

特写六：具有科学特色的年级、班级和小组文化

“我发现”学校文化以学生的科学创新素养教育为培养内容目标，以学习科学知识、形成科学创新品质为文化内涵。各年级、各班级文化也一以贯之，命名突出科学特色。每个年级都有一个科学主题，年级内各班再根据年级文化主题设置班级文化。其中，一年级以植物研究为主题，二年级以动物研究为主题，三年级以科学家成就为主题，四年级以交通工具发展历程为主题，五年级以天文研究为主题，六年级以能源关注为主题。每个科学主题跟随该年级六年的时间，也就是说，年级科学主题相对固定。

各班教室内的布置设计，也充分体现了本班、本年级的文化主题。如某个班级以“百花园”作为班名，既贴合了年级植物系列主题，而且取“一花独放不是春，百花齐放春满园”之意，强调学生间的合作共赢。

班级内的各小组也紧紧围绕班级文化起组名，如“清香溢远”小组、“傲霜秋菊”小组、“向阳葵花”小组……在教室外有班名版面，教室内布置有班级文化解读、小组文化解读、科学泡泡、星光版等不同的版面，作为班级文化的物质载体。希望学生从小爱科学，并逐渐养成动手研究的习惯，形成科学创新素养。

再如以“科学家”命名的一个班级对于班级文化和小组文化的阐释：

我们的班名：达尔文班

热爱大自然是孩子的天性，也是生活的真谛，只有你全身心地去爱大自然，你才会感觉到这个世界是多么可爱，也只有热爱它们，我们才能更好地热爱生活，去发现，去创造。我

科学成果展示

们达尔文班的每位同学都将投入到科学的怀抱中去探索、去研究。

我们的班风：勤学习，爱研究，勇探索。

我们的班训：彩虹风雨后，成功细节中。

我们的口号：我们努力，我们成功，我们收获。

班级建设目标：

1. 我们要制定班级法规，形成自觉遵守纪律的意识。

因为好的纪律是学习的保障。

2. 我们要形成良好的习惯。

因为“播种一种行为，收获一种习惯；播种一种习惯，收获一种品格；播种一种品格，收获一种命运；播种一种命运，收获美好明天”。

3. 全员参与班级管理，让每个人成为真正的主人，把班级的荣誉放到首位，把班级建设成温暖的家、健康成长的小乐园，使班集体具有强大凝聚力、吸引力和生命力。

4. 我们班的同学人人学习科学、敢于创新。

我们的小组建设：

贝格尔号小组——我们将在贝格尔号中，探索知识的奥秘，在知识的海洋中遨游，同舟共济，勇往直前！

口号：贝格尔号，冲、冲、冲！

进化论小组——达尔文经过不断研究，写出了《物种起源》，使人们了解了生命的起源。我们也将在知识的海洋中汲取营养，“进化”出美好的明天。

口号：勇于探索，不断发现。

起源小组——达尔文发现了世界万物的起源，我们沿着他的足迹探索明天。

口号：千里之行，始于足下。从源头做起，胜利一定属于我们。

草芦小组——达尔文发现了草芦的向光性。我们要像草芦一样，向着太阳，汲取知识的阳光，快乐成长。

口号：草芦，永远向阳！我们，茁壮成长！

剑桥小组——昨天达尔文在剑桥探索科学的奥妙，今天我们将在这里探索知识的奥秘。

口号：踏着知识的脚步，去寻找文化的宝藏。

爱丁堡小组——我们将在达尔文的科学之路上，展翅高飞。

口号：让我们插上科学的翅膀，一飞冲天。

第二章

发现·课堂

——思维火花在这里点燃

课堂对于我们来说并不陌生，你心中所期望的课堂是什么样的？

“我心中期望的课堂是快乐的、有趣的！”学生说。

“我希望我的孩子在课堂上是自信的，课堂上充满尊重与爱。”家长说。

“我期望的课堂是高效的、全员参与的。”老师说。

……

我们的课堂是这样的——

探索一：发现课堂的基本概念

课堂的名称——自主学习，发现课堂。“自主学习，发现课堂”可以简称为“发现课堂”。发现课堂的基本特征是自主学习，自主学习就是“自我主动、自我导向、自我激励、自我监控”式的学习。发现课堂的优势是以自主学习的学习方式，实现学好基本知识、基本技能的学科目标，同时实现培养学生的科学创新素养目标。在发现课堂上，学生的思维是自由的，发散思维、求异思维、批判思维的思维品质得以培育，这些思维品质是创新思维的基础，所以这样的课堂是创新思维培养的平台。 由学生自己所探求得来的知识才是真知识，自己发现的世界才是真世界。因此，在课堂上，我们要培养的是孩子们自主学习、自主发现、自主创新的意识。

发现课堂的外观——双向五环。“双向”， 指参与教学活动的两个主体——学生和教师。学的一方是：预习—合作—展示—探究—达标；教的一方是：导学—参与—激励—引领—测评。在教学过程中学生的学与教师的教双边活动相互作用、相互合作，达到教学相长、双赢共好的最优化教学效果。

“五环”是按照教学过程对内容进行构建的，即：

第一环：学生预习，教师导学；

第二环：学生合作，教师参与；

第三环：学生展示，教师激励；

第四环：学生探究，教师引领；

第五环：学生达标，教师测评。

发现课堂的灵魂——自主。“自主”二字，取学生在课堂上的学习是“自主学习”，而非“他主学习”之意。真正高效的合作学习和探究学习一定是建立在充分自主学习的基础上的。学生是学习的主体。以学生为主体的学习方式，是自主学习。以教师为主体，即教师教、学生学的学习方式，都是他主学习。在新课程提倡的几种学习方式中，自主学习是基础，在这个基础之上，才有合作学习、探究学习、研究性学习的可能。自主学习是高效的。自主学习时，主体的内因起主导作用，内因主导的学习状态是“我要学”的状态，学习效果必然是最好的。自主学习是快乐的，自主学习时，学习本身成为学生的一种心理需求，成为学生愿意干的一件事，干着自己喜欢干的事，是一种愉悦的心理体验。自主学习产生创新，自主学习时，学生的心理是安全的，学习氛围是宽松的，学习机制是民主的，学生的发散思维、求异思维、批判思维得以激发，从而创新思维得到培育。

发现课堂自主学习的原理——任务驱动。确立学习目标，目标转化成学习任务，任务驱动自主学习：自主完成任务→小组交流任务完成情况→班内展示任务完成情况→评价任务展示情况→巩固练习。

发现课堂的本质——六要素。自主、合作、展示、评价、快乐、高效，这六个特征称为自主学习发现课堂“六要素”。

发现课堂的管理——五个抓手。“五个抓手”指评价一体化、队展组评、小口令、任务包、导学案。

发现课堂的模式——三种流程。分为小流程、大流程、特流程。小流程，即一个流程完成一个目标任务，一节课可以有多个流程。实践中，一节课当中要完成 2—3 个目标任务，每完成一个目标任务都要通过自学、合作、展示、探究、检测这几个环节达到目标，小流程主要针对低年级学生。大流程，即一节课完成一个流程，一个流程完成若干目标任务。实践中，将课上所要完成的 2—3 个目标任务全部交给学生，学生带着所有的目标任务进行自学、小组合作、分任务展示、探究、抽测来完成本节课的所有任务。大流程适合中、高年级的学生。特流程，即一个流程完成一个主题教学单元的学习，可能用两个以上的课时。实践中，以教学单元为单位进行自学、合作、展示、探究、检测等五个环节，突出主题教学，主要针对高年级学生或总复习课时使用。

发现课堂的意义——培养目标。浅层的目的：实现学生在课堂上竞争性学习和自主性学习的状态，达到快乐学习、高效学习的目的。深层的目的：通过培养学生求异思维、批判思维、发散思维的思维品质，进而形成创新思维品质，最终实现培养学生科学创新素养的目的。

探索二：发现课堂的框架——学科流程

发现课堂是一种新的教育模式，与传统的课堂相比，在学习方式、学习流程、教师角色等方面都有巨大的差别。如果我们仅仅从理念上转变了教育观念，而没有建立与发现课堂相匹配的各学科课堂学习流程，那么理念就没有了落脚点，教师对课堂的调控就缺乏可操作性。因此，殷都实验小学建立了各学科的学习流程，一方面可以规范教师的教学方法和课堂形式，另一方面可以体现学科教学特色。

低年级语文课堂流程

第一课时：读文识字

读文流程：自读课文—对子互读—组内轮读—小组预展—全班展示。此流程的读文要求是正确流利。

识字流程：自学生字—对子互学—小组预展—班内展示。此流程的识字要求是读准字音。

第二课时：读文写字

读文流程：自读课文—对子互读—组内预展—全班展示。这个流程的读文要求是有感情地朗读。

写字流程：自学生字—对子交流—组内交流—全班展示—描红仿写。此流程要求能说出字的读音、结构、笔顺、关键笔画、正确书写、组词。

中、高年级语文课堂流程

预习交流课流程：自己梳理预习内容—合作交流（对子、小组交流预习时不会的题）—领取任务—组内预展。

展示提升课流程：复习巩固—小组预展—全班展示—课堂检测。

【课堂实例】三年级语文《和时间赛跑》　执教老师：李卫红

一、复习导入

复习旧的知识，导入新的课时，让学生温故而知新。

师：昨天我们初学了课文《和时间赛跑》，让我们再次读课文，边读边回顾课文讲了什么。

二、解读目标

教师解读本节课的学习目标，让学生明白这节课要学习什么，做到心中有数。

师：我们一起来读读本节课的学习目标。1. 我能有感情地朗读课文。2. 我能通过学习重点词句感受时间一去不复返，并能珍惜时间。

三、自学群学

自学是学生按照导学案出示的任务包一步一步地进行学习，不会的知识要进行标注，对本节课的知识要有一个系统的认识。 群学是在小队长的带领下，按照任务包一步步地进行交流，主要交流不会的和有疑问的知识点，达到共同学会的目的。

师：默读课文，用横线画出时间一去不复返和作者与时间赛跑的词句。

师：（出示任务包）根据本节课学习目标，我们分解出 6 个任务。

师生共读：一、回顾课文大意。二、品读课文第 1—5 段，感受时间一去不复返。三、品读课文第 6、7 段，感受时间一去不复返。四、品读课文第 8 段，感悟“我”与时间赛跑。五、品读课文第 9、10 段，感叹珍惜时间给作者带来的益处。六、背诵有关时间的名言。

师：现在每个大组一个任务，在队长的带领下开始预展。

四、组内预展

领取任务后，小队长针对所分到的任务带领大家进行预展。预展时要根据组员的特点进行合理的分工，注意每个环节过渡语的运用，学生语言的准确和清晰。小队长要鼓励每个学生，给组员自信，尽量让每个学生都能充分地展示自己。

五、班内展示

展示环节是高效课堂最关键的一个环节。目标能不能完成就看小组的展示是否成功。在本环节中，教师要注意调控课堂的学习氛围，对学生的展示做出适当的评价，对展示的重点或者难点进行点拨，达到高效课堂最理想的效果。

任务三：

生：我们组的任务是品读课文第 6、7 段，看看作者是怎样感受时间一去不复返的。先听我们组读这两段。

（生读。）

生：这两段讲了作者看到太阳落山和鸟儿飞翔时感受到时间匆匆，逝去的岁月再也不能回来。

生：“虽然明天还会有新的太阳，但永远不会有今天的太阳了。”太阳落山是平常的事，但隐藏在太阳背后的每分每秒都不可能再复制了。

师：日常生活中还有许多这样的例子，你能说说你平时观察到的类似的事例吗？

（生交流。）

师：（播放课件朱自清的散文《匆匆》片断）和林清玄一样，著名作家朱自清也在日常生活中发觉时间如流水般匆匆而过。我们一起来读读，再说说你的感受。

（生读文，谈感受。）

师：让我们带着各自的感悟再次读第 6、7 段。

任务五：

学生展示后，老师引导大家谈对作者的了解，并通过课件展示林清玄在文学上的造诣和在台湾文坛上创造的两个之最，让学生再次深入理解课文中说的：那几步虽然很小很小，用途却很大很大。学生深刻地感受到了珍惜时间对于自己一生的益处。

师点拨：孩子们，俗话说“一寸光阴一寸金，寸金难买寸光阴”，希望大家能珍惜我们现在的大好时光，做个和时间赛跑的人。

六、课堂检测

（略）

数学学科课型及流程

根据数学学科的特点和每节课教学内容及练习的侧重点不同，数学学科分为三种课型。

（一）新知探究课

这一课型对应传统课堂的新授课，着重围绕新知识点最基本的学习目标来设计导学案，通过一节课的学习达到理解基础知识形成基本技能的目的，不做过多的变式和提升。其导学案板块是：温故知新、学海探秘、达标测评。其中“学海探秘”将本节课的学习重点设置为2—3个任务包，以任务一、任务二的方式呈现，任务包由易到难、由基础到提升，能涵盖本节课的重点，达到学习目标。

基本流程是：

（1）自学（15分钟左右）。在小学阶段自学能锻炼学生自己主动学习的能力和习惯。在自学环节，学生独立完成导学案，此时要对学生提出要求：自学要保持安静，有疑难问题用红色笔标注。教师巡视，发现共性问题。

（2）交流（对学、群学8分钟左右）。交流的定义就是“彼此把自己有的提供给对方”。其作用是相互沟通，做到大家共享，也起平衡进度、互通有无的作用。在交流环节要先交流疑难问题，然后再统一导学案的答案，分配预展任务并进行预展。教师巡视，及时对小组进行帮助或指导。

【课堂实例】《两位数乘两位数的笔算》　执教老师：王丽华

学生交流前老师要明确要求：

1. 先交流导学案上的疑难问题；

2. 统一答案；

3. 分配预展任务；

4. 进行预展。

学生明确了交流的要求以后开始进行小组交流。

(3) 展示（12 分钟左右）。展示是一门综合艺术，它和表演有着很多共性的地方，小学生表演欲望很强，都愿意把自己的思想或答案告诉大家。在展示环节学生对本节课的重点和难点进行展示，教师及时进行引导和点拨，以此来突破本节内容的重点和难点。

学生在展示“学海探秘”的任务一时：

生 1：这道题的条件是一套书 12 本，每本 24 元，问题是一共要付多少钱。

生 2：本题是求 12 个 24 的和是多少，所以用乘法计算。

生 3：我的算式是 12×24=288（元），我是这样计算的：

$$\begin{array}{r} 24 \\ \times\ 12 \\ \hline 48 \\ 24\ \ \\ \hline 288 \end{array}$$

48……24×2 的积

24 ……24×10 的积（个位的 0 不写）

生 4：请对子互相说说这道题的计算过程。

生 5：笔算两位数乘两位数，大家学会了吗？

生 ：(齐) 学会了。

生 6：我来考考大家。笔算下面的一道题：

23×13= ?

(4) 测评 (5 分钟左右)。测评是为了检测本节课的重点和难点的掌握情况，及时了解学情，做到查漏补缺。

在本环节，学生完成达标检测题以后老师先批改小组长的作业，小组长批改组员的作业，有错题的及时改正，让小组长和老师再次批改，以掌握本节课的重点，突破难点。

（二）巩固练习课

数学学科的知识点需要及时巩固和练习才能形成基本知识和基本技能，所以在知识点较多或课后习题比较多的情况下要设计巩固练习课。学习内容是教材上一些不同层次的习题，一般不再设计导学案。其基本流程是：(1) 明确自学任务（因为巩固练习课以练习书上习题为主，不再印制导学案）。（2）自学16分钟左右。(3) 集体处理基础题（基础题由学生对照答案，简化处理5分钟）。（4）明确展示任务包：将习题中涉及综合应用的、拓展的、变式的及难度较大的题设置为任务包，在巩固练习课中任务包是在上课过程中根据学情生成的，而不完全是预设好的。（5）预展和展示15分钟（附案例）。（6）订正4分钟。

需要注意的是巩固练习课习题容量比较大，所以展示时并不是每道题都展示，需要教师根据学情有选择性地确定展点，在巡视学情时发现错误比较集中的、难度较大的作为展点，这样可以达到突出重点、突破难点的目的。

（三）复习提升课

数学学科的特点是知识的系统性和连贯性，所以在每个单元之后，我们通常要设计一节复习提升课，目的是巩固这一阶段所学知识，并形成知识网络，及时查漏补缺，同时培养学生归纳、概括、提升的学习能力。

单元复习提升课流程为：

第一课时：（1）知识梳理（25分钟）；（2）自学（15分钟）。低年级知识梳理一般由教师带领学生进行，同时需要给学生渗透几种整理知识的方法，比如画知识树、知识导图、知识图表等。高年级把知识梳理的任务交给学生，以家庭作业的形式布置下去，课上进行展示，教师点拨引领即可。

【课堂实例】《长方体和正方体》单元复习提升课　执教老师：徐玉芬

师：本单元我们学习了长方体和正方体，今天由第3小组带领大家来整理一下相关知识。

任务一：知识梳理包

1. 我会整理：

	长方体	正方体
面		
棱		
顶点		
棱长和		
表面积		

2. 我会对比：

（1）长方体和正方体的联系与区别。

（2）棱长和、表面积和体积的区别。

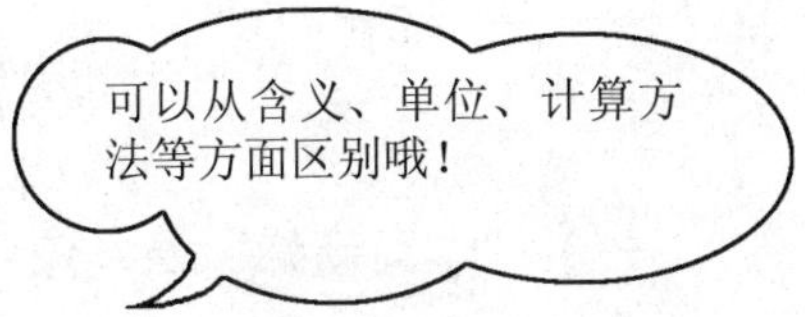

接下来由学生自学完成任务二、三、四。

任务二：基础知识包

1. 求下面各个图形的表面积与棱长和。

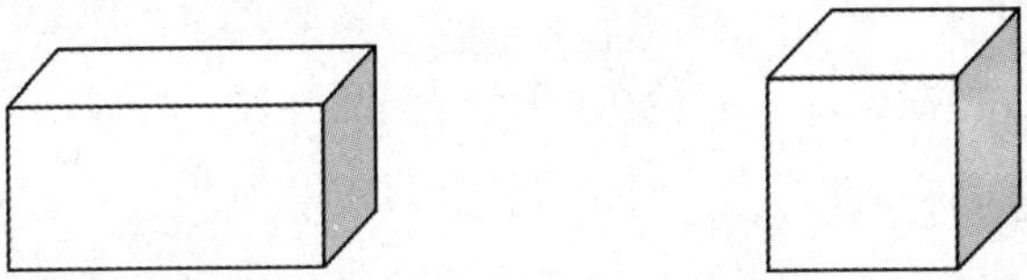

2. 有一个长方体的游泳池，长 20 米，宽 15 米，高 2 米。

（1）游泳池的占地面积是多少？

（2）在游泳池的四周和底面贴上瓷砖，需要贴多少平方米？

（3）如果在游泳池内注入 1.5 米深的水，应注水多少立方米？

任务三：拓展包

1. 用一根铁丝刚好焊成一个棱长 8 厘米的正方体框架，如果用这根铁丝焊成一个长 10 厘米、宽 7 厘米的长方体框架，它的高应该是多少厘米？

2. 一个无盖的长方体铁桶，长和宽都是 3 分米，铁桶高 5 分米，用油漆把铁桶内外都喷成红色，喷漆的面积是多少平方分米？

3. 在一个长方体水池内测量，长 3 米，宽 1.5 米，水深 1.2 米，投入一个石块后，水面上升 0.2 米，这个石块的体积是多少？

4. 学校运来两车沙子，每车有 3 立方米，体育老师要把这些沙子铺在一个长 4 米，宽 2.5 米的坑里，这些沙子可以铺多厚？

任务四：易错题包（由学生自己整理）

第二课时：(1) 交流预展（10 分钟），即学生对任务二至任务四进行组内交流，同时教师在巡视过程中将三个展示任务分配下去，各小组围绕任务进行预展。（2）展示（25 分钟），根据板书及准备情况指定 3 个小组分别进行展示，教师关注展示情况和倾听情况，适时进行点拨和引领。（3）订正（5 分钟），针对自己导学案上出现的错误进行订正。

英语课堂流程

（一）“学习新知”课堂流程

【课堂实例】Unit 2 My favourite season（五年级） 执教老师：王永超

第一环节：Check（回顾复习，小小检测） 6—8 分钟

本环节分四步操作：

A．课前热身，心神凝聚； B．及时复习，温故知新；

C．适时检测，查漏补缺； D．对子互检，巩固旧知。

首先，教师采用歌曲、儿歌、英语口号等形式进行热身活动。然后，组织学生复习上节课所学知识，知识链接复习到位。根据上节课所学内容，在复习之后，进行小检测，查漏补缺。检测之后，采取对子批阅形式，小组得分，适时评价。本环节通过复习，达到温故知新的目的。

T：First,Let’s sing the song *What’s your favourite season*?Then check the words and phrases:swim,skate,fly kites,make a snowman,plant trees.

第二环节：Presentation（呈现目标，自主学习） 10—15 分钟

本环节分三步操作：

A．巧妙导入新课，出示学习目标； B．学生独学预习，标出疑难问题；

C．通过课堂活动，进行新知学习。

复习完之后，教师巧妙导入新课，让学生先看看学习内容，通过独学，初步了解学习内容，运用双色笔，标出疑难问题。然后在教师组织下，适当通过课堂活动，完成英语单词或英语课文等新知识学习的过程。最后，让学生自主学习，读记单词，粗读课文。

1.T：Hello boys and girls,I like spring.Because it’s sunny and warm.I can go hiking and fly kites.What about you?What’s your favourite season?

板书：My favourite season

T:Let’s read the learning aims together.

Ss:(1) 我能听说读写 Let’s learn 中的单词。

(2) 我会运用重点句型 What's your favourite season?Which season do you like best? 创编对话。

2.Listen to the tape and answer the question,then complete the form.

Name	Favourite season	Why
Mike		
Zhang Peng		
Amy		

第三环节：Cooperation（**合作交流，对学、群学**） 3—5 **分钟**

本环节利用“A. 同伴协作，对子交流；B. 组长带动，小组交流”的形式学习。

在第二环节学生学习新知识的基础上，程度好的学生基本上学会了。教师组织学生采取同伴协作，兵教兵，对子帮扶，组长带动、组织等形式，互相学习，共同进步。

第四环节：Show（**大小展示，探究总结**） 5—8 **分钟**

本环节利用“A. 预展准备，组内小展；B. 班内大展，生成拓展”的形式进行展示。

小组合作继续深化，小组成员针对学习目标，在小组内进行小展示，并为大展示做准备。通过倾听别的小组展示、教师点拨等，使所学知识得到强化、拓展，并不断生成新知识。

1.Ask and answer（pair work）T—S1 S1—S2

A：What's your favourite season?

B：My favourite season is...

A：Why?

B：Because I can...

2.T:So different people like different seasons.All seasons are beautiful.Can you make a dialogue about seasons?I believe you can do!

第五环节：Consolidation（**达标检测，师生小结**） 3—5 **分钟**

本环节采用“A. 达标检测，力争堂堂清；B. 课内小结，导学案整理”的形式来操作。

英语课堂上要体现听、说、读、写严肃、严格的基本训练。通过当堂达标测评，体现出写的训练，也是学生所学知识系统整理、消化吸收、学以致用的综合体现。测评之后，要有1—2分钟时间，让学生整理一下导学案，梳理一下本节所学内容。教师适当小结，布置作业。

1.Do the exercises (Look and fill) .

I like ______ best.

It is windy and ______.

I can ______ mountains and ______ hiking with my friends.

2.Homework：采访一下你的爸爸妈妈，问一问他们最喜欢什么季节，写一篇英语小短文。

（二）“成果展示”课堂流程

第一环节：Check（**回顾复习，小小检测**） **6—8分钟**

本环节分四步操作：

A．课前热身，心神凝聚；B．及时复习，温故旧知；

C．适时检测，查漏补缺；D．对子互检，巩固旧知。

第二环节：Presentation（**呈现目标，自主学习**） **5分钟**

本环节分两步操作：

A．巧妙导入新课，出示学习目标；B．学生自主学习，培养自主学习能力。

复习完之后，教师灵活导入新课，并板书课题，出示学习目标，告知学生本节课我要学什么，达到什么目标。然后，让学生自主学习，教师要培养学生自主学习的能力，学习方法上加以指导。

第三环节：Cooperation（**合作交流，对学、群学**） **3—5分钟**

本环节利用“A．同伴协作，对子交流；B．组长带动，小组交流”的形式学习。

教师组织学生采取同伴协作，兵教兵，对子帮扶，组长指导、组织等形式，互相学习，共同进步，特别是学困生，应有明显进步，优等生所学知识得到强化巩固。

第四环节：Show（**大小展示，探究总结**） **15—18分钟**

本环节利用“A．预展准备，组内小展；B．班内大展，生成拓展”的形式进行展示。

成果展示是本节课的重点，也是学习的深化和拓展。小组合作继续深化，小组成员针对学习目标，完成在小组内进行小展示，并为大展示做准备。通过倾听别的小组展示的内容，教师及时点拨、指导等，使所学知识得到强化、拓展，并不断生成新知识。

第五环节：Consolidation（**达标检测，师生小结**） 5—7 **分钟**

本环节采用“A．达标检测，力争堂堂清；B．课内小结，导学案整理”的形式来操作。

通过检测，老师制定下一课时的教学内容。

（三）“复习提升”课堂流程

第一环节：Check（**回顾复习，小小检测**） 2—5 **分钟**

第二环节：Presentation（**呈现目标，自主学习**） 5—8 **分钟**

本环节分两步：A．导入主题，出示目标；B．自主学习，巩固知识。

教师简要讲，提示本节课复习提升的知识要点，并出示学习目标，告知学生学习的任务与要求。然后让学生自主学习，复习总结本单元的知识点。

第三环节：Cooperation（**合作交流，对学、群学**） 3—5 **分钟**

本环节利用“组长带动，小组交流”形式来学习。

学生自主学习后，有些疑难问题自己解决不了的，再拿到小组内进行讨论。

第四环节：Show（**大小展示，探究总结**） 5—8 **分钟**

本环节利用“A．预展准备，组内小展；B．班内大展，生成拓展”的形式进行展示。

通过大、小展示，各小组要充分利用黑板，把本单元涉及的“单词知识块、主要句型运用、话题表演关键句、语法点，还有其他所涉及的文化意识或知识链接以前的内容”尽量板书到黑板上。教师要注重培养学生记笔记的习惯，在倾听其他小组展示时，随时记录笔记，中、高年级尤为重要。本单元知识树应该清晰明朗，使所学知识得到强化、拓展，并不断生成新知识。

第五环节：Consolidation（**达标检测，师生小结**） 15—20 **分钟**

本环节采用“A．达标检测，力争堂堂清；B．课内小结，导学案整理”之形式来操作。

学生进行达标检测，力争单元清。利用当堂达标测评，看看学生是否真正掌握了本单元“应知应会”的知识内容。通过测试，便于学习的知识得到系统整理，消化吸收，学以致用。

音乐课堂流程

音乐课堂流程为：明确目标—复习导入—示范引领—自主练习—展示评价。

【课堂实例】澳大利亚歌曲《剪羊毛》　执教老师：靳小慧

第一环节：明确目标

本节课要学习什么，达到什么程度，这是目标。目标要明确，并且出示给学生，让学生心中有数，知道要学习什么，学到什么程度就可以达到老师的要求。

师：孩子们，我们一起来欣赏澳大利亚的风光，看看澳大利亚盛产什么。

（出示课件。）

生：有好多的羊，羊毛一定也很多。

师：我们再听听他们在剪羊毛的时候唱的歌曲，表达了怎样的情绪。

生：高兴、欢快的情绪。

师：我们来了解一下今天的学习目标：1. 我会用自然优美的声音去演唱歌曲；2. 我会认识歌曲中出现的节奏及音乐记号。

第二环节：复习导入

无论什么课程，都会有一些知识性内容。不同的课程，知识性内容和技能性内容所占的比例不大相同。这个环节就是学习知识性内容，以教师讲解为主要形式。

师：我们简单回顾上节课所学的放牛的歌曲《一支短笛轻轻吹》。

生跟音乐用不同的形式来复习唱。

第三环节：示范引领

与上一个环节一起，将内容机械地进行了分割。真实的课堂上要灵活处理，未必一定单独割裂进行教学。教师为学生进行新内容的示范。

在学习歌曲《剪羊毛》一课中，学生了解了学习目标并导入新课，老师简单介绍了澳大利亚的情况，告诉学生澳大利亚是一个“骑在羊背上的国家”。让学生初听歌曲，感受歌曲。

1. 初听歌曲（感受歌曲）

师：孩子们，在听歌曲的时候用心感受歌曲表达了怎样的情绪？

生：高兴、欢快的情绪。

2. 再听歌曲（体会歌词）

师：同学们再听一遍歌曲，感受一下歌曲的内容是什么。

生：歌曲表达了人们在剪羊毛时的劳动场景。

第四环节：自主练习

知识性内容学习了，知道了原理。技能性内容学习了，知道了操作技术。接下来当然就是要自己练习。在小组内练习比较好，利于教师组织，利于调动起学生学习的积极性，利于展示的环节。

在本环节是学习唱歌曲部分，老师先让学生试听歌曲，熟悉旋律。

师：同学们，请大家听歌曲并对口形聆听，养成聆听的习惯。

（生对口形跟唱。）

师：现在同学们听琴模唱旋律，用“La”音模唱。分小结、分句练习。

学生模唱过后处理难点节奏及音乐记号。

1. ○四分休止符（让学生用红笔标注）。

2. X·附点八分音符（多练习几遍让生去掌握）。

学生要熟悉歌词，教师和学生一起分析两段歌词并解释，让学生能在短时间内记住。

师：同学们现在跟琴填词练习几遍，要注意坐姿和发音的方法。

第五环节：展示评价

每个小组进行组内展示之后，发现有亮点的学生，指名其代表本组在班内展示，将本组的亮点展示给全班共享，如果有明显的失误，教师及时引导。

师：我们现在分小组来展示今天所学的歌曲，大家要把高兴和欢快用音乐表达出来。

各组展示完以后选同学到前面跟琴展示，并让其他小组来评价。

小组展示后，有些闪光点，教师需要强调，让全体学生认识到，以便学习模仿；有些明显错误，教师需要重点指出来，避免其他学生犯类似错误。这些成了学生的经验。总结时，要对各小组予以打分排队，调动小组学生的积极性，增强小组学生的凝聚力。

第六环节：归纳总结

美术课堂流程

1. 新知探究课课堂流程：明确目标—自主预习—示范引领—自主练习—点评优秀。

2. 复习旧知—完善作品—组内欣赏—展示作品—总结提升。

【课堂实例】《火花的设计》新知探究课　执教老师：马海芹

第一环节：明确目标

本节课要学习什么，达到什么程度，这是学习目标。目标要明确，并且出示给学生，让学生心中有数，知道要学习什么。

师：同学们，我们来欣赏一些漂亮的火柴盒，（放幻灯片）请大家告诉老师：什么叫火花？火花的功能是什么？

通过欣赏幻灯片使学生了解火花。

生：火花是火柴盒的雅称。火花有实用、美化、装饰、标志四大功能。

师：我知道大家收集了很多的资料，老师也带来很多火花，那我们今天就来研究一下火花的特点和组成。请大家读学习目标。

第二环节：自主预习、对学、小组讨论并展示

在美术课程中，虽然技能性内容所占比例很大，也还是有一些知识性内容，必须让学生掌握。这个环节就是学习知识性内容，教师把任务包出示给学生，然后学生再以自学、对学和群学的方式进行新知识的学习。教师在此环节做到引领和点拨的作用，让学生能更好地掌握新知识的重点和难点。

老师放幻灯片，同学们欣赏。学生在欣赏这些火花的时候考虑几个问题，老师出示任务包。

师：大家看今天的任务有哪些：

1．火花的图案有什么特点？

2．火花的色彩有什么特点？

3．火花的绘画形式有什么特点？

4．火花的组成有什么特点？

同学们通过自学、对学和小组讨论解决了这些问题，老师巡视指导。

师：大家完成了任务，现在我们分任务进行展示，一组展示第一题，二组展示第二题，三组展示第三题，四组展示第四题，五组、六组补充质疑。

第三组同学的展示片断：

生甲：我找的火柴盒的颜色是以红色和黄色为主的。中国红的底色代表了喜庆和吉祥，黄色的喜字多了一份温暖，这是一个幸福的象征。

生乙：我找的火花是以春天为主题的风景画，多用绿色、黄色和蓝色，代表了春天的生气，并以冷色调和火花做了对比。

生丙：我发现了一个版画形式的火花，它是以黑、白为主调，给人以庄重的感觉。

学生按要求对所领的任务进行展示，五组和六组的同学争先恐后进行了补充和质疑，老师对一些疑难问题做了点拨，这个环节用时 12 分钟。

第三环节：示范新技能

教师为学生进行新内容的示范。也可以让自学环节做得优秀的学生进行展示，这样对于一些学困生可以起到一定的示范作用，减轻了他们学习新知识的负担，增强了他们学习新知识的信心。在作业环节他们就可以轻松完成自己的作品。此时老师也可以做技能和方法的展示，让学生更直观地了解新知识。

在示范新技能的环节，老师做示范。

师：通过大家的展示老师也知道了火花是由图案和文字组成的，老师也设计一幅火花，大家喜欢吗?

老师在出示的火花课题的下面加上六（6）班火柴厂并加画边框，组成了一幅火花。

第四环节：组内自主练

此环节是学生完成作品的环节，老师要巡视指导，对学生的疑难和技法作指导。知识性内容学习了，知道了原理；技能性内容学习了，知道了操作技术，接下来当然就是要自己练习。在小组内练习比较好，利于教师组织，也利于调动起学生的积极性，利于展示的环节。

老师出示作业要求：

1．构图饱满，色彩鲜艳，想象力丰富。

2. 符合火花的特点和组成。

在本环节，同学们在音乐声中设计自己的作品，老师在班内巡视指导。

第五环节：展示新作品

在每个小组都进行组内展示之后，拿出本组有特色的作品在班内展示，将本组的亮点展示给全班共享。

在展示作品环节，老师出示了展示要求：

1. 展示的作品要有特点。

2. 展示时要紧扣火花的图案特点、色彩特点、绘画形式、火花的组成这几方面。

第六环节：讲评与总结

小组展示后，有些闪光点，教师需要强调，让全体学生认识到，以便学习模仿。有些明显错误，教师需要重点指出来，避免其他学生犯类似错误。这些成了学生的经验。总结时，要对各小组予以打分排队，调动小组学生的积极性，增强小组的凝聚力。

体育课堂流程

基本流程为：集合整队报告人数—专项训练预热与教学—专项训练小组练习—专项训练课堂展示—专项训练讲评总结。

【课堂实例】《花样跳绳》　执教老师：康鑫

第一环节：集合队伍报告人数

教师到教室带领学生，到操场整队，报告人数。

生：报告老师，二（6）班集合完毕。

第二环节：专项训练预热与教学

课堂教学内容称为专项训练，专项训练需要专门的热身准备工作，专项训练预热环节特指这种准备工作。

师：跑步准备。

生：准备完毕。

（生开始跑步进行热身活动。）

专项训练预热结束后，进入专项训练教学环节。此环节教师要详细讲解动作要领并做示范。

师：今天我们学习花样跳绳中的一种步伐跳，名字叫“弓步跳”。

（师示范，生观摩学习。）

第三环节：专项训练小组练习

对于学习的内容，以小组为单位进行练习。进一步熟练技能。

师：一组、六组请到位，二组、五组请到位，三组、四组请到位，开始练习。

（生练习，师巡视指导。）

第四环节：专项训练课堂展示

对于学习的内容，以小组为单位进行课堂展示。

师：请大家集合到位，进行小组展示。各位同学可以进行点评。

第五环节：专项训练讲评总结

对于展示中呈现的优点，暴露的难点、缺点，要进行强调，对于各小组的展示效果进行评价。

（教师进行点评，评出冠军组和纪律优胜组。）

探索三：发现课堂的起点——导学案设计

导学案是用于指导学生自主学习、合作探究、优化发展的学习方案。它以学生为本，以三维目标的达成为出发点和落脚点，在学习方法上给学生以指导，在思维方式上给学生以引导。它承载着学生的学习过程，使学生自主探究、自主学习，将课下与课上相结合，导学案与教案相结合，学生自主学习与教师讲解诱导相结合，课本知识与生活实践相结合，知识技能与能力素质的培养相结合，形成全方位、多渠道、多角度的立交桥，让学生自主探究、主动学习，亲身体验知识形成的过程，完成从“要我学—我要学—我学会—我会学”的过程的重大改变。

作为学生探究知识的载体，导学案不仅体现了教师导学的智慧结晶，也关系到一节课学生的学习质量，其重要性是不言而喻的，因此要突破学科特色，首先需要在设计科学、合理的导学案上下功夫。

一、导学案的编制程序

导学案是课堂教学的总抓手，其质量好坏直接影响着教学的各个环节，影响着学生的学习兴趣、习惯、能力的培养。所以一份导学案的形成必须是集体智慧的结晶，同时也必须融入每位教师的个性风采。具体编制程序为：

（一）提前分工

导学案编制的分工要提前计划，整体安排，分工合作。集体备课时，就一周内要学习的内容进行研讨，确定学习目标、学习方法，设计学习流程，分析学生情况并确定导学案主备人。

（二）主备人编制导学案

主备人根据学习进度，根据集体研究的结果，提前一周研读教材，广泛参阅资料，自行设计，制成导学案初稿。

（三）集体研讨

主备人将初稿打印出来，集体备课前发给本备课组的各位老师，集体备课时，主备人要先说明自己的编制思路，对导学案的内容、使用中的处理方式、应注意的问题、可能生成的问题进行说明。然后每位教师都提出自己的修改意见，大家共同讨论，集体审稿，集思广益。主备人负责记录，并根据大家的意见，进一步修改完善初稿。

（四）主备人修正

主备人吸收备课组意见并予以认真研究、修改，最后由主管领导把关、签字，印成正式文本。

（五）上课教师补充完善

上课前，上课教师熟悉导学案，结合上课班级学生情况和个人的教学特点予以适当的修改和补充。

（六）课后优化

课后，教师反思教学，总结得失，为后续设计积累经验（记成功之笔、记败笔之处、记教学创新、记学生创新、记再教设计）。

二、导学案的流程设计

导学案一般包括学习目标、温故知新、学海探秘、达标检测和自主反思等内容。当然，由于学科不同、内容不同、学段不同和学生的基础不同，在编制时形式上可以丰富多彩、灵活多样。

（一）确立学习目标

学习目标是教学的目的地。学习目标来源于国家的课程标准，教师根据课程标准关于本册教材的编写意图和学生知识、能力应该达到程度的要求，结合本班学生的具体情况，确立本课（时）的学习目标。学习目标的表述语言要简明浅显，可操作性强，容易让学生接受，符合学生的思维和认知规律。语言表述切忌模糊、深奥，学生不容易读懂，不要把学习目标等同于教学目标。编制时要求语言简练、开门见山、直击要点。

具体到一节课上，学习目标一般设定 2—3 个为最好。目标的确立要考虑知识与能力、过程与方法、情感态度与价值观等方面内容。学习目标的确立，要掌握“恰切”的原则，即不能太难或太易，不能太高或太低，不能太大或太小，不能太多或太少，要准确、明确、正确、具体、可操作性强。

例如：语文学科的学习目标，在第一课时，定了三个学习目标：1. 我会正确流利地读课文。2. 我能学会本课生字、新词并尝试运用。3. 我能理清文章脉络，并说说课文的主要内容。在第二课时定了两个学习目标：1. 我会正确流利、有感情地朗读课文。2. 我会抓住重点词句品读课文。如果有第三课时，可以是背诵、仿写、讲写作方法。

数学学科的学习目标可以归纳为知识性的目标、能力性的目标、思维性的目标。如，在学习笔算两位数除以一位数时，第一课时新授课目标为：1. 我理解笔算除法的算理。2. 我会笔算除法的书写格式。第二课时练习课目标为：1. 我会正确笔算两位数除以一位数。2. 我会运用所学知识解决生活中的实际问题。

（二）知识链接

“知识链接”即温故知新，指前挂后连的知识，具体指把本节内容融会于该学科整个学习过程中，以往所学哪些知识点为本节铺垫，本节为以后的学习做了哪些准备（即助学资料）。语文学科的“知识链接”多为与本节课内容有联系或补充、拓展类似的文章，一般放在任务包之后。

（三）目标转化成任务包

我们的学习目标转化成学习任务之后，本应该直接交给学生去独立学习，自主完成。但是，在实际操作当中，我们的很多学习目标都是以零散琐碎的形式存在，不利于自主学习课堂上独立环节的安排。为了解决这个问题，我们需要将学习任务打包。打包之后的任务，就形成了一个个相对完整、独立的任务。把这些任务包分给学生去自主学习，就比较方便了。

初步设想，语文学科的学习任务包可以相对大一些。比如，任务一：学习字词；任务二：感情朗读；任务三：课文主要内容；任务四：课文思想感情；任务五：背诵积累；任务六：习作指导。根据年级或者课文内容不同，这些任务包可以再次分解。例如，在低年级，字词包可以分成一些小包，分给不同的小组来完成；在高年级，课文主要内容包也可以分成几个小包，分给不同小组来完成，如比较长的课文，可以按照意义段分解成小包，分别分给不同的小组。

针对《富饶的西沙群岛》一文，三年级语文组的老师们就把第二课时的目标定为：我是小导游，为大家介绍西沙群岛。根据目标，具体的任务包是：1. 我能认真读第 2 段，会用文中的话介绍海面。2. 我要认真读第 3、4 段，能用文中的话介绍海底。3. 我要认真读第 5 段，能用文中的话介绍海滩。4. 我要认真读第 6 段，能用文中的话介绍海岛。因为任务包分解了难度，又能用文中的话，孩子们不觉得这是困难的事，预展时积极性很高，展示的时候，会运用文中的语言，结合课件，大方地讲解。其他孩子听得津津有味，不时鼓起掌来，还积极地进行了补充介绍。

再比如三年级上册第 7 单元的课文都是用故事来说明道理的文章，叙事性强，思维严谨，环环相扣。课后的问题针对性强。我们就把课后问题作为第二课时的学习目标。如《矛和盾的集合》，课后问题是：发明家是怎样把矛和盾的优点集合在一起发明坦克的。根据目标，我们分解的任务包是：1. 用心读第 1、2 段，思考发明家遇到什么困难，是怎样想的。2. 用心读第 3、4 段，思考发明家又遇到什么困难，又是怎样想的。3. 用心读第 5 段，说说从哪儿感受到坦克大显神威的。任务包中的每项任务既是学习的内容，又提示了展示时的说话方式。

数学学科的特点是知识的连贯性和逻辑性，任务之间的关系大多是递进的，前面的没有完成，后面的就没有办法学习，有时不适合将若干任务同时下放。

课型不同，任务包的生成方式、数量和难易程度也是有区别的。

1. 新知探究课

其基本流程是：①温故知新，②学海探秘，③达标测评。其中学海探秘部分将本节课的学习重点设置为2—3个任务包，任务包由易到难、由基础到提升，能涵盖本节课的重点，达成学习目标。

2. 巩固练习课

数学基本技能的形成需要一定量的不同层次的习题做支撑，因此巩固练习课是夯实学习效果的必要课型。它的基本流程是：①自学任务包（巩固练习课以书上不同类型的习题为主，不再印制导学案）。②集中处理基础题（基础题由学生对照答案，简化处理）。③生成展示任务包：将习题中涉及综合应用的、拓展的、变式的及难度较大的题设置为任务包，数量在4个左右，也就是说在巩固练习课中任务包是在上课过程中根据学情生成的，而不完全是预设好的。④预展和展示。

3. 单元提升课

一个单元结束后要梳理知识形成知识网络。其流程是：①自学任务包：包括知识梳理包、基础包（包括本单元的基础知识、基本技能和重点，所以一般为两个任务包）、拓展包、易错题包。这4个任务包的设置体现了层次性和立体性，既体现学习内容，又体现学习能力和学习方法。这些任务包在低年级以老师设计为主，以习题方式导学呈现，高年级的学生具备了一定的学习能力，所以单元提升课的任务包建议由学生围绕单元知识进行整理。②组内交流预展。在自学的基础上和组内成员一起对每个任务包进行交流完善。③全班展示。

确立任务包，一定要注意以下几点：必须依据学习目标，一般一个目标所涉及的学习内容打成一个包。尽量整合成并列关系的任务包，即便缺少哪一个包，也不至于缺少某一块的知识。任务包要大小适中。

（四）达标检测

进行达标检测时应注意的问题：编写达标检测要体现层次性、探究性、实践性，应包括基础达标、能力提升、拓展延伸、实际运用等。当然，根据具体课型达标测评的内容也可以有所不同，但达标检测的内容要与学习目标相吻合，目标定什么，学什么，练什么，测什么。方法多种多样，可以是书面的，也可以是口头的；可以是试题，也可以直接用课本上的习题。

三、编制导学案时应注意的问题

编制导学案时，应确立学生是学习的主体，让学生在做中学；尽可能设计可供学生在研究中学习的内容，有可供师生丰富完善的“留白处”，有利于培养学生的创新意识；内容要紧扣课文，体现层次性，以关照不同层次学生的不同需求；问题的设置尽可能考虑到学生的认知水平和理解能力，由浅入深，小台阶、低梯度，能启发学生的思维，一步一步地完成学习目标。环节要紧凑，张弛有度，切不可生搬硬套五个环节。

打任务包时应注意的问题：

1. 任务包不宜太多、太碎。

2. 任务包应引导学生阅读教材并思考。

3. 任务包的呈现要尽量少用一个一个填空的方式，避免学生照课本填空，对号入座，抑制了学生的积极思维。

4. 任务包的叙述语应引发学生积极思考，促使学生积极参与。如：我认为是怎样的？我判断的依据是什么？我的理由是什么？我发现了……多用“想一想”“议一议”“试一试”“练一练”等问题情境去设计学习过程，让学生在导学案的主线下进行自学，让导学案成为自主学习指导的老师。

导学案使用对象是学生。导学案是为学生学习服务的，要始终把学生放在主体地位。但教师的引导必不可少，根据学习实际情况和试题的难易程度等因素，增加“一点通”“温馨提示”“友情链接”“学法指导”等补充说明，为学生提供信息和方法指导，引领学生高效完成导学案。

探索四：发现课堂的基石——自主学习

有驾驶经验的人都知道，如果在一个陌生的城市，自己坐着车在城市中走了一圈，对于城市的面貌和城市轮廓很难形成一个完整的印象。如果是自己亲自驾驶在城市中走一圈，效果就截然不同了。城市的面貌和道路情况，会以一个较为完整的轮廓呈现于脑海中。坐在别人驾驶的车上，犹如是他主学习；自己驾驶车辆，则好比是自主学习。

随着殷都实验小学发现课堂改革的不断深入推进，我们越来越感受到“自主学习”作为发现课堂学习的核心基础，直接影响孩子们学习的效果和整个流程的实施。我们把自主学习分为两种情况。第一种情况是，自主学习是一种课堂学习的理念，一种潜在的意识。倾向于“自主”的本义，区别于“他主”。在实践中，自主学习的理念会贯穿于整个发现课堂当中，甚至会体现在教师的教学思想中。从这个意义上讲，自主学习、合作学习和探究学习这三种新课程提倡的学习方式，就不是一个层面的概念。自主学习是合作学习和探究学习的基础。自主学习是前提，在这个前提下，合作学习、探究学习才会有意义。由此，所说的合作学习可以称为自主合作学习，所说的探究学习可以称为自主探究学习。一句话，离开自主学习，合作学习、探究学习是不能够单独存在的。我们的发现课堂上无论是自学阶段、小组交流阶段还是展示、评价阶段都是学习，此种学习也都是自主学习。

第二种情况是，自主学习特指那种独立自主的学习方式，例如传统意义上的自学方式。这种情况是对自主学习狭义的理解，也是针对发现课堂的环节特征而取的名。在下边的论述中所提到的自主学习，是指这种狭义理解的自主学习意思。

如果孩子们自主学习扎实有效，他会信心十足地加入团队学习，愿意和对子交流，愿意参与全班的展示。即使碰到自己解决不了的问题，他也会认真倾听团队成员的发言讲解，解决自己的疑问。学生的自主学习收获的不仅仅是知识，更多的是学习能力的增强。因此自主学习作为决定发现课堂成败的起始环节，有着显而易见的重要作用。根据所学知识的多少、难易程度和学生所需的时间，自主学习可以放在课前进行，也可以放在课中进行。

一、课前自主学习

自主学习确立了“先学后教”的原则：先大胆放手让学生独立学习，解决现有的问题，画出疑难问题，放在课前进行的自主学习，我们称之为自主预习。发现课堂下的自主预习，是以导学案为抓手，发现问题、解决问题为主线，根据目标、问题和方法提示，充分利用已有的知识经验，家庭、互联网等学习资源展开独立学习、独立思考的学习过程。

为了使学生能有效地进行自主预习，从低年级开始就教给学生一些预习的方法。

1. 标画重点法

预习时，要运用双色笔，把重点、难点、疑点标示出来。

2. 扫除障碍法

在预习过程中，借助工具书、学习资料或请教他人来扫清学习中的障碍。

例如，一、二年级语文教学中的习文识字学习，因为识字的任务量很大，直接影响阅读和写作能力的培养，所以向来都是老师们头疼又必须重视的问题。我们不妨从低年级开始，教给孩子们预习的方法：第一步，让学生借助拼音大声朗读课文 2—3 遍。第二步，用数字标出课文中的自然段。第三步，标注课后生字的拼音。第四步，在课文中圈画生字并组词。第五步，对田字格中的生字进行“生字开花”，即写出生字的拼音、标注生字的偏旁部首和音序，再组词。通过以上五个步骤的自主预习，学生对课文内容和要学习的生字词基本掌握，保证课堂上大量知识的交流展示和自我成长。在整个自主预习的过程中孩子们要运用双色笔圈画课文的重难点，遇到疑难问题还可以通过查字典自行解决。这种学习方法的掌握和学习能力的培养就是在“润物细无声”中悄悄进行的。

3. 前后联系法

即在预习新知识时，先回顾与新知识有关的旧知识，尝试总结新知识的重点，找出疑难问题。

例如，六年级数学学习“整数乘法的运算定律推广到分数”，可以让学生先回顾整数乘法中如何运用运算定律进行简便计算，再尝试解决分数乘法中的简算问题。用发展、联系的眼光将新、旧知识联系起来，学生不仅轻松地掌握了新知识，更收获了一种数学思想方法和学习能力。

再如五年级数学学习分数的基本性质时，学生可以根据分数和除法的关系（分子相当于被除数，分母相当于除数，分数线相当于除号），借助已学过的“商不变”规律［被除数和除数同时乘或除以相同的数（0 除外）商不变］来理解、掌握分数的基本性质。同时为六年级学习比的基本性质建立良好的基础。用前后联系法进行自主预习可以帮助学生更好地将所学知识融会贯通，感受数学学科的逻辑美。

4. 尝试习题法

通过预习，先尝试练习，解决教材上的练习题或思考题，在练习过程中理解预习的知识。如二年级下册数学学习 10000 以内数的读、写和组成时，鉴于学生已经掌握 1000 以内数的读、写和组成，不妨大胆放手，让学生直接尝试练习 10000 以内数的读、写和组成。在练习过程中感受数学方法的延伸和拓展，体验自学的成就感。

教师还可以根据学科的特点，建议学生采用不同的预习方法。如语文预习可以读一读、说一说、背一背等，数学预习可以摆一摆、画一画、做一做等，英语预习可以采用听录音的方法等，综合学科预习可以唱一唱、画一画、剪一剪等。

在课前利用导学案预习完毕后，课堂上还要给学生 2—3 分钟的快速通览导学案的时间，再次明确学习目标和自己的疑难问题，对所要学习的内容做到心中有数。

二、课上自主学习

我们可以通过情境激趣、巧设疑问或开门见山地揭示课题，拉开课堂自主学习的序幕。首先要明确学习目标，这是我们学习活动所围绕的核心和方向。

明确目标后，学生借助手中的导学案进入10—15分钟的自主学习阶段。在这个环节中，学生要发挥手中红、蓝双色笔的作用，圈画重点和疑问，借助导学案上的方法提示安静、快速地完成规定的学习内容。当然，自主预习的各种方法此时也会成为学生手中的利剑，斩断探究路上的荆棘，彰显学习能力的光辉。

在这个自主学习的过程中，老师要到各小组巡视，深入了解每个学生，了解他们的学习现状，倾听学生的交流，掌握准确的信息，以便更有效地点拨和指导。

特别需要我们注意的是，不论是课前自主学习还是课上自主学习，都是允许学生存在疑问的。这将成为开启发现课堂下一个学习环节的金钥匙。

探索五：发现课堂的核心——合作学习

自主、合作、探究是新课程倡导的学习方式，发现课堂中的小组建设是合作学习的有效载体。首先，通过小组合作学习，使每个学生都能展示自己的自学成果，相互帮助，相互启发，取长补短，学习上有所收获。其次，小组合作培养了学生的团队精神，增强了凝聚力，同时培养了学生善于倾听别人的意见，能主动与别人交往的良好学习品质。

一、怎样分组、结对

小组的建立，首先要根据学生的基础知识、学习能力、智力状况、性别、心理素质、兴趣爱好等各个方面进行综合评定，然后本着“组间同质，组内异质，同质结对，异质帮扶”的基本原则进行分组。教师应把学生的个别差异看成一种积极的教育资源，实施动态分组教学。还可根据学生的学习情况定期进行人员调整，以保证小组间学生竞争的活力，增强小组内学生合作的凝聚力。不管是大班额还是小班额，班内分为六个组最合适，这样便于班级管理、教室布置以及在高效课堂上对小组进行评价。殷都实验小学每班学生人数超过60人，每班分为六个组（10—12 人为一组）。这样，学生的课桌围成六个组，教室桌凳摆放整齐。每一个组分为 A、B 两个小队（5—6 人一小队）。每个小队有 1—2 名优等生，3 名中等生，1 名学困生。这样做既能保证小队内各个成员之间的差异性和互补性，也便于各个小组间开展公平竞争。

小组成立后，还要在小组内建立学习的基本单位——对子。结对子有两种方式，一种为根据学生的学习能力分为 AA、BB、CC 组成对子（A 为优等生，B 为中等生，C 为学困生）的同质结对；另一种为“A 教 B，B 教 C，A 拓展”的异质帮学。

小组群学

对子交流

二、小组内如何进行合作学习

小组内合作学习基本步骤：同质对学—异质帮学—小队群学。

同质对学就是将学习水平、理解能力、探究特质相近的学生结成对子，在课堂教学时让他们一起讨论问题，一起动手实验，共同提高学习能力，相互促进学习。

例如：一年级语文课上，对子互读时，马慧霞老师是这样做的：抽取 AA 组成的对子上讲台演示。组成对子的两名学生拿好书，面对面坐好。然后开始进行朗读。学生甲朗读时，学生乙看着书，认真听，随时纠正出现的错误，并请学生甲再读一遍，全部读完后，学生乙对学生甲作出评价。如：“你读得很好，发音吐字准确、清晰，声音洪亮，我要向你学习。”“你的声音很洪亮，我要向你学习，可是你读书时有些平、翘舌音不是太准确，请你注意。”其他对子有了学习的榜样，知道了自己和对子互读时该怎样做，读完后又该怎样评价，从而使全班的对子都能够进行有效的学习。

异质帮学就是将学习水平、理解能力、探究特质有较大差异的学生结成对子，可以发挥学习水平高、主动积极、知识面广、遵守纪律、积极发言的学生的正面作用，让正面的内趋力克服消极的内趋力，带动学习水平、理解能力、探究特质较差的学生进步，采用了“一帮一”的模式。

例：四年级语文课上，有两个对子是这样做的：

甲：请你读一读导学案上的词语。

乙：浓郁、小径、流畅、悄然、瞬间、概念、弧线、飞翔……

甲：悄然的悄是三声，瞬间的瞬是翘舌音，请你再读三遍。

乙：悄然、悄然、悄然，瞬间、瞬间、瞬间。

甲：现在请你来读课文。

乙：邻居的小孩……

甲：这个句子不好读，请你跟我读一遍：她慢慢地伸出双手，在花香的引导下，极其准确地伸向一朵沾着露珠的月季花。

小队群学时，有两个主要任务：(1) 解决对学时解决不了的问题。(2) 小队长分工，进行预展。为了让预展的过程更流畅，初期，老师要把预展的过程写下来，把它分给各小组，让主持人按照老师所写的领着队员进行展示。比如我们在第一课时展示时，我们就把各个小队展示的过程写下来，让小队长按照老师分配的任务领着大家进行展示。

现在以语文课第一课时为例，如下：

首先在读课文上，预展的小队按顺序这样说：

1. 喊口令，说任务。2. 请听我们读课文，大家……读（口令：我读书，把书拿）。3. 我们……读了课文，我们邀请……来读。4. 你们读得……，我们要向你学习。5. 我们展示完毕，请评价。6. 评分员汇报加分情况。7. 结束语。

其次在识字上，预展的小队语言依次是：1. 喊口令，说目标。2. 请跟我们读。3. 请对子互相检测。4. 谁有补充。5. 我们交流完毕，请评价。6. 结束语。

最后在分享课文词语上，预展的小队就会按这样的顺序来说：1. 喊口令，说目标。2. 请打开词语表，跟读。3. 我们邀请……来读词语。4. 我们积累的词语有……。5. 容易读错的词语有……。6. 我来解释词语……。7. 谁来补充……。8. 我们组交流完毕，请评价。9. 结束语。

（李卫红老师整理）

这三种合作学习的顺序并不是固定不变的，教师可以根据学生的实际情况进行灵活安排。在自主学习环节，自学能力强的孩子完成自学任务之后可以在小组内自行结成对子进行交流，交流完自学过程中的疑难问题之后（如有解决不了的问题就放到群学中解决），可以直接进行帮扶学习，帮助学习有困难的学生解决疑难问题，帮扶学习完成后，就进入小队群学，讨论交流对学中没有解决的问题。

三、小组合作学习中应该注意的问题

（一）培养学困生认真倾听的习惯

记住别人发言的内容，包括必须听清老师的问题，听懂小组的分工要求；认真倾听别人的发言，不打断别人的发言，要积极思考别人的发言。这样才能跟得上小组讨论的节奏，弄清有关知识、锻炼自己的思维。

（二）鼓励学困生敢于表达

一方面，在合作交流中，教师要多关注他在小组中的发言和表现，多找找他的闪光点并及时进行鼓励和表扬，让学困生在小组合作中树立信心，进而积极参与到小组合作学习中。另一方面，在交流汇报时，教师有意地多让学困生进行表达，而其他组员作为补充发言，这样使学困生的表达能力不断进步。

（三）分工合理，角色转换有序

一个小组要选出小组长、记录员、报告员等。小组长负责组织协调，根据队员的特长，合理分配任务，让他们各尽其能，积极表现，作为队长，极力协调展示活动的细节，争取把小队最好的一面展现给大家；记录员负责记录小组每个成员发言的要点；报告员负责将小组讨论成果向全班汇报……这样让小组的每个成员都有事可做。经常对小组成员进行角色转换，这次讨论的报告员有可能就是下次讨论的记录员，这样，他们都有机会尝试不同的角色，全面锻炼能力。

（四）交流有效

在高效课堂中学生交流的时间比较多，有对子之间的交流，有小组内的交流，有全班的交流。是不是你给了他这个时间，他就真的可以交流得很好，达到我们理想的状态，恐怕这个是要打个问号的。如果没有对交流环节的指导，很多时候交流会变成对答案。所以在交流环节中我们提出的目标是：

1. 有序：即自学完成后先进行对子交流，对子解决不了的问题再提交到小组。实践证明两人交流的效果最好，人数越多越容易受干扰。

2. 有效：即教给学生交流的方法。

例如：运动场的看台有 8 个区，每个区有 354 个座位，一共有多少个座位？交流时要想：本题是求（　）个（　）的和是多少，所以用（　）法来计算。竖式计算的过程是（ ）。

在开始学生不能达到这样的交流效果时，可以先由教师或表达能力强的学生示范，再让学生说。经过一段时间的训练，学生的数学表达能力会越来越好。

（五）适当引进竞争机制

有竞争才有提高，组间竞争能保证小组合作的高效。把学困生的进步直接与小组成绩挂钩，使得小组的其他成员能更多地关心和帮助他们。把关注学困生作为合作学习的一个重要方面，帮助学困生的业绩就成为小组间竞争的一部分，并且由课内延伸到课外，在这方面表现出色的小组可以得分更高，上升等级，一天一汇总，或几天一汇总，汇总后公布，小组与小组之间进行比较，得分最高者为优胜组或学习标兵组。

探索六：发现课堂的亮点——展示立体化

展示是课堂中最重要的环节，课堂的精彩与否，很大程度上取决于此环节。

一、展示的分类

展示分小展示和大展示。小展示就是学生在小组内的展示，也叫预展；大展示就是在全班内的展示。预展，顾名思义，就是预备展示。一般情况下，学生自学完之后先进行对子交流，再在小组内群学交流；群学结束后，教师根据本节课的学习内容，给小组分展示任务（或由小组抽取展示任务）；小组得到任务后，迅速围拢在一起，小组根据任务，确定展示内容，小组长进行人员分工，确定人员展示的先后顺序，然后在小组内进行演练，为在全班展示做好充分准备。这就是预展。班内展示是学生把自己在自学、对学、群学中的学习成果和问题展示给教师和全体同学的过程，也是教师了解学情，发现学生学习过程中的问题并进行引导、点拨和提升的过程。班内展示环节是师生的双向活动，也是互动的过程。这一过程是由学生展示、教师指导，师生共同参与的，是发现课堂中的重头戏，也是发现课堂中最精彩的环节，因此说班内展示在发现课堂中具有重要作用。在展示的过程中，体现着学生主动学习、乐于学习的精神状态，是学习的主体，教师精心点拨、重视提升，是学生学习的帮助者、服务者、引导者的理念。

二、预展是班内展示的前提

学生在自学、对学、群学之后，先进行预展，然后再进行展示。每个学生都希望自己的展示精彩，得到师生的认可，但哪个学生也不是天生就会，所以要告诉学生有意识地从方方面面锻炼自己，尽量展示精彩。所以预展时小组内小组长要进行合理的人员分工，展示时谁负责说什么、做什么、怎么做必须事先进行练习，为小组在班级展示做充分的准备。

三、班内展示应注重的各种细节

俗话说“细节决定成败”，所以精彩展示中的方方面面都要仔细打磨。

（一）班内展示的原则

1. 重点突出，难点突破的原则。

展示忌讳滥用笔墨，“眉毛胡子一把抓”，简单的问题和重难点的问题花同样的时间展示，其实是在浪费时间，课堂上一共 40 分钟，要提高课堂效率，就要简单的问题简单展示，学生容易理解的东西、一学就会的东西可一带而过，甚至不展示。重点、难点的问题要重点展示，花更多的时间进行展示，让学生学会、学透，这样，这节课才能实现重点突出、难点突破。展示如同写记叙文，不能平均使用笔墨，处处渲染，要重点突出、详略得当。

组内预展

2. 展中提升的原则。

展示的过程，也是教师了解学生掌握知识技能情况的过程，教师对学生搞不清楚的问题要及时进行启发、点拨、引导，对重、难点的问题教师应及时进行追问，对学生掌握不深、不透、认识不高的问题进行提升，让学生在展示中有所收获，不会的弄会，不懂的搞懂，理解不正确的进行纠正，掌握不深、思想认识达不到高度的进行提升。总之，展示中要让学生有所提高，更上一层楼，达到更好的学习目标。

班内展示

3. 展中互动的原则。

展示中忌讳台上热闹精彩，台下冷冷清清，台上他们展示他们的，台下学生不倾听、不参与；也忌讳学生在台上展示时老师若无其事，不评价也不点拨，一言不发，游离课堂。在展示中要注重互动，注重师生之间、生生之间的互动。学生展示时有教师的追问、启发、点拨、提升，有同学的质疑、补充、纠正，有倾听同学对展示小组的打分，也有展示小组对倾听小组的评价。展中互动有利于每位学生参与学习，有利于提高学生参与学习的主动性和积极性，有利于学生学习质量的提升。

（二）班内展示的内容

展示的内容一般就是任务包的内容，教师根据本课的学习目标和小组数量，设计出几个任务包，小组在自学的基础上，教师再把若干个任务包随机分给小组，或是通过抽签的形式分给每个小组，小组预展后，上台展示所分的任务内容。（当任务包少而小组多任务不够分时，可以设几个展示组，几个评价组。）由于各学科、各课时的学习内容不尽相同，因此每节课的任务包也不尽相同，展示的内容也就不尽相同。

（三）班内展示的顺序

小组展示的顺序一般按本节课学习内容的先后顺序进行，展示的顺序要尊重学生的学习规律，由易到难、由简单到复杂，循序渐进地进行。老师在分展示任务时，可以在上面标上展示顺序号，也可以提前给学生说明小组的展示顺序。

（四）班内展示的形式

1. 小组展示。即小组人员全部上阵展示，这一展示形式适合人数少的班级和人数少的小组，也适合展示少又好分解的内容，如朗诵古诗、读词语等。小组展示的好处是全员参与，可以锻炼每一个学生；缺点是当任务单一又不好分解时不适合这种展示形式。

2. 队展组评。即小队展示，对大组进行评价。队展组评这种形式是殷都实验小学的独特创新，就是每一个大组内分两个小队，展示时一个小队上台展示，此小队展示的得分就是小组的得分。这一形式的优点是适合大班额教学，当一个小组内人数很多不能全部上台展示时，可以让小组的一个队上台代表这个小组展示。

3. 抽号展示。每位学生在小组内都有随机编排的号位。抽号展示即抽每个小组的同一号位的同学上台展示。如抽每组的 3 号上台比赛读课文或进行听写，对每人评出分数，此分数就是小组的得分。这种形式有利于调动学生竞争的积极性。

4. 代表上台展示。如果任务较简单，不用那么多人进行展示的时候，可派小组代表上台展示，展示的内容是小组集体智慧的结晶。

（五）班内展示的位置

1. 小组上讲台展示。优点是展示学生站得高，面向全体学生，倾听学生能看清每一个展示学生的表情。

2. 站在原位展示。学生扭转身面向学生。这种展示形式可以节省学生上台的时间，缺点是倾听者不容易看清每个人的表情。

3. 移位聚焦展示。展示如果用小黑板时，坐在后面的学生不容易看清黑板上的字，这时，后面的学生迅速离开座位，移位聚焦到展示学生和小黑板周围，围绕展示学生站立听讲，这样看得更清，听得更清。

（六）班内展示要求

在班内展示时要提醒学生注意以下几点展示要求，并把此要求了然于胸，每次展示都要做到以下几点。

1. 分工明确，层次分明。

小组内预展时要明确分工，明确展示顺序，班内展示时就会有条不紊，层次分明。否则就会出现你等我推乱哄哄、衔接不连贯、浪费时间的现象。

2. 声音洪亮，站姿大方。

学生站在讲台上展示，学生就是小老师，因此要声音洪亮，让大家能听清；展示时要站姿大方，不要扭捏、晃动，以免分散倾听学生的注意力，影响听课效果。

3. 语言简洁，提高效率。

因为课堂时间有限，每个小组展示时都要有时间观念，展示时注意展示节奏要快，不能慢慢吞吞；语言要简洁明了，不要啰里啰唆，浪费时间。

4. 展点突出，板书要点。

每个小组展示时要抓住重点，重点突出，不能“胡子眉毛一把抓”，什么都抓不住，让听者云里雾里，不知所云。要点要板书在黑板上，起到画龙点睛的作用，让人一目了然。

5. 尽量全员参与，学困生展示优先。

如果展示任务适合，展示时尽量全员参与，增加每个学生学习的积极性；如果任务不适合全员展示，可以让学困生优先展示，学困生展示有特殊加分，调动学困生的积极性。一般来说，学困生学会了，全班同学就都学会了。

（七）班内展示的流程

小组在班内展示时也要有一定的流程、一定的模式，这样会显得井井有条，井然有序。以下是一个班级小组展示的流程：①喊展示口号。②说展示任务。③进行任务内容展示。④学生质疑、补充。⑤老师追问、点拨。⑥台下同学给展示小组打分。⑦台上同学点评倾听小组并为其打分。

具体来说，小组学生上台时领大家喊口号，诸如“聚焦迅速、倾听认真”“我展示、我参与”等。上台后要先说导语，说明自己组的任务；接下来进行展示，每人展示自己要说的内容，其间不乏学生的质疑、补充，教师的追问；接着教师进行精心的点拨提升；最后倾听学生对展示小组进行评价打分，展示小组的纪律员给台下每个小组评价并打倾听分，指出其不足。

展示让课堂变得无比精彩，让课堂显得活力四射，让孩子的各个方面能力得到提高和锻炼，让孩子变得更自信、更阳光。

探索七：发现课堂中的保障——评价一体化

发现课堂中的评价是推进课堂，激励学生，诊断问题，养成习惯，促进发展的重要保障和手段。早期的评价头绪较多，有时候让教师无从下手，致使评价成为一种形式、走过场。

一、早期的评价乱象

（一）内容僵化评价乱

组别 内容	1	2	3	4	5	6
自学						
交流						
展示						
倾听						
质疑、补充						

上表是课改初期，每个班级的黑板右下方固化设置的评价表。其中第一列中的内容项目也是用即时贴刻字粘贴上去的。这样看似规范了课堂评价的内容，实质上很僵化，限制了教师在课堂上的灵活运用。不同学科的流程环节可能有区

别，不同课型的流程环节可能有区别，不同年级的流程环节也可能有区别。另外，课堂上需要关注的内容很多，绝非表中五项可以囊括的。老师们迫于课改对评价的渲染，着力进行评价，所以只好根据各自的理解来评价，评价呈现一团乱象。

（二）主体不清评价乱

课改初期，教师受传统教学模式思维方式的固囿，想当然把自己作为评价主体，由自己对学生在课堂上的学习状况进行包办式评价。其结果是，学生的学习积极性没有调动起来，评价应当产生的刺激作用也没有显现出来。慢慢地，学生对评价不太在意，教师也对评价失去兴趣。

（三）评价结果使用方法不一

即便产生了有效的评价结果，也起不到评价充当推进器的作用。因为有的教师很严肃地对待评价，有的教师则在课堂上评一下，下课就把评价结果抛至九霄云外；有的教师在实施课堂评价时，只注重形式，根本不注意让学生关注，于是，自己在评价表上写上分数了事，事后也不对课堂评价结果进行总结跟进，使得评价成为一种摆设；还有的教师没有评价标准，评价随意性很强，不能令学生信服。

二、现在的评价一体化

在发现课程推进过程中，我们逐渐摸索出一套适合我们大班额课堂的一种评价模式，就是评价一体化。

（一）课堂评价一体化制度内容

1. 课堂评价规则必须全学科统一，所有学科的课堂评价规则要一体化，这即是我们所说的课堂评价一体化。评价的项目、评价的标准、评价的次数、评价的分值、评价的统计、评价的运用等，在所有学科的课堂上要统一。将班级岗位自主管理工作的评价和课堂评价相统一，称为班级自主管理评价一体化。所以评价一体化包含两层意思，其一是课堂评价一体化，其二是班级自主管理评价一体化，其中第二层包含着第一层。这样统一，其目的在于减少评价体系，简化评价操作，减少评价人员。全班设一支班级管理评价队伍，既记录课堂评价结果，又记录岗位履职结果，还综合总结周冠军小组，也负责班会组织。班级自主管理评价一体化的结果，要在班会上予以讲评，实现评价结果的正向强化，评价的作用才可以得以显现。

2. 按照课堂时间进度设定评价与按课堂流程设定评价相结合。按照课堂时间进度设定评价的关注点是控制课堂秩序和课堂氛围，按照课堂流程设定评价的关注点是学习的效果。班风较差和低年级的课堂以按照时间进度设定评价为主，以按照课堂流程设定课堂评价为辅。班风较好和高年级的课堂以按照课堂流程设定评价为主，以按照时间进度设定评价为辅。很多时候，按照时间进度设定评价与按照课堂流程设定评价重合在一起，一次评价既要起到控制秩序和烘托氛围的作用，又要起到评价学习效果的作用。一次评价是单独起到一个作用还是同时起到两个作用，教师要综合考量，顺势而为。

3. 每次评价的得分分值为 0 分、1 分、2 分。为了更合理、更全面地评价，可以采取“a+b”的得分模式。其中 a 代表小组学习秩序分，b 代表学习效果分或者其他教师认为该随机加减的项目分。a、b 的分值都控制在 0 分、1 分、2 分三档。

4. 课堂评价的次数在 3 次至 5 次之间，低年级课堂评价次数可以略多，但最多不宜超过 7 次。每节课下课前，上课教师要与学生一起总结出本节课的冠军小组。评价得分最高的小组为课冠军小组。班级管理员将评选结果记录于档案本，同时冠军小组的每一个成员都可以记 2 分，这里的 2 分分值与岗位履职评价的日最高个人得分相当。

5. 课堂管理大于课堂教学，这应该成为我们小学阶段课堂教学的基本认识。有效的课堂管理是有效的课堂教学的基础和前提。课堂管理得无效，课堂教学就谈不上效果良好。管理的最有效形式是评价。为落实这个思想，建议按照课堂时间进度确定评价的实施，即随着课堂时间的进度，学习氛围出现沉闷或浮躁，课堂秩序出现混乱无序时，教师相机来一次评价。一般情况下，一次评价可以保持学生 5 分钟至 10 分钟的有意注意。

6. 课堂评价要“正式”。无论哪种形式的评价，在实施评价前，教师都要引起学生的有意注意，然后再进行评价。比如教师可以停下正在进行的课堂学习，正式环视全班，同时说：现在我们给各小组打分。我们反对那种不组织学生，而是由教师根据学生各组的表现，自行在黑板上写上分数的做法。评价只有引起学生的注意才会有效，只有很隆重、很正式的评价才会引起学生的注意。即便是每节课产生冠军小组，也是为了激励学生，如果冠军小组悄然产生，悄然入档，则失去其产生的意义。因此，无论是阶段评价还是产生冠军组后，都要大张旗鼓、正式隆重地推出。

7. 课堂评价的形式，提倡采取“表决式”。所谓表决式评价是指，在对小组进行评价打分（评价的含义很广，包括打分、矫正、补充、肯定、否定、质疑、夸奖、批评等等，这些都是真正意义上的评价。一个小组展示完毕，其他小组对展示组的评价一般都是这样的评价。而我们本节所介绍的评价，一般都是指打分式评价）时，由教师或被评价小组的记分员提出一个得分倡议，由全班同学对其予以举手表决，举手人数超过半数的通过。比如，本组记分员面向全班同学：我们组展示完毕，请大家给我们组打分，打 2 分的请举手。环视全班后：打 2 分的居多，得 2 分。或者是环视全班后，发现举手学生少，就再一次倡议：打 1 分的请举手。特殊情况，课堂上也可以由教师直接实施评价。比如在自学的环节和小组交流的环节，学生都是在自学或小组内学习，不可能关注其他组的情况，此时，如果采取表决式评价就不合时宜，可以直接由教师实施评价。

课堂上还有其他一些评价的形式，比如完全由教师包办代替的评价形式，比如展示组的上一组对其评价或下一组对其评价的顶针式评价等，这些评价形式我们都不提倡。

8. 课堂评价作为高效课堂督评指标。要力戒教师在课堂上的不评价或假评价。

（二）班级管理评价一体化内容

1. 评价方式

评价方式为量化积分制。

2. 实施办法

班里设一个班级管理评价一体化管理员，可以由三人组成，每人记录班级内两个组的分数，以减轻学生的工作压力。这三人建议由班长、副班长担任。管理员建立两个组的组员分数档案，做到及时记录。每组有两个小队，每个小队再设一个分数记录员，记录每个队员的得分和扣分情况，以备周一班队会上反馈使用。班级自主管理评价一体化要求每周产生周冠军小组（日冠军小组不做规定，班主任根据班里的情况自主决定）。课冠军小组的成员每人在班级管理一体化评价中记 2 分，未当选课冠军小组的其成员不记分。岗位自主管理履职评价，分三档得分，即 0 分、1 分、2 分，每日评价一次，每日得分记录于班级管理评价一体化个人档案。在周统计时，个人的课堂得分和岗位履职评价得分合计为个人的班级管理评价综合得分。小组内的个人平均分为小组的周得分，得分最高的小组，为班级管理评价一体化周冠军小组。

3. 评价内容

（1）课堂评价（自学、交流由老师评价，展示、倾听、纪律由学生评价）；

（2）周一升旗、班会个人情况（穿校服、戴红领巾、带桌布等）；

（3）大课间个人情况（做眼保健操、下楼梯、站队、做广播体操）；

（4）文明行为习惯个人情况；

（5）自主小岗位；

（6）作业方面个人情况；

（7）放学路队个人情况。

（三）评价一体化的实施

1. 课堂、班级管理评价一体化

（1）在学校每个教室的黑板上都会看到课堂评价一体化评价表，公平、公正地记录每节课上各个小组在每个环节的表现。数字 1—6 代表六个小组，一至六分别表示第一次至第六次的评价。

课堂评价一体化评价表

	1	2	3	4	5	6
一						
二						
三						
四						
五						
六						

（2）在班级的墙面上还可以设计一张表格，为班级自主管理评价一体化评价表，这张表也作为班级自主管理评价一体化管理员的档案用表。1—6 代表六个小组，项目则代表要记录的评价个人项目的得分内容。

班级自主管理评价一体化评价表

月　日

	1	2	3	4	5	6
冠军						
岗位						
操仪						
路队						
文明						
作业						

（3）这是班级自主管理评价一体化管理员所使用的个人记分表，每日一张，每周汇总。其中 1—12 代表某组的 12 个同学。

班级自主管理评价一体化个人积分表

	1	2	3	4	5	6	7	8	9	10	11	12
冠军												
岗位												
操仪												
路队												
文明												
作业												

第　组　　　　月　日

（4）按照低年级、高年级大致区别评价项目。此表为低年级表。

低年级课堂评价一体化评价表

	1	2	3	4	5	6
准备						
自学						
交流						
展示						

续表

	1	2	3	4	5	6
倾听						
补充						

高年级课堂评价一体化评价表

	1	2	3	4	5	6
自学						
合作						
展示						
互动						
纪律						
测评						

（5）按照学科特点不同，各个学科根据自己学科特色，也有自己的评价表。

语文学科课堂评价一体化评价表

	1	2	3	4	5	6
自学						
合作						
展示						
质疑						
补充						
倾听						

数学学科课堂评价一体化评价表

	1	2	3	4	5	6
自学						
合作						
展示						
质疑						
补充						
倾听						

英语学科课堂评价一体化评价表

	1	2	3	4	5	6
自学						
对学						
合作						
展示						
互动						
测评						

美术学科课堂评价一体化评价表

	1	2	3	4	5	6
欣赏						
作画						
合作						
展示						
补充						
倾听						

2. 规则统一，评价主体一体化

评价过程中都由谁来打分呢？是不是教师的专利呢？当然不是，课堂评价的主体应该是学生。由学生作为评价主体，也利于学生主体意识的形成。一般来说自学、交流环节教师有一个整体的把握，可以由教师提议，全体同学表决打分。而其他环节则可以把权力交给学生，展示小组给别的组打倾听分，其他同学给展示小组打展示分，这样每个人都有打分的任务，对他的参与也是一种调动。只有参与才能高效。

3. 评价一体化制度的执行

评价的一体化工作由班主任负责，协调各学科任课教师对本班评价的整体认识。年级主任也要做到本年级的评价规则大致统一。班级要设立班级管理评价一体化管理员，职责是记录冠军组得分，进行岗位履职评价得分，统计周冠军组，组织、主持班会等，一般建议由班长、副班长担任这个职务。每周的班会，必须在班主任的参与下，对周冠军小组予以讲评，达到真正强化的目的。

（四）评价结果的反馈

评价是指路灯，评价是加油站，无论什么事情只要和评价联系起来，学生就会特别在乎，在短期内即会收到良好的效果。但是，评出分数后怎么用？如果没有一个评价体系很容易就会使评价流于形式，因此，我们积极利用“班会”这个平台，根据上周每组、每队、每人的得分情况，分别评出周优秀小组、优秀小队和优秀队员，学期末再进行汇总，得出学期优秀小组、优秀小队和优秀队员。班会上，优秀小组的每位成员都要发言，总结自己组获胜的经验，还有哪些需要改进的地方。得分最低的小组成员也要一一反思自己组哪里失分最多，下周如何弥补。各组组长对本组内每位组员在各个方面的表现进行客观公正的评价，使组员既看到自己的优点，也要知道自己的缺点，从而找到努力的方向。

一体化评价制度是针对所有学科的课堂管理、课堂教学以及班里的所有事务性的工作。通俗讲，即学科一体化、标准一体化、操作一体化、反馈一体化，有了这个评价体系，先前“一班多制”的混乱评价状态才得以解决，学生对该评价制度也有了清楚的认识，并能顺利实施。

六（6）班“齐心协力，再创辉煌”一体化评价主题班会

（五）评价一体化制度的实施效果

评价一体化制度的实施，规范和丰富了课堂评价的规则体系，实现了全学科捆绑评价，班主任从繁杂的班务工作中解放了出来，把更多的时间放在了教学研究上；任课教师一致反映，课堂纪律好了，学生的学习积极性提高了，特

别是“小学科”教师感到组织教学也轻松了；学生从中得到了锻炼，学生的主体性得以充分发挥。让我们从记录课堂点滴的教师札记中来感受一下吧！

二年级班主任田菲札记中记录周冠军小队获奖的情景：

本周冠军组是第一组，我拿了个“魔术箱”，让他们抽奖，奖品分别是：一个本子、一个拥抱、一块糖、一支铅笔、一本课外读物、给我梳梳头。孩子们抽奖时那种兴奋劲儿真让老师心里乐。今天给他们留下悬念“下周冠军组惊喜更精彩”，相信他们周日作业也会高质量完成的。

点评：多么善于思考的教师！抽到一份小小的礼物不仅包含了教师对学生浓浓的爱，更多的是带给孩子无限的惊喜和源源不断的鼓励！

英语教师牛苗苗札记中感受英语课堂的变化：

在我们的自主发现课堂上，你可以看到全新的英语课堂：对子、小队学习有序，展示多样，倾听认真，评价贯穿整个课堂。偶尔会有小组因为多加或少加1分而高兴或沮丧，那也是他们集体荣誉感的表现。每得到一张喜报，孩子们像得到宝贝似的拿在手中。付出就有回报，许多孩子已经尝到了胜利的果实。

科学的评价机制激起了学生的主动参与，学生在课堂上体验了成功的喜悦，获得了进取的力量，分享了合作的和谐，也使我们的高效课堂更加高效。

点评：这才是真正的英语课堂！学生快乐，教师幸福，课堂高效！

评价一体化制度是一场及时雨，缓解了我们在课改中急于摆脱困惑和寻求保障的干旱；它是一双有力的大手，在我们徘徊的时候用力把我们推向正确的道路，它会在实践中不断完善和发展，为自主发现课堂保驾护航。

探索八：发现课堂的升华——教师引领

凡是走进我们发现课堂听课的外地教师都会有一个相同的感觉，那就是在我们发现课堂上的教师都很清闲，一节课下来，话说不了几句，课堂却一切井然有序，学生们该讲的讲，该评的评，教师简直就是一个“甩手掌柜”！果真如此吗？教师真的什么都不用管了吗？发现课堂真的有没有教师都行吗？其实非也！课堂中应以学生为主体进行组织教学不错，但这并不排斥教师的指导和引领，教师是平等中的首席，教师在教学过程中仍然起着主导作用。教师的适当引导可以保证学生学习的有效进行，但教师的过多引导有时也会阻碍学生发散性思维的发展。教师一定得把握好课堂上师生角色分配的度。

在我们的发现课堂上教师的主导作用主要体现在：教师给学生留有较多时间和较大空间的前提下引导学生积极地探索、总结规律、提炼方法，当学生有模糊不清的疑难问题时我们要及时给予指导，在探究过程中进行必要的组织、示范、激励、评价；在创造性地使用教学材料的基础上，使学生开放地主动学习。

在发现课堂教学中，对应不同的教学环节，教师发挥不同的作用：

学生独学时，教师主要起导学作用。其一是通过导学案中的学法提示、学法指导进行导学；其二在课堂上进行独学时，教师可以通过巡视了解基本学情，明确学生学习该知识点遇到了哪些共性问题，哪里是难点，哪里是易错点，并可以以此作为下面合作交流和展示的重点交流展示内容；其三教师在巡视时还要关注学困生，重点针对学困生进行帮扶和指导。

◉ **案例：**

学生在独学数学四年级下册《位置与方向》例1确定物体方位时，教师在巡视期间发现有很多学生在确定物体方向量偏的度数时，0刻度线确定得不对，有些学困生左摆右摆不知道量角器该怎么放，自然度数也就量不准确。针对这一多数同学存在的疑惑，教师就暂停独学，针对如何确定0刻度线的问题组织学生进行讨论，教师进行指导。学生的困惑解除了，后面的学习就顺理成章了。对于个别学困生仍有不明白的问题，就个别再做辅导与示范。

课堂上学生小组合作学习时，教师是学生小组合作学习的参与者。合作学习开始之前，教师给学生提出明确的小组合作学习要完成的学习目标和细致的合作要求，让学生有目的、有方法地进行高效的合作学习。在学生合作学习进行中，教师通过巡视，参与到小组中去，细心地看，认真地听，了解小组合作学习的情况。例如：及时发现并推广个别小组一些比较好的做法，有的小组合作学习时主讲人讲解思路，能够边讲边画出示意图，而不像有的小组，主讲人只顾讲自己的思路，根本不理会小组其他成员是否倾听和参与思考；有的小组长组织得特别有条理，组内一个人讲完，让其他人补充并让大家纠正自己独学时的错误后，再叫下一人发言；有的小组在读课文或英语短文时能分角色朗读或是学习任务分配合理；等等。教师发现这些好的做法值得推广，可以暂停合作学习或在最后评价时表扬、提倡好的做法，其他同学会马上效仿、学习，这样学生就越来越会合作，小组合作学习的效率也会越来越高。有时教师在巡视时也会发现一些问题，比如，有的小组交流讨论的内容跑题了，教师就需要及时进行干预，将他们引导回正确的思路上来。

◉ **案例：**

在教学《三角形的三边关系》时，有一个动手操作环节，本意是想让学生通过从自己准备的5根小棒中任意选取3根小棒摆三角形，最后发现能摆成三角形和不能摆成三角形的三边长度关系，有的小组学生在动手摆后，把讨论的重点放在了如何选择3根小棒时能不重复、不遗漏地把全部可能性选完，而不是探究三边关系，讨论内容跑题了，教师就要及时进行干预："今天我们讨论的重点不是排列组合，而是看什么样的三条边可以围成三角形。看看你们围成的三角形的三边有什么共同特征？不能围成三角形的三边有什么特殊的地方？"通过指导，学生马上投入到正确的讨论探究上来。

最后教师的评价参与必不可少，教师将在小组合作学习时积极的参与者、表现突出者和好的合作学习方法，给予肯定和表扬，充分激发学生参与合作学习的热情和积极性。

发现课堂中的展示环节是整个课堂的高潮，是发现课堂中最精彩的部分。由于小学学生的思考高度、深度和逻辑、语言组织能力有限，学生展示时，不免会出现知识点的展示不够深、不够透、不够系统，这时就急切需要教师的引导追问、启发点拨、归纳提升、激励示范作用。充分发挥教师解惑、提升作用，让学生的探究更加完整、透彻，有深度。

◉ **案例1：**

在六年级数学《圆的认识》一课中，在学生找了生活中的圆后，老师问学生："为什么车轮是圆形的？如果不做成圆形而是做成长方形、正方形、椭圆形行不行？”学生回答：“不行。”老师接着问：“为什么？”本来司空见惯的现象，却开始调动学生的积极思索：是呀，为什么一定要用圆形呢？究竟圆形有什么特点呢？如果改成其他形状会出现什么情景呢？一个问题引导唤起了学生思考、探究的欲望。

◉ 案例2：

三年级数学《有余数除法》一课中，学生通过自学、合作交流、展示总结出了余数和除数之间的关系：余数一定比除数小。这时，老师提出质疑提升：“为什么余数必须比除数小呢？如果余数比除数大了，说明什么？”一个问题将学生引向深入思考，通过探究余数为什么比除数小，让学生更深入理解了有余数的除法算理。

◉ 案例3：

《凡卡》是一篇长文，文章的结构是凡卡写信与回忆相结合的，由于文章叙述的内容与学生的生活相距甚远，而且学生受阅历因素所限，不会深入课文，体会不到文字后面的深层内涵。所以，在学生对课文内容初步展示之后，教师这样点拨：

1. 师：乡下生活是那样的快乐、美好，在鞋匠家的生活是这样的悲惨痛苦，同学们，你们有什么疑问吗？

生：既然在乡下生活这样好，为什么爷爷还要把凡卡送到城里呢？

2. 师：凡卡过着这样痛苦的生活，他为什么不跑回乡下？

生：他没有鞋。

师：凡卡在哪里做学徒？

生：鞋匠家。

师：是呀，在鞋匠家做学徒为什么却没有鞋穿呢？

两个很有穿透力的问题，取得了“一石激起千层浪”的效果，问题一步步将学生推到了矛盾的边缘，引导学生自疑自悟，理解课文。

在关注参与展示的学生的同时，下面倾听的学生也是教师关注的对象，这时，教师要用好自己的眼睛，即要能够随时关注每位倾听学生的状态。要时刻注意与学生眼神的对接，透过心灵的窗户判断学生在想什么——是专心、走神、心领神会、遇到尴尬了，还是情绪高涨、若有所思……然后，适时进行干预，并随时用会说话的眼睛向走神的学生传递提醒专心听讲的信息，向回答问题欲言又止的学生传递鼓励的信息……

学生展示时，教师看似很“悠闲”，其实很忙！要耳听（听展示者的内容）、心思（用心捕捉课堂有价值的生成和重难点的引领和提升）、眼看（观察学生的倾听情况）、嘴动（随时对学生的展示与倾听、质疑进行追问、引导、即时评价）。

学生在课堂上学习的效果如何，最后还要落在检测上。在发现课堂的检测环节，检测形式、方法是多样的，可以是书面的，可以是口头的，还可以是学生互相检测。无论是哪一种检测，教师都要在检测的过程中既面向全体学生，又关注学生的个体差异，巡视解决问题；教师要在检测过程中，深入到学生中间了解学情，关注到以下问题：优等生的解决方法有无创新、突破和深度？中等生解决问题的效率如何？学困生对知识的掌握情况，以及对知识理解的薄弱点在哪里？……根据从检测中了解的情况，进行二次备课，进一步优化教学策略，有针对性地实施巩固练习。

◉ 案例1：

在学习完数学四年级下册第三单元的简便运算后，学生们已经可以运用学过的运算定律或性质，使用多种方式来进行简便运算，例如：25×44，可以把原式变为25×4×11，再利用乘法结合律进行简便计算；也可以把原式变为25×(40+4)，再利用乘法分配律进行简便计算；有的还想到把原式变为25×(50−6)，再利用乘法分配律的拓展进行简便计算。尽管在学习、交流、展示时把这几种思路讲得很清楚，但这并不意味着所有的学生都已经掌握了所有的方式或其中的一种，特别是对于乘法分配律的变形使用，对于学困生是个超难点。因此教师在巡视时，对此类学生给予更多的关注：他们在解决问题时最初选用的是什么方法？这种方法真正掌握了吗？还有疑惑吗？疑惑点在哪里？解决这种疑惑的突破口在哪里？教师据此作出判断并给予相应的点拨、提醒。同时对下一节的教学内容作出适当调整。

◉ 案例2：

在完成语文四年级下册《古诗三首》课堂检测时，教师在小组间检查巡视，特别关注学生的良好习惯养成，及时发现并解决学习中存在的问题。例如，有不答题的，问其原因后，得知是因为没有学会，老师允许他可以暂不答题，利用答题时间先背会一首古诗，课后再找老师单独解答；还有的同学抄袭课本，对此现象及时制止，提示学生做到自我监督，自觉学习。

在整个发现课堂教学中，教师始终是教学方案的预设者、学生学习的组织者和引导者、学生行为的评价者、课程资源的开发者。著名教育家叶圣陶指出："教师之为教，不在全盘授予，而在相机诱导。"简明扼要诠释了教师的作用。

但是，也要注意防止我们的教师受传统教学思想的影响，在课堂上过度"引领"。过度的引领就成了课堂干扰。过度引领要么倾向于回流到"授受"状态，要么是倾向于教师的"主导"状态，还可能直接导致对学生学习思路的干扰。我们提倡教师在课堂上适当干预，以避免学生的学习、讨论、展示出现明显的跑题转向，或者避免学生的探究浅层化、简单化，但是我们绝对禁止教师的干扰。教师的课堂干扰表现形式很多，比如打断学生的话、替学生说、重复学生的话、白开水式评价等等。

探索九：发现课堂的管理——小口令

发现课堂中要实现学生的高效学习，离不开课堂上的有效管理。如果把发现课堂当作一只正待起飞的雄鹰，那么课堂的高效学习和课堂的有效管理就像雄鹰的两只翅膀，缺一不可。

发现课堂的有效管理是指在课堂上学生学习实践过程中教师引导、规范学生的学习行为，培养学生良好的学习习惯。在和谐的规则意识环境中，学生形成基本的自主学习调控能力，拥有自主的学习路径，实现高效学习。

六七十个孩子在一起学习，如何避免学生投入状态参差不齐，学习精力流失？自学行为不及时，完成任务时间差异巨大，思考问题表面化，小队合作流于形式，如何实现发现课堂中的有序、高效的学习呢？

结合学生年龄小、爱说爱动的特点，摸索出用口令来规范课堂的做法。

一、小口令设计

小口令是低年级学段常用的有效管理课堂的方法，在发现课堂上有效管理的理念又赋予了它更为丰富的生命力。

小口令设计的原则：（1）从学生实际成长需要出发，不能是老师单方面的意愿、要求。（2）从自身的高效课堂建设出发，不脱离成长中的高效课堂实际。（3）简短易记，朗朗上口。

（一）低年级的行为口令设计

低年级的小口令可以从以下五个方面来设计：

1. 课前行为规范指导

铃声响，进教室，备用品，抱臂坐，静悄悄，等老师。

（目的在于从课间的兴奋玩耍状态到学习准备的心态，为进入课堂学习做好准备。）

2. 课上行为规范指导

①一二三，我坐端。不说话，向前看。

②我读书，把书拿。

③读完书，把书放。

④扭转身，快静齐。

⑤七八九，闭上口。

⑥时间到，我坐好。

⑦起立：起立完毕。

⑧物品：归位。

（目的在于学生通过口令自主管理好自己的学习注意力，与学习无关的行为不拖沓，培养珍惜课堂学习时间的意识。）

3. 学习行为习惯指导

①聚焦，迅速。②倾听，认真。③小耳朵，认真听。④大眼睛，看过来。

⑤小脑袋，向上抬。（长时间写字时，姿势提醒。）⑥站起来，大声讲。⑦小手准备，准备准备。（读题时，提醒孩子及时指读。）⑧我对照，我批改。

（目的在于培养学生在发现课堂中能有效采集学习信息的能力。）

4. 人际交往习惯指导

①好朋友，在一起。②我展示，我参与。③同学讲，认真听。

（目的在于营造和谐的课堂氛围，培养学生团队合作意识，培养孩子尊重与分享的待人态度。）

5. 自主学习路径指导

语文：

读文：　自读课文：我起立　　对子轮读：面对面

　　　　小组齐读：我最快　　抽读课文：我最棒

　　　　全班齐读：我最行

写字：　读音节：我最准　　记笔顺：我最快

　　　　组词语：我最多　　关键笔画：我最准

数学：　我审题：要仔细　　我分析：我倾听

　　　　我提醒：要注意　　我补充：我质疑

（目的在于让学生在自主学习实践中，通过这些基本的学习路径，习得适合于自己的学习方法，逐步形成基础的学科学习能力。）

（二）中年级行为习惯口令

教师	学生
一二三	我坐端
上课（……）准备	准备准备
时间到	我坐好
扭转身	快静齐
姿势调整	肩平、背直、脚踩地
聚焦	迅速
眼睛	看黑板
小脚	放平
挺胸	抬头

以上小口令的使用目的在于：

（1）课前注意力的调整，顺利进入课堂学习。

（2）高年级发现课堂中学生学习时间的管理。

（3）发现课堂中学生注意力的调整和管理。

（三）高年级行为训练三字歌

大班额发现课堂学生行为训练三字歌：

第一环：自主预习

学课文，先预习；做学案，要仔细；循思路，用心记。

题会做，用蓝笔；心存疑，红笔批；进课堂，心有底。

第二环：小组合作

对子间，先学习，查书写，理问题；小组学，要起立，手脚快，轻放椅；

小组长，分工细，先汇报，再质疑，思展示，共商议，讲效率，争第一。

第三环：展示聚焦

小组员，人心齐，速到位，轻放椅，按分工，展有序；

展收获，展问题，站大方，话得体，讲互动，共学习。

你展示，我参与，认真听，讲礼仪，身跟随，眼不离；

或思考，或笔记，看不清，要起立，顾他人，齐受益。

第四环：探究互动

展示后，众人议，有评价，有鼓励，有补充，有质疑；

新困惑，新问题，同探究，刨根底，展思维，有意义。

第五环：达标测评

一堂课，有收获，达标题，要掌握，或读写，或背说，

先自做，再互测，今日事，今日毕，轻松学，乐无比。

（注解：高年级学生有了一定的自理、自立能力，在发现课堂成长的最初期，提供给学生这则行为训练三字歌，从学习方法、课堂行为指导、人际交往等方面给学生一种引领，学生在诵读和实践中逐步提高。）

二、小口令使用方法

怎样让学生乐于接受小口令，并能从口头的背诵很好地转化成学生的实际行动呢？我们的老师会说：一要巧妙地使用评价。二要好习惯用加法。

◉ **案例：**

课前准备这个习惯的养成经历了几个阶段：最初，老师在班会上和大家讨论这个问题，当孩子们充分说过之后，老师以提建议或总结孩子们的建议的方式出示小口令：铃声响，进教室，备用品，抱臂坐，静悄悄，等老师。并举手表决谁愿意参加好习惯养成的活动，孩子们肯定没有一个不愿意的。最初的两个星期，各科老师进入我们这个班级上课前的第一件事就是在评价表上给学生们的准备情况打分，并及时颁发小标志（为了让学生们能直观地体验到自己的进步与成长，所专门设计的一种卡片）。接下来的两个星期选出几个学生分别观察评价某两列的学生，颁发小标志。一个月过去了，很多学生在边背边做小口令中养成了这个好习惯，同时也体验了自己成功与进步的积极情感。接下来"准备"这个习惯，会在学生与学生的评价中逐步稳定下来，并成为他们的自动化行为。（课堂评价是及时评价、长期评价，需要班主任制定好后，交由各任课老师共同使用。）

评价时使用的小标志

一个好习惯养成了，另一个好习惯就会进入学生的成长世界，小口令的有效性离不开评价的保驾护航。

三、小口令使用中注意的两个问题

1. 发挥年级组集体的力量，在同一年级使用的、适用于所有学科的小口令要统一。

2. 发挥教研组集体的力量，同年级同学科使用的小口令要统一。

两个统一可以让小口令数量合理化，内容更精练，指导学生更有效，发现课堂更高效。避免课堂走向大量口令充斥的极端，口令成了学生学习的一种负担。

很赞同某篇文章中的一句话："规则看守的世界才是高贵生命的圣洁花园。"在殷都实验小学发现课堂成长历程中，教师们用"草根式"研究选择了规范有效教学路径，实现高效发现课堂构建，师生们能从课堂中身心愉悦地在人格、思维、情感等方面共同成长！

附录：发现课堂问题释疑——细节探微五十问

一、运用导学案导学有什么意义？

导学案是指教师根据一节课教学知识的特点、教学目的，依据学生的认知水平、知识经验，为指导学生进行主动的知识建构而编制的学习方案，是集教师的教案、学生的学案、分层次的评价练习（练案）于一体的师生共用的 "教学合一"的文本。其核心就是从学生的当前情况出发，在教师结合大量资料和综合把握的前提下，把学生所要掌握的知识和能力精心设计成问题的形式来导学、导练。

教师可以利用导学案先引导学生独立看书、自学、思考和探究，使学生通过课前预习对教材有一个初步的了解，发现问题；然后在课堂上讨论交流，合作探究展示，分析问题；最后，当堂进行达标检测，及时得到反馈，解决问题。导学案为学生自学、合作、探究，提供了明确的学习目标和路线图。

◉ 案例：殷都实验小学 语文六年级上册导学案

年级：六年级 学科：语文 本周“好习惯，我养成”：积极展示，认真倾听
课题： 5. 詹天佑 主备人：孙巍 学习小主人：
学习目标 1. 学会 11 个生字。会读写“杰出、修筑、设计、施工、阻挠、悬崖峭壁、狂风怒号、惹人讥笑”等词语。 2. 有感情地朗读詹天佑的事迹，能体会詹天佑在修筑铁路的过程中表现出来的杰出才能和爱国精神。 3. 学习写人文章中围绕中心句选取典型事例来写的结构模式。
时间预设 自学探究课：个人自学 20 分钟，对子交流 5 分钟，小组学习 15 分钟。 展示交流课：展示探究 33 分钟，达标检测 7 分钟。
知识链接 关于修筑京张铁路的背景：1840 年，中英鸦片战争之后，我国开始由封建社会逐渐成为半殖民地半封建社会。1895 年，中日甲午战争失败后，我国被迫签订了中日《马关条约》。从此，帝国主义列强以开设银行、强迫贷款、投资铁路、开矿办厂等方式，对我国加紧经济侵略。其中，从 1895 年到 1899 年，帝国主义国家在我国攫取了近 1 万公里的铁路修筑权。帝国主义控制的铁路修到哪里，他们侵略的魔爪就伸到哪里。在铁路附近，帝国主义列强竞相办厂开矿，掠夺我国的资源。到 19 世纪末，列强争夺铁路权的斗争更加激烈，甚至以武力威逼清政府。原打算自己修筑铁路的清政府，在列强争夺面前，束手无策，只得把一条条铁路修筑权拱手送给外国。列强在我国投资修筑铁路，除了获得巨大的经济效益，还附有种种条件，包括控制铁路和沿线地区以及运输军队等。

学习过程

一、自读课文：扫除障碍，理清脉络

1. 用自己喜欢的方式读课文，读准字音，并标出本课生字词。

2. 给多音字选择正确的读音。

塞外（sài sāi）　　狂风怒号（háo hào）

要挟（yāo yào）　　差不多（chā chà）

我还借助工具书或用联系上下文的方法理解了其他词语。

3. 理解下列词语的意思，并放声读两遍。

杰出　轰动　阻挠　悬崖峭壁　狂风怒号　勉励

4. 根据课文填空，理清文章写作顺序。

我知道课文的中心句是：（　　　　　　　）。围绕这一中心句作者选取了这样几个典型事例：接受任务、（　　　　　）、（　　　　　）、（　　　　　）。

二、合作探究：为什么说詹天佑是我国杰出的爱国工程师？

探索一：我结合含义深刻的词语，体会到了詹天佑接受任务的艰巨和他的爱国精神。

（1）“当时，清政府刚提出修筑的计划，一些帝国主义国家就出来阻挠，他们都要争夺这条铁路的修筑权，想进一步控制我国的北部。”（从加点词语中体会到了________________。）

（2）帝国主义者却认为这是个笑话。有一家外国报纸轻蔑地说：“能在南口以北修筑铁路的中国工程师还没有出世呢。”（从加点词语中我体会到了__________________________。）

（3）我还找出了其他句子：________________________。

探索二：在勘测线路的过程中，詹天佑遇到了很多困难，我能通过他做的、说的、想的三方面感受他的爱国精神。

1. 我找到一些这样的句子画下来。

2. 有感情地朗读这些句子，读出自己的体会。

探索三：在开凿隧道时，詹天佑因地制宜采取了两种不同的方法，从中我体会到了他的爱国精神。

（1）詹天佑在开凿两个隧道时采取了不同的凿进方法，原因是什么？

续表

第一种是＿＿＿＿＿＿＿，原因是＿＿＿＿＿＿＿＿＿＿＿＿＿。

第二种是＿＿＿＿＿＿＿，原因是＿＿＿＿＿＿＿＿＿＿＿＿＿。

（2）我能在图上画出詹天佑采取的这两种凿进方法示意图。

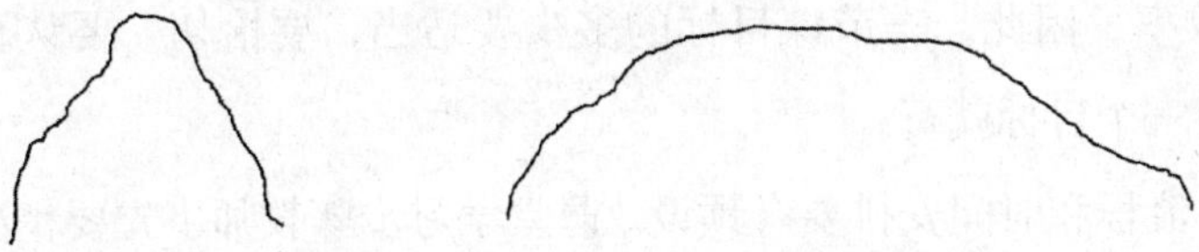

（3）读完这段，我能用四字词语或成语来概括詹天佑的品质。（至少写两个）

探索四：在设计“人”字形线路时，我看到了他杰出的才干和过人的创造力。

1. 火车经过青龙桥遇到的困难是（　　　　），詹天佑设计了（　　　　），解决了这个难题。

2. 我可以来演示火车怎样在“人”字形线路上运行的。

三、达标检测，学有所获

1. 我知道京张铁路提前两年竣工的意义是＿＿＿＿＿＿＿＿＿＿＿。

2. 此时，我站在詹天佑的铜像前，想对他说＿＿＿＿＿＿＿＿＿＿。

3. 我学会了：（词语、中心思想、写作方法……）＿＿＿＿＿＿＿＿＿＿＿＿＿＿＿＿＿＿＿＿＿＿＿＿＿＿＿＿＿＿。

二、发现课堂的导学案编写应注意什么？

第一，导学案在编写前教研组内每位教师均要认真备课。“凡事预则立，不预则废”，上课也是这样，备课是上课的前提，是学生学好学会的前提，编写导学案首先教研组内每位教师都要先看课本和教参，事先了解本课内容，这样在大家讨论修改导学案时才能参与进去，才有话可说，才能融入自己的智慧，编写出的导学案才会适合自己。其次再确定一位教师作为主备人，进行本节课的导学案设计，然后教研组再围绕这一导学案设计稿进行讨论、修改，最后的定稿必须是大家集体智慧的结晶，这样的导学案才更高效，才更适合教研组内每位教师，每个人运用起来才会得心应手，避免出现别人编的导学案不适应自己的现象。

第二，制定目标要恰切。学习目标定得不要太多，太多了就会当堂完不成目标，或“眉毛胡子一把抓”，什么也抓不住，面面俱到等于面面不到，没有重点，该学会的没学会，该学透的没搞透。目标太少就会使学习内容减少，课堂单调，降低课堂学习效率。因此，一节课目标的多少要适当，要恰切，要认真斟酌。一般一堂课多至三个目标就行。

第三，课堂流程和时间安排要有预设。课堂学习步骤教师事先要精心设计，并要写在导学案和黑板上，让学生也清楚。这样教师、学生都会感到课上得条理清晰，有条不紊。否则课堂环节容易混乱，学生也容易“丈二和尚摸不着头脑”。时间预设要根据内容提前安排，否则容易出现当堂完不成目标，拖堂现象，或慌着赶流程学不透、没重点的现象。

第四，学习目标要转化为问题或任务。学习目标在导学案中“学习过程”部分的呈现方式是以任务或问题的方式呈现给学生的，这样便于学生理解和操作。设计成问题还是设计成任务可以根据具体学科、具体课题、具体情况灵活运用，在呈现的过程中要注意：（1）问题或任务要明确具体，容易理解，操作性要强。任务或问题不易太多太琐碎，也不易太大太空。（2）问题或任务的设计要有梯度，有层次，循序渐进，遵循学生由易到难、由近及远的学习规律，有利于学生的自学和展示。（3）导学案的设计要条理清晰，化繁为简，是学生学习的路线图，对学生学习和老师教学真正有用，学生、教师都乐于看，而不是浪费纸张。（4）导学案的设计要注重学法指导。“授人以鱼，不如授之以渔”，导学案上可以温馨提示学习方法，比如采用泡泡语，老师、小朋友对你说等活泼有趣的方式进行。（5）任务个数的设计主要以学习内容为主，小组个数只作为附带考虑内容。任务或问题的个数一般不超过小组个数，如果任务个数正好和小组个数相同，那么展示时可以一组展示一个任务或一个问题；如果任务少而小组多，展示时有些小组可以进行补充评价；即使是大班额发现课堂，小组的个数也不要太多，一般不超过6组，小组人多时可以把小组再分为A、B两队，展示时如果不用那么多人，小队就可以代表小组展示，以小队的成绩评价小组，这就叫队展组评，这是殷都实验小学在大班额发现课堂教学实践中的创造。

第五，达标检测要少而精。达标检测不要贪多，贪多嚼不烂，同时会增加学生的为难情绪；要少而精，突出、照应本节课的目标，一般来说，目标是什么，就检测什么，问题要少，当堂完成，做到堂堂清。另外检测题少了学生会觉得学习并没那么难，从而提高学生学习的兴趣。

三、发现课堂教师如何使用导学案?

导学案让师生都明确了学习目标，课堂上需要把这些学习目标再转化为具体的可操作的学习问题或学习任务，这些问题或任务在学生自学、交流的基础上，教师以抽签或随机分配的任务打包分给六个小组进行预展，然后在小组预展的基础上，在全班进行展示。这些相关联的学习任务就形成了任务包。任务包简单地说就是导学案学习目标的具体化，是学习目标的有效载体。

对于年级内每个教师来说，使用的是同一份导学案，但任务包不同，呈现的学习效果也不同。因此，怎样将每节课的知识合理地以任务的形式打包呈现给学生是导学案使用的关键所在。

四、怎样批改导学案?

学生对导学案的分析、理解以及对相关问题的把握，是发现课堂成功的重中之重，那么教师对导学案的批阅就尤为重要了。但在实际操作中，作业批改是“劳神费思而弃之不能”的重要一环。教师批阅面临的最大困难是时间难以保证。教师如果对导学案逐个批阅，显然工作量太大，特别是教师批阅导学案和上课时间的间隔时间很短时，根本无法完成导学案的批阅，那么教师批阅导学案就应讲究一点策略，以期达到批阅效果的最大化。教师可根据不同情况，采取相应的批阅措施。

◉ 案例 1：教师可以根据不同情况对导学案进行不同形式的批改

1. 教师亲自批改，这种方法有利于教师掌握全体学生的学习情况，便于反馈，不足就是耗时多，费力大。

2. 教师讲答案学生自己批改自己的导学案，好处是节省时间，学生当场就能用红笔进行纠错；不足是有个别待进步学生可能觉得反正是批改自己的，又有很多内容都是自己不会的，因此没兴趣，不注意听。

3. 教师讲答案，学生批改其他组同学的导学案，人手一份进行批改，好处是不仅节省了时间，而且那些待进步学生也会怕给别人批改错而认真、仔细地听讲解，认真批改，同时当他看到同学的作业做得如此优秀，心中也会有一种震撼和向别人学习的冲动。

4. 一组学生讲答案，全班学生各自批改自己的，教师在一旁纠错或点拨，好处是锻炼了学生的能力，提高了学生纠错的速度。不足是个别待进步学生可能不注意听，不认真批改甚至没学会。

5. 学生讲解，全体学生人手一份批改其他同学的导学案，老师在一旁纠错或点拨，好处是既煅炼了学生的能力，又引起全体学生的听课注意，特别是个别待进步学生会注意听，认真批改甚至学会。不管运用哪种方法，用红笔纠错是关键。红笔色彩一目了然，便于引起学生的注意，便于以后错题的整理复习。学生纠错完毕后交小组长把关签字，小组长再交给老师检查。这样错题基本上就被消灭干净，学生掌握得相当扎实。当然批改的方法还有很多，如小组长批改、流水作业批改等等，可根据具体情况而定。

◉ 案例2：根据导学案完成后的时间而定

1. 有充裕的批阅时间

教师可将导学案全部收上来，逐份批改，发现优点与不足及时记录，以此作为对学生导学案完成的小结与指导，从整体上把握学生完成导学案的情况。这一方法可作为教师对导学案完成情况的调研。

2. 批阅导学案与上课只间隔一节课时间

教师可在不同层次的学生中随机抽取，有针对性地批阅，将批阅中出现的问题在评价导学案时进行分析。有针对性地布置各组的展示任务，有重点地进行展示评价。

3. 第一节课就要用到导学案

留给教师的批阅时间几乎为零。此时就要发挥学科组长的作用。教师对学科组长要进行系统地培训，让学科组长在课前10分钟完成导学案的检查，上课时由学科组长汇报导学案检查中的主要问题。教师可在上完课后及时将导学案收上来复查，重点关注学生红色笔修正的地方，从中了解学生课前导学案的完成情况和本节课的达标情况。

也可以在课堂上让各组同学采用推磨式互相批改，批改完毕后，分析、交流所批组作业出现的问题。然后再进行分析交流自己组的作业中出现的问题，最后将自己的错题订正并批注易错易混题目和重难点题目。这样不仅理解了重难点更注意到了作业中出现的问题。学生之间相互批改作业，实际上也是同学之间互相学习的过程，批改后统一交给老师，再由老师检查核定，给出分数等级。

以上三种情况是课前教师对学生导学案完成情况的批阅，在批阅过程中了解学情，确定各组展示任务，明晰评价的重点，做到有的放矢，将学生都会的省略不讲或简单讲，节省下时间放在问题较多、较难的部分做细致的分析、评价。

需要提醒的是：导学案的批阅还包括课后的导学案复批。一堂高效课之后，学生在合作讨论中，进行了大量的扩展与延伸，在展示中有了新的见解和主张，当然也可能有一些仍没有搞清楚的问题，这就要求教师在课后的复批中认真研究学生的作业反馈，从中发现学生学习中的闪光点和思想上的亮点，发现学生学习中的不足，及时更正讲解，达到教学相长的目的，做到师教生，生教师，师生平等参与，共同探讨，全体进步，真正发挥发现课堂的高效。

五、发现课堂里分几个小组合适？

对于近70人的班级，每班分为六个组（10—12人为一组）。这样学生的课桌围成六个组。从教室环境看，六个大组桌凳摆放整齐，极大节约了教室空间；从发现课堂班级管理来看，六个组一目了然，便于对小组进行管理和评价；从合作展示的角度看，六个组的安排有利于教师逐一参与小组合作，进行针对性指导，六个小组的任务展示在一节课中也能够完成。

分为六个组后，传统教学下的“秧田式”座位被马蹄形、凸字形、丁字形等座位形式所代替，给学生的合作交流带来了方便。应该明确的是，座位形式的变化，一是为学生合作学习创造学习条件，二是由大班额发现课堂的教室环境来决定，不必刻意或过分专注于座位形式。

分组举例：

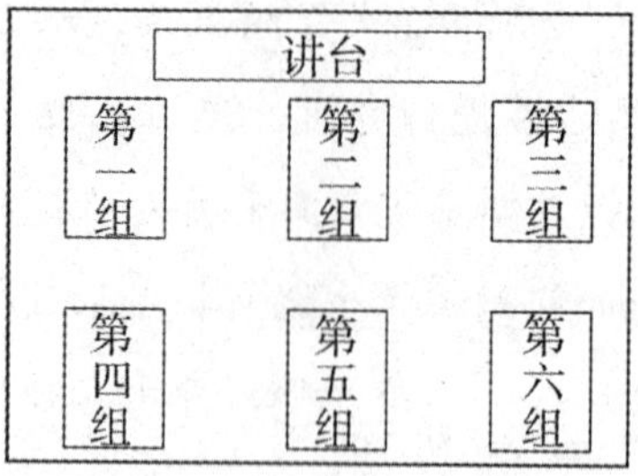

六、大班额情况下发现课堂如何分组？

和正常班额的小组组员分配原则一样，大班额发现课堂的分组仍然要遵循“组间同质，组内异质，同质结对，异质帮扶”的基本原则进行。首先要根据学生的基础知识、学习能力、智力状况、性别、心理素质、兴趣爱好等各个方面进行综合评定，然后根据各组人数进行平行调配，保证各个小组实力相当。需要注意的是：教师应把学生的个别差异看成一种积极的教育资源，可以实施动态分组教学。还可根据学生的学习情况定期进行人员调整，以保证小组间学生竞争的活力，增强小组内学生合作的凝聚力。

【实践演练】

合作学习小组人数因学段高低的不同而不同，确定小组人数时，应该充分考虑学生年龄大小和自主性强弱等因素，根据学生年龄的大小和自主性的强弱适度增减小组人数。年龄越小，自主性越弱，合作学习小组人数就越少；反之，合作学习小组人数可以适度递增。

◉ **案例1：**

两种分组方式：

1. 学生自由结合分组。当学生自己选择小组的时候，他们往往乐于选择那些熟悉、相处融洽的伙伴。他们互相了解，彼此相信，能彼此之间敞开心扉，推心置腹，坦诚交流。尤其在小组组建之初，在自我选择的小组中，学生没有必要去互相认识，了解对方，讨论可以立即切入主题，这是自由组合的优势所在。

2. 教师分组。根据合作学习的特点，教师多采用组内异质（使具有不同观点和不同背景的学生分在同一个小组)、组间同质(组与组之间的水平相当)的构成模式。教师要认真研究学生多个方面的情况,包括其性别、兴趣、社交能力、性格、成绩等。成绩上“好、中、待进步”搭配,社交能力上口若悬河的和沉默寡言的学生搭配,性格上活泼好动的与内向沉稳的学生分在同一组,这样不仅有助于小组角色分工,也可以让每一个小组中都有不同学习风格的学生,利用互补优势提高合作学习的质量。这样组与组之间才有可比性,使合作学习形成组内合作、组间竞争的局面。

当各小组人员确定后,应在一段时间内相对稳定,如果频繁地打乱小组,将使刚产生的凝聚力消失,才培养起来的团体意识消解,评价也不易操作。学习一段时间后,教师观察,对确实不能合作的小组,在两三周后可进行适当的调整。在对小组人员作出调整前,要了解小组合作不下去的原因,让学生明白老师调整的意图。

◉ **案例2:**

在科学建组,构建结构合理的合作小组时,我们倡导遵循“组内异质,组间同质”的原则,建立“异质型合作小组”。异质型合作小组是在苏联心理学家维果斯基的“最近发展区理论”基础上建构成的小组合作形式。具体做法是将全班学生,按照“组内异质,组间同质”的原则进行分组,使每个小组都有学习水平高、中、低三个层次的学生。这样分组不但有利于学生间的优势互补、相互促进,又为全班各小组之间的公平竞争打下了基础;有利于增强小组优胜的信心,又有利于学生主体能动性的发展。“组内异质”是为了让优等生的才能得以施展,中等生得到锻炼,学困生得到帮助,“组间同质”是为了使小组之间的合理、公平竞争意识形成,又促进组内合作意识和合作学习能力的提高。可见小组合作学习遵循“组内异质,组间同质”的原则是有它的科学性和优越性的。同时也要注意,小组成员的数量要适当,这样可以保证每个成员都有积极参与的机会。

七、大组内如何再分小组?

由于是大班额发现课堂,班内分六个组,每组组员都达到了10—12人,队伍庞大，合作学习比较困难，因此，每组组内可以再分为A、B两个小组，也可以叫作A、B小队。整个班级就形成六个大组、十二个小队的格局。每个小队成员的安排和大组组员的安排原则相同，要保证各个小队实力相当，如有1—2名各方面突出的学生，3名中等生，1名待进步学生。这样做既能保证小组内各个成员之间的差异性和互补性，也便于各个小组间开展公平竞争。教师还可根据学生的学习情况定期进行人员调整，以保证小组间学生竞争的活力，增强小组内学生合作的凝聚力。

除每组的组长外，再选出两个小队长（小组长也可以兼任小队长）。当学习目标出示以后，各组在组长的安排下、在各小队队长的带领下进行有效的自学、对学、群学，在规定的时间内必须完成任务，在全班集体展示前用抽号球、剪子包袱锤等游戏形式决定每组的A队或B队代表本组进行全班展示，不能进行全班展示的小队要给展示小队及时补充，这样台上、台下互动，最后根据两个小队的总体表现进行评价，我们把这种形式叫作“队展组评”。

在每个小队内，可以采取轮值队长的形式任命学习队长，或者针对学生存在偏科现象的客观现实，可以采取学科组长的形式来平衡学生个体的学科优势，同时体现了全员参与管理和被管理的双重角色，更好地增强了小队荣誉感，保护了学生的自尊心，调动了学生的学习积极性。

八、小组中怎样结对子？

为调动更多学生的学习积极性，使小组的合作学习与考核真正落到实处。建议组内部推行“一帮一，对对红”的政策。

◉ **案例：**

组长的精力毕竟是有限的。课堂学习的过程中，倘若其他组员同时排队等待组长的讲解，既是不可能的，又浪费了大量宝贵的时间和精力，无法很好地体现“高质高效”的原则；即便在课下，对其他组员知识学习的检测和常规的考核，也不可能由组长一个人很好地完成。这就要求我们必须想办法尽量减轻小组长和小队长的负担，同时也要努力调动更多学生的学习积极性，使小组的合作学习与考核真正落到实处。对此，建议组内部推行“一帮一，对对红”的政策。一般来说，在尊重学生意愿的基础上，由能力较强的同学和学习能力较弱的同学结对子，达到共同进步的目的。

九、小组座位如何编排？

以10人小组为例，1号、2号分别是A、B小队的队长，其余8人结成对子，A、B小队队长坐在小组中间位置，对子同学并排坐，当小组合作学习时，小队长站到组两端，便于管理小队学习。

4号	10号	A队队长（1号）	9号	3号
8号	6号	B队队长（2号）	7号	5号

小组合作学习时：

A队队长（1号）	4号	10号		9号	3号	B队队长（2号）
	8号	6号		7号	5号	

十、小组长是如何产生和培养的？

小组长队伍素质的提高，带来的将是小组长群体在学生中威信的提高，是非权力性影响力的提高，因此，小组长的培训非常重要。培养优秀的小组长，首先要抓好小组长的思想教育，要让他们意识到小组的好坏同自身工作的关系以及带领全组同学共同进步的重要意义，要让他们明确共同的思想准则，即组兴我荣、组衰我耻。

◉ 案例1：

先确定发言积极、操作能力较强、表现欲望强烈的学生当学习小组的组长，然后对组长进行有效的培训。培训步骤为：第一，教会组长对组员进行合理而简单的分工；第二，督促组长积极主动地组织合作交流，使组员养成合作学习的良好习惯；第三，指导组长组织合作交流时，要先进行有序的安排，如鼓励组员大胆发言，让会说的先说，不会说的先听后说，促使不同的人得到不同的发展；第四，指导组长在交流过程中进行灵活协调，如对于回答正确的同学报以掌声，当出现意见分歧时，组长应问个为什么，请组员说出理由，当出现冷场现象时，组长应带头先发言，起表率作用；第五，指导组长善于收集组员在交流中对同一道题目所作出的不同解答，并及时准确地向老师汇报。

◉ 案例2：

班额大，人数多，教师在课堂上不可能照顾到每一个学生，所以教师一定要注重小组建设，加强小组长的培养。我们可采用多种形式与方法对小组长进行培训。如任课教师进行课前培训，其目的是更好地实现课堂学习目标，完成教学任务；班主任定期召开组长座谈会，在进行思想教育的同时，进一步了解班级学生的动态、思想状况、学习状况及各小组存在的问题等，与大家商讨解决的办法；召开不定期的优秀小组经验交流会，互相学习，互相借鉴，共同提高；把学期中被评为优秀小组中的优秀二号组长调配到力量相对薄弱的小组担任一号组长，传播优秀经验，起到辐射带动作用。

◉ 案例3：

充分培养、利用组长，每一个组长就是一个小老师。

小组长是负责管理小组事务的，如组织小组学习、活动、讨论、检查作业等活动，可以节省老师的大量精力，提高课堂效率。

选聘组长要注意选成绩好、人缘好、组织管理能力强、责任心强的学生。选聘组长后还要培养小组长，主要应从以下几方面培养：①做好小组长的思想工作。让小组长明确担任组长是对自己能力的一种培养与锻炼，会让自己越来越优秀。②让其明确小组长应具有的最基本的素质：诚实、正直、以身作则。③明确小组长的责任和作用。④定期召开组长会议，了解他们一周来在思想上、学习上和生活上的困难并及时予以解决，让小组长感受到教师的关怀和温暖。⑤在会上、会下老师要培养组长的学习能力、合作能力、协调能力。⑥适时地肯定、表扬、激励小组长。这样小组长就愿意干、会干，作业的检查、学困生的帮扶等工作能在小组内解决一大部分。

◉ 案例4：

组长是老师的小助手和代言人，是一组之魂。实践告诉我们，选一名成绩好、责任心强、有一定组织能力的学生担任小组长，负责全组的组织、分工、协调、合作等工作至关重要。实践证明学习小组组长应具备以下条件：①有很强的组织和协调能力；②有很强的口头表达能力；③学习成绩应该优秀；④要有很强的责任心与集体荣誉感；⑤要有强烈的创新意识和发现问题、提出问题的能力；⑥要有服务同学的意识。小组长不一定是组内学习成绩最好的学生，却一定是各方面能力最强的学生。教师要定期集中培训小组长，培训时除了了解反馈信息、专门指导作业外，还要倾听他们的意见和想法，让他们畅所欲言，相互交流，相互启发，以利于使他们领导的小组既有一定的共性，又有鲜明的个性。每个小组还可以设立一个组长，六个学科组长，学科组长每人根据自己的意愿或老师的挑选担任，这样可以增强小组成员参与小组、管理小组的意识，增强他们的集体荣誉感和责任感，使小组的每个成员都感觉到我很重要，为小组建设贡献力量。

十一、小组怎样起组名?

小组构建完成后，由组长组织成员讨论制定有特色的组名、组号、组规、组徽、组歌等，并制作成小组文化标识牌，激励每一个组员。首先制定组名，在制定组名时应突出文化主题，可以依据学校文化主题或办学特色以及班级文化主题和班级特色，引领学生起一个积极向上、富有创意、新颖别致的名字，打造团队凝聚力、向心力和战斗力。使班级六个组的组名成为一个整体系列，不能各自为战，避免随意性。

【实践演练】

殷都实验小学校园文化都是围绕科学主题，突出“我发现”校园文化的，例如三年级主题是中国古代科技名人，七个班级班名都是以古代科技名人的名字命名的：一班华佗班，二班张衡班，三班霞客班，四班冲之班，五班毕升班，等等。学生们通过找资料了解了古代科学家，发现科学家们都具有这些品质与精神：博闻、进取、卓越、智慧、探索、勤学……因此组名就以这些品质与精神命名。再如以植物命名的“百花园”班，小组的名字可以各种花命名，如冰雪晶莲、傲霜金菊、向阳葵花……

十二、小组如何设计口号、组徽、组训、组歌?

为了强化小组的团队功能，增强小组内的凝聚力，小组要进行必要的文化建设。小组文化建设包括制定组名、口号、组训、组规、组徽、组歌、目标等项内容。组号应有精神内涵，一定是内容积极向上，能振作学生精神的响亮的句子。接下来根据班规制定组规，从自学、讨论、展示、作业的完成与收交、自主学习的纪律及学习的目标达成等方面制定出基本的规范要求，确保每个同学都能明确每个学习环节的具体做法。

【实践演练】

第一，为小组设计一个响亮的名字和口号，确定一个共同的价值追求。

第二，设计一个组徽，将这种价值追求用简洁明快的符号语言表现出来，运用于组内活动时或在各种用品中采用。

第三，全组同学共同商议，选出组训、组旗、组歌，在每天的特殊时刻或参加重大活动、重大仪式时，吟诵组训、唱出组歌、树起组旗，从精神层面反复强化小组团队的共同价值追求。

第四，制定并严格执行组纪组规是从制度层面进行小组文化建设的重要手段。

第五，把组训、组徽、组歌、组旗等以醒目的标语、展牌或图片，精心设计并张贴、悬挂于班内，形成浓厚的教室文化氛围，让学生时时浸润于这种氛围之中，实现行为标准、价值取向、价值追求的内化，实现“以文化人”的小组文化建设的目的。

小组口号要朗朗上口，还要响亮、有特点、能体现小组成员的价值取向。组训要体现全组成员的努力方向。可以指导学生设计简明的字符或图画作为本小组的组徽，组徽可以张贴或悬挂于教室内醒目的位置，可根据日优秀小组、周优秀小组等评价机制来升或降小组组徽。组员们创作本小组的组歌，在升本小组组徽等重要场合吟唱。

十三、班级文化墙如何建设？

班级文化墙指的是教室内外可供学生展示的墙壁，让每处墙壁都成为学生展示的阵地。教师可以按墙壁面积大小平均分给几个小组，也可以由小组轮流承办，还可以发挥学生主动性，让小组自行认领。

【实践演练】

班主任可以按照面积大小把文化墙平均分给六个小组。确定主题后，各组成员在本组的“自留地”上自由创作。绘画、诗歌、笑话、优秀作文、美文……五彩斑斓；可以粘贴优秀作品，也可以直接在文化墙上写写画画。六个小组都完成后组成一个评审团，评出 1—2 个优秀小组进行奖励。另外，结合季节特点、学校活动、节日等，文化墙的内容要不定期更新。

十四、怎样建设小组的“家文化”？

小组文化的建设旨在让小组成员在小组集体生活、学习中体会到家的温暖。

有人说：“家文化”无论是在外延还是内涵上，都应该是“LOVE 文化”，也就是“爱的文化”。让小组的每一个成员都感受到家的温暖，从内心爱小组、爱班级，在爱的氛围中，自己也会越来越优秀。

◉ **案例：**

殷都实验小学马娟老师的小组文化是这样建设的：马老师为每一组准备了一个小小的书架，每个小组的成员将自己喜欢的两三本课外书放到本小组共有的书架上，组建“小小图书架”，组内成员之间图书共享。马老师还为每一组准备了一个收纳箱，收纳箱里放着组员们自发带来的东西：一瓶钢笔水、一包纸巾、一个削笔机、一个订书机、一盒彩笔，有时还会有一包润喉片或几包板蓝根、几片创可贴。这个“家”能解组员的燃眉之急，组员们也有了为“家”做贡献的意愿。

十五、怎样通过活动增强小组凝聚力？

可以通过开展课上竞赛，课下活动，让小组成员体验到“一荣俱荣，一损俱损”——我要团结每个组员，努力为小组增光添彩，从而达到增强小组凝聚力的目的。

这里的活动是多样的，可以是学习活动，也可以是文体活动，只要能够以小组为单位进行评价的活动，都可以增强小组凝聚力。如：学习活动中，课前检查预习情况，给每个同学都能认真完成的小组加 2 分；课上检测环节，给小组成员全部正确完成的小组加 2 分；课上学习过程中，给小组成员能认真倾听、积极思考、及时质疑和补充的小组加 2 分……

此外，还可以结合英语、音乐、体育、美术等学科开展娱乐活动，如：“我的歌声最动听”评出歌唱得最好的小组，“我是小小表演家”评出表演英语课本剧最棒的小组，“看，我跳得最多”评出 1 分钟单摇跳绳总数最多的小组……活动是多种多样的，教师要善于抓住各种发展学生的机会。

十六、小组长的职责是什么？

小组长之于小组，犹如班主任之于班级。一个小组，只有在一个好的小组带头人的带领下，才能始终如一地围绕某一个中心议题开展讨论、探究，最终找到规律、获取方法。组长又是一个小组学习活动的组织者，是教师的得力助手，是联系教师与全班学生的纽带。因此，明确小组长的职责直接关系小组学习活动的效率。卫生、两操、整体面貌、上课纪律、组织学习、分配任务等，都是小组长的工作范围。

◉ **案例：**

殷都实验小学三（4）班第一小组小组长的一日工作安排

检查卫生区卫生，督促岗位负责人及时打扫
检查教室卫生，督促岗位负责人及时打扫

续表

提醒各课代表及时送作业
带队下楼做操
负责本小组上课时的纪律，提醒同学注意
检查练字本作业
放学后检查关闭门、窗，及时落锁

十七、怎样进行小组分工？

建立了合作学习小组后，要明确小组中每一个成员的责任，每一个小组根据成员各自不同的特点分别编排为1—10号。要突出每个个体的作用，使每一个人不仅要对自己的学习负责，明确每个人都有帮助他人进步的义务，而且要为所在小组中其他同学的学习负责。小组长为轮换制，让每一位小组成员都有锻炼和展示的机会。

【实践演练】

1. 围绕小组的建设给组员设置分工

在小组内设小组长、记录员、检查员、汇报员等职务，总之，人人有事做。

小组长的主要职责是对本组成员进行分工，组织全组人员有序地进行自主学习、讨论交流、动手操作、合作探究等学习活动。

记录员的职责是记录小组合作学习过程中独立学习的认真程度、小组交流时的发言情况、纪律情况等。

检查员的职责是检查、督促小组成员的学习提纲、作业完成情况等。

汇报员的职责是将本组合作学习的情况进行归纳总结后在全班进行交流汇报。

各小组将每日情况进行汇总，并将结果在班内黑板上进行公布。

2. 根据学科的学习任务进行分工

即每个小组根据学科的学习任务分别设立语文组长、数学组长、英语组长、艺术组长等。

3. 根据班级日常事务分工

如：设立纪律组长、卫生组长、作业组长、宣传组长等。能力较强的学生可以身兼数职，能力弱的学生担任一职，明确职责，人人参与小组管理，努力培养小组成员的主人翁意识。同时，还可以每周设立一个值勤小组，从纪律、文明到学习、卫生对每个小组进行全面管理，事无巨细，全权负责，这也在很大程度上减轻了班主任的负担。

4. 根据需要进行混杂分工设置

即在设置学科组长的同时，也设置各“常务”组长。如一个学生可以既是语文学科组长，也是卫生组长等。

无论是哪一种分工设置，各分工组长都要职责明确。

◉ **案例：小组管理卫生岗位安排表**

＿＿＿＿＿＿小队管理卫生岗位安排表

	姓名	职务	管理小岗位	卫生小岗位
1		小队长	负责小队全面工作	擦窗户、饮水机等
2		小队长	检查校服、红领巾	扫清洁区台阶
3		语文课代表	收发家校联系册	扫走廊、倒垃圾
4		语文课代表	收发语文作业	扫第一组地面区域
5		语文课代表	检查背诵	扫第二组地面区域
6		数学课代表	收发数学作业	扫第三组地面区域
7		数学课代表	检查口算	扫第四组地面区域
8		英语课代表	收发英语作业	扫第五组地面区域
9		英语课代表	检查英语朗读背诵签字情况	扫第六组地面区域
10		卫生委员	检查个人卫生、书包桌斗卫生	扫清洁区平台

殷都实验小学的孙巍老师认为，在学生自主管理的班集体中，每个学生都有自己的管理小岗位：有的负责作业的收交，有的负责电器的管理，有的负责卫生的清扫……在小组建设中，每个孩子还承担了不同的小组管理岗位：有负责小组纪律的，有收交各科作业、导学案的，有负责擦小组黑板的……在原来强调以个人为主的班级管理系统中，同学们非常注重个人的管理岗位得分，因

为它直接影响着优秀学生、优秀班干部、小绅士等的评选。尤其是一些学习潜力尚未被发掘出来的学生，在学习上很难获得成功的喜悦，但又不缺乏责任心，往往会因自己在小岗位上认真负责而得到老师和同学们的认同与称赞，满足了他们在集体中荣誉感的需要，也赢得了同学们的尊重。

十八、小组的组规如何制定和实施？

班级风气的形成，会影响班级每个同学的进步与发展，小组风气的形成同样重要。因此，小组需要组规来约束组员的行为，使组员们能齐头并进，共同发展。教师讲明原则后，由小组长组织大家共同制定组规，各抒已见，通过后要求每个组员都要严格执行，由组长和值周组员共同监督和督促组员遵守组规，每周利用班队会各组进行自评、教师进行点评，促进小组健康发展。

◉ **案例1：某小组的组规**

为保障本小组成员共同进步，在各项考核中取得优异成绩，经小组全体成员研究决定，制定以下条例，全体成员作出承诺，严格执行：

1.组长每天应定时召开小组“晨会”及“晚会”，及时分配并提醒组员各项任务。

2.小组内各负责人（检查员、记录员、学科组长等）应认真负责，不得以各种借口推辞任务。

3.小组内各组员必须服从组长和各负责人的安排，集体利益高于个人利益。

4.全体成员遵守纪律，认真学习，积极展示。在全班大展示时发言者每人次加1分，“加分宝贝”每发言一次加2分。

5.全体成员认真完成作业，由组长亲自督查，凡因未完成作业影响小组加分的同学为大家志愿服务一次，形式自选。

6.全体成员认真值日，无故迟到或不值日2次者罚为全组唱歌2首。

以上条例，一经制定严格执行，如有需要随时添加或修改。

小组成员签名：

◉ **案例2：殷都实验小学的部欣丽老师谈小组组规**

1. 制定严格组规。严格的组规和良好的组风是小组规则和规范建设最为有力的保障。所以，小组建立初期就应该要求各小组学生尽快建立起一套严格细致、切实可行，并具有约束力的“组规”，严格执行，使学生在小组内部也能够做到“有法可依”“有法必依”。需要说明的是，对于“组规”的建立，教师在表明原则后不应过多干涉，而应该完全建立在尊重学生意愿的基础上，由学生自行制定，自行实施，这样，学生品尝到“民主自治”的乐趣，才会有“依法办事”的热情与积极性。

2. 在班里倡导“荣辱与共、同舟共济”捆绑式评价。平时班里的评价都是强调小组，都以小组为单位进行评价，个人表现不突现，无论是课堂上的表现、班级纪律还是学习成绩等方面，让学生明白，个人表现再好、成绩再优秀都不会得到肯定和表扬，只有小组的成绩才是自己的成绩，只有你所在的小组整体优秀了，你才是优秀的。

十九、评价小组的方式和方法是什么？

小组评价是对小组合作过程和学生学习行为的监控。课堂教学中的小组评价包括个人自评、小组自评和教师评价。平时主要以小组自评为主，个人自评和教师评价可以定期进行。

【实践演练】

小组合作学习后，教师要提供一定的时间让其进行自评。“说说我自己”“大家评评我”“老师眼中的我”是对学生以往参与小组合作表现的评价、认定，是面向学生的“过去”；“将来的我”则是让学生根据既定的评价结果，认准自己今后的主要努力目标，是面向学生的“未来”。这样就使评价体系成为一个动态的过程、一个促进的过程和一个开放的系统。

合作学习把“不求人人成功，但求人人进步”作为教学追求的一种境界，同时也将其作为学习评价的最终目标和尺度。把个人之间的竞争变为小组之间的竞争，把个人计分改为小组计分，以小组总体成绩决定奖励的依据。为了检查小组合作学习的成果，从而实施小组奖励策略，需要定期进行小组测验。在每次测验结束后，要计算每个学生的提高分和小组得分，以便对得分高的小组进行奖励。这样把做得好与得到奖励联系起来，有利于激励学生尽自己最大的努力去做。

奖励的方式是多种多样的。可采用口头表扬、鼓掌祝贺、经验介绍、颁发证书、授予小组荣誉称号等。通过奖励使学生知道什么行为是有价值的，是能得到认可的，激发学生尽可能地展示自己的才华，开发自己的潜能，乐意为共同的学习目标而努力，从而培养学生的合作意识，提高合作能力。

二十、怎样形成长期有效的小组评价机制？

小组的长期评价机制有两种：

1. 小组内部的长效管理评价机制

小组内部的长效管理评价机制是一个小组正常运转的保证。殷都实验小学四（7）班科学小组是这样评价的：小组内部有分工，小组长负责记录全组成员分数。上课纪律好，认真听讲，每节课加 1 分；按时完成作业的每天加 1 分；作业质量高，得星甲的加 3 分，得星的加 1 分；讲文明，不打骂同学的加 1 分；每天按时值日的加1分，不按要求做的扣1分。小组内每周评出小组的冠军、亚军、季军，班级给予奖励：每人发一张喜报给家长，发一颗星贴在班级“雏鹰争章”栏里。每月总结出小组内月前三名，每人发两张喜报给家长，发两颗星贴在班级“雏鹰争章”栏里。每学期总结出学期前三名，评出冠军、亚军、季军，发三张喜报给家长，发三颗星贴在班级“雏鹰争章”栏里，期末汇总按得星多少来发奖状，从而形成长期有效的小组评价机制。

2. 班级内部小组长期管理评价机制

例如：四（7）班的小组长期评价机制是这样的：（1）每堂课老师对小组有一个评价打分，学生有专人进行记录，每周进行汇总评比，班会课上进行宣读，对前三名的小组进行奖励，每人一张喜报，同时在班级“雏鹰争章”栏里小组成员后面贴星。（2）每月再总结出月前三名，同上面一样进行表彰奖励。（3）每学期总结出学期前三名，评出冠军小组、亚军小组、季军小组，分别进行不同的奖励。在班级内部形成长期有效的小组评价机制。

二十一、小组学习的基本流程有哪些？

小组学习的基本流程是：个人自学—对子互学（同质对学、异质帮学）—小组（小队）群学。需要提醒的是这种顺序并不固定，教师可以根据学生的实际情况和课堂时间进行灵活安排。

【实践演练】

在自主学习环节中，每个孩子都要利用导学案静心自学，自学能力强的孩子完成自学任务之后，首先在小组对子中进行交流，交流完自学过程中的收获和疑难问题，对子中学习能力强的学生即可以对其进行帮扶学习，帮助学习有困难的孩子解决疑难问题，如帮扶学习中仍然存在问题，可以提交到小组（小队），进入组（队）内的群学。各小组（队）根据对子学习的内容和展示任务的要求，可以展示小组学习的成果和收获，也可以利用黑板板书小组学习中的困惑和问题，在集体展示交流中，通过与其他小组的交流和教师的引导、点拨解决问题。

二十二、小组对子间如何有效对学?

同质对学：在学生自学的基础上，组内学习程度相当的两个学生固定结成对子进行对学，通过对学，相互解决自学中遗留的问题，包括导学案中预设的没有解决的问题和自学过程中新生成的问题，并用双色笔标记仍然不能解决的问题。

异质帮学：在同质对学的基础上，由组内的优秀学生固定或随机结对帮扶一名学困生，帮助学困生解决个人自学和同质对学后仍不能解决的问题。

【实践演练】

同质对学就是将学习水平、理解能力、探究特质相近的学生分为一组，在课堂教学时让他们一起讨论问题，一起动手实验，共同提高学习能力，相互促进。

在同质的学习小组中，对于成绩优秀的学生，教师要与他们促膝谈心，鼓励这些学生，希望学习优秀的学生发挥自己的优势，与教师一起来帮助学习有困难的学生，课堂上学习基础差的学生能回答的问题尽可能把发言的机会让给他们。

对于学习有困难的对子小组，教师要给予充分的指导、提示与点拨，重点参与。此外还根据实际情况适当降低难度要求，使他们逐步达到要求。

异质帮学就是将学习水平、理解能力、探究特质有较大差异的学生分为一组，可以发挥学习水平高、主动积极、知识面广、遵守纪律、积极发言的学生的正面作用，让正面的内趋力克服消极的内趋力，带动学习水平、理解能力、探究特质较差的学生进步，采用了“一帮一”的模式。

二十三、组内如何有效群学?

小组群学是指在同质结对互学和异质结对帮学的基础上，每人将自己没有解决的问题提交小组内进行交流，在继续解决问题的基础上，由小组长根据遗留问题或新生问题是否具有普遍性和必要性，进而确定小组展示的内容，为下一步小组展示做好准备。

【实践演练】

殷都实验小学的李艳菊老师认为：交流时要形成定式。

1. 交流小组内不会的问题。在预习时，让学生把不会的问题记录下来，交流时把不会的问题提出来。

2. 交流: 统一思想，统一答案。在小组交流时，统一答案，可以每人汇报一题，轮流进行，简单的略说，复杂的详说，展示时就不用一一展示。

3. 交流在小组内生成的问题。小组交流时会遇到一些争执不休的问题，其间也会新生成一些问题，值得交流解决，不能解决的也许就是有价值待展示时解决的重要问题。

4. 交流要围绕学习目标进行。每一个问题都是围绕着某个学习目标而设计的，因此，交流时让学生明白哪个问题是为了解决哪个学习目标，让学生围绕学习目标解决问题，这样解决问题才更有深度。

总之，交流要有价值、有深度、有实效性，没有价值不必拘于形式地为了交流而交流。

具体做法：采用小组长指定轮流发言，小组成员围绕一个问题轮流发言（可先指定待进步生发言），力求每个成员都参与交流，提高弱势群体的参与意识。

具体要求：①一个一个地说，说出自己的见解；②别人说过的，尽可能不重复；③轻轻地说，不影响别人，只要组内成员能听清楚；④注意听，听不懂的马上问；⑤整理小组学习成果，准备全班展示。

二十四、合作学习时怎样帮扶待进步学生?

待进步学生并不是先天的不足，而是后天的许多不良因素造成的。在帮扶工作中，要让他们认识到这一点，并且认识到自身的优点和不足。他们只有克服了自身的缺点，才能得到全面的发展和提高；只有认识到自身的优点，才能更有信心向更高的目标努力，有了动力，成绩自然会提高。

在合作学习时，教师应走到学生中间去，在组间巡视，关注学习有困难的、默默不语的学生，让他们在教师与优等生的帮助鼓励下，积极地在合作学习中表现自我，从而获得成功的体验。

【实践演练】

1. 培养待进步生认真倾听的习惯。记住别人发言的内容，包括必须听清老师的问题，听懂小组的分工要求；认真倾听别人的发言，不打断别人的发言，要积极思考别人的发言。这样才能跟得上小组讨论的节奏，弄清有关知识、锻炼自己的思维。

2. 鼓励待进步生敢于表达。一方面，在合作交流中，教师要多关注他在小队中的发言和表现，多找找他的闪光点并及时进行鼓励和表扬，让待进步生在小组合作中树立信心，进而积极参与到小组合作学习中。另一方面，在交流汇报时，教师有意地多让待进步生进行表达，而其他组员作为补充发言，这样使待进步生的表达能力不断进步。

3. 帮扶的对子还要及时提醒他注意记录刚学习的知识内容。

二十五、预展时如何分配任务?

在小组合作分工学习时，根据不同成员的能力，让他们承担不同难度的任务，保证任务的顺利完成。

【实践演练】

一位高年级的小组长这样说：

"预展时，我根据我们组同学的特点进行合理分工，把简单的题分给待进步的同学，把难题分给学习优异的同学，人人有事干，事事有人干，真正做到人人参与，个个提升。

"我们小组的分工很明确，在预备展示时，我会根据组员的特长分配展示任务，因为我字写得漂亮，所以一般由我来板书，副组长负责训练汇报的同学，让我们的汇报更精彩。很多时候，我们组的组员会争着抢着来汇报，这时，我会根据展示内容和小组组员的特长确定发言人，没有发言的同学可以来补充。这样，既不打击组员参与的积极性，又保证了展示有序进行。我们还有展示法宝呢！在汇报时我们制定了'一个声音原则'和'嗓音高压线原则'，经过一段时间的训练，我们知道了这样学习、这样合作更有效。"

殷都实验小学王丽华老师《两位数乘两位数笔算》的课堂上，预展时第一小组 A 队的小队长李璐婕是这样分配预展任务的："我来主持。毛亚菲来读题目、说条件和问题，王军特来说这道题用什么方法计算，洪菲凡说如何列式、如何如计算，郭煜晨为板书员，王宇为评价员（预展时评价本组成员的学习情况，展示时评价其他各组的学习情况）。现在我们开始预展……"

二十六、预展时小组长如何组织组员合作学习？

预展时，根据组员的特长，合理分配任务，让他们各尽其能，积极表现。作为组长，极力协调展示活动的细节，争取把小组最好的一面展现给大家。

【实践演练】

小组长对组员进行合理而简单的分工，积极主动地组织组员进行合作交流，使组员养成合作学习的良好习惯。组织合作交流时，要先进行有序的安排，如鼓励组员大胆发言，让会的先说，不会的先听后说，促使不同的人得到不同的发展。组长在交流过程中进行灵活协调，如对于回答正确的同学报以掌声，当出现意见分歧时，组长应问个为什么，请组员说出理由，当出现冷场现象时，组长应带头发言，起表率作用。组长还要收集组员在交流中对同一道题目所做出的不同解答，并及时准确地向老师汇报。

殷都实验小学王丽华老师《两位数乘两位数笔算》的课堂上，第一小组 A 队是这样预展的：

李璐婕：聚焦（迅速），倾听（认真）。我们组展示的是：学海探秘的任务一。

毛亚菲：请大家跟我一起读题："订一份牛奶全月 28 元，一年要花多少钱？"这道题的条件是：订一份牛奶全月28元，一年有12个月。问题是：一年要花多少钱？

王军特：这道题是求 12 个 28 元的和是多少，所以用乘法计算。

洪菲凡：这道题的算式是：28 × 12=336(元)，我是这样计算的：先用第二个因数的个位去乘第一个因数的每一位……（板书员适时板书）

王宇：预展时大家都能积极参与，认真倾听，每人加 1 分。

二十七、预展时怎样让小组内学生都参与合作？

首先，要加强对学生的教育。一方面，要教育学生充分认识到分组学习的特点和优越性，认识到沟通、交流对提高自己的重要性，既珍惜机会，积极主动地完成自己负责的任务，又善于融入团队的整体工作，学会同其他学生配合、互动，支持他人，倾听意见，互动交流，协同完成任务，达到共同提高和发展的目的；另一方面，要教育学生学会互相尊重，让学生认识到每个同学都有表达自己观点的权利，但同时也有倾听别人观点的义务，不管自己的观点多么重要，发言时也必须控制在一定的时间之内，不能侵占别人的时间和机会。其次，要指导每个小组进行明确的分工，使每个成员都有明确的职责，从制度上保证全员参与。要使每个成员都有明确的角色意识，如作记录、监督发言时间、概括整理本组观点、代表小组在全班发言等，这些职责需要事先明确。再次，在预展过程中，组长和教师要有意识地提醒限制优秀学生发言的次数，并同时激励学困生积极参与小组合作学习。最后，还可以在建立小组合作学习评价机制时，将小组成员是否全面参与合作学习作为重要考核内容，以促进全体学生参与合作学习。

【实践演练】

1. 指导学生合作学习的步骤和方法。使学生懂得如何讨论，如何交流，如何归纳，如何帮助，如何展示等，以优化合作学习的过程。

2. 指导学生养成认真倾听的习惯。提醒学生尊重同伴，不打断别人的发言；在倾听别人发言的基础上，记住别人发言的内容，逐步学会抓住别人发言的精髓，正确领会别人的意思；并从中摄取有用的信息，通过分析、比较、辨别、综合来充实自己的观点，使之为我所用，要让学生在相互启发甚至相互问难的过程中将思考和认识展开和引向深入，从而保证合作的实际效果。

3. 指导学生建立小组合作学习的规则。如讨论之前，小组成员要先独立思考，认真倾听，不要盲目跟从，要遵守课堂纪律，不做无意义的争论，积极参与小组合作交流，还要踊跃发言，然后再在小组内交流自己的想法，同时其他组员要认真倾听，最后形成整组的统一意见，让小组的每个同学都有思考和表达自己见解的时间和机会。

二十八、小组学习需培养学生哪些习惯？

在小组学习中，学习不再是一种个人行为，而是一种集体行为，这需要学生有足够的团队意识，并掌握一定的合作规则。合作学习尽管是在人数不多的小范围内，但也必须在一定的组织纪律约束下进行，避免不必要的吵闹和争论，按照课堂规范的要求，遵守课堂秩序，使课堂讨论、展示、对抗质疑有序进行。

【实践演练】

1. 养成表达的习惯。小组讨论交流时，采用小组长指定轮流发言的方式，由小组成员围绕一个问题轮流进行发言（可先指定学困生发言），力求每个成员都参与交流，提高学困生的参与意识。

2. 养成倾听的习惯。合作小组成员必须认真听清教师的提问，听懂小组的分工要求，听明白其他同学发言，不随意打断或插嘴。

3. 养成思考的习惯。教师要让学生学会独立思考，要注意指导思考方法，从扶到放，激发学生思考的欲望，培养学生思考的能力。

4. 养成辩论的习惯。在交流的过程中，教师要正确引导学生以理服人，避免无意义的争辩，使用积极、文明的语言进行辩论，避免出现过激言语。

5. 养成互助的习惯。合作交流中，同伴间的帮助远比教师的帮助效果好，要提倡学生在小组学习中互相帮助、互相鼓励。当小组代表发言精彩时，相关的组员也应受到奖励。

6. 养成宽容的习惯。教师要创设和谐、民主的学习氛围，让人感到轻松和愉悦，产生好学的动力，保持活泼、尊重、自信、进取的态度。

7. 养成欣赏的习惯。在交流中，学生既要学会欣赏自己，又要学会欣赏他人。可用"你的见解真棒""这种算法很好，你真了不起""你们小组有这么多种解法，真聪明"等激励语言。

二十九、教师怎样参与小组合作学习？

在小组合作学习时，教师该做些什么呢？教师需要参与进去，那么怎样参与进去呢？参与进去干什么呢？作用有两个：1. 了解学情。教师深入到小组，听小组的讨论，就会发现学生哪里是易错点，哪里是难点，哪里需要重点强调，重点纠正，重点突破。了解学情，便于在展示时有针对性地对症下药。2. 给予帮助。教师深入到小组，了解各小组的合作情况，发现小组合作学习中出现的一些需要帮助的地方，教师及时给予帮助指导，有利于小组合作学习更好地进行下去。

◉ **案例：**

在《乡下人家》一课的小组合作学习时，我深入小组，听见学生在读到"照例"一词时总是想当然地读成"照列"，我把这一易错词记下来，在全班展示时给予纠错，让大家多读几遍。另外学生读到课文中句子："青、红的瓜，碧绿的藤和叶，构成了一道别有风趣的装饰，比那高楼门前蹲着一堆石狮子或是竖着两根大旗杆，可爱多了。"这句本是青、红的瓜把农家小院点缀得质朴、自然、可爱和城市里一些单位大院的单调、威严、人工雕琢形成对比，农家小院显得更可爱。我在小组合作学习时，发现学生对这句话的理解有问题，及时帮助了这个小组，使他们小组在展示时非常地精彩和顺利。

（选自孙慧利老师札记）

三十、怎样对待有话语"霸权"的学生？

针对有话语"霸权"的学生，第一，进行肯定，表扬他们拥有的胆量、积极思考，善于表达。第二，进行教育，教育他们要学会谦让，给别的同学一个发言的机会。第三，从制度上制约，对小组内待进步生回答问题多加分，成绩较好的学生回答问题少加分。第四，鼓励学生在小组合作学习时教会小组成员，教会待进步生，让他们有话可说。第五，待进步生回答完问题教师要多鼓励，增强他们的信心，提高他们发现的勇气。

三十一、为什么要进行展示？

展示的价值在于：第一，学生通过合作预展，把自学、对学中的学习成果用学生自主的形式与全班同学分享。通过分享，学生的思维方向和成果，得到教师的肯定、修正和提升，使得学生的思维品质得到提高。展示时学生必须运用语言和文字，把内在的思想转换成外部的语言文字，必须认真地组织，合乎逻辑、合乎语言规范地表达，培养学生的语言运用能力；在教师的审视和几十位同学的注视下表达思想，可以培养学生在大众场合发表意见的胆量和勇气。在这个二次学习的过程中，不仅学生加深了对所学知识的正确理解，同时也会在教师的适时引导下进行纠错、补充、追问、点拨、总结，使学生学习能力中的发现问题能力、反思能力逐渐增强。所以，展示环节必不可少，可以说是发现课堂中学习信息量最大、思维碰撞最激烈的环节。

第二，学生自学、小组合作学完以后，学生学得是否正确、是否扎实有效、是否达到学习目标，教师要进行检测，展示也是一个检测过程。课堂展示中学生出现的错误或失误是很有价值的，即生成的学习新问题，教师适时进行点拨指导，从而使学生的学习更有效。

第三，学生展示学习内容是学生比较乐意接受的学习方式，由“要我学”为“我要学”，由教师灌输到学生为师讲给别人，由知其然到知其所以然，学习更加深刻主动。

◉ **案例1：**

曾经有一位家长问：“为什么要展示呢？本来教师几句话就能讲明白，为什么要让学生先学学，再说给大家呢？学生讲不是浪费时间吗？”对这位家长的疑问，可以用刘良华教授说过的一句话来回答，那就是“学习如走路”。试想，在走路的时候，是孩子走在前面、大人跟在后面孩子记路牢呢，还是大人走在前面、孩子亦步亦趋地跟在后面记路牢呢？另外，我们学习时，是自己当老师讲给别人听时搞得更清楚、学得更扎实，还是自己当学生时搞得更清楚、学得更扎实？当然是自己当老师时。因为要给同学讲，为了不使自己讲错，所以首先要自己用心学会。某篇文章中曾讲到这样一件事，一个外国人在中国开办了一所国际学校，他在说起中国和外国教育的不同时说道：中国的教师是高举火把大声呐喊着向前冲，学生跟在教师的后面前行；而国外的教师是高举火把走在学生队伍的后面，学生借助教师的微光前行。现在让学生展示、教师点拨，就是让学生走在前面，教师走在后面，学生借助教师的微光前行，但这种前行，学生是探索的，是快乐的，是主动的，也是记忆深刻的。

◉ 案例2：

六年级数学《图形的放大与缩小》一课中，学生自学教材第57页例4，思考两个问题：1.观察放大后的图形与原来的图形相比，有什么相同的地方？有什么不同的地方？2.说说例4中是怎样将图形按2∶1比例放大的。在小组交流后，课堂上学生的展示片段：

生1：我代表第四小组给大家交流例4中是怎样将图形按2∶1放大的。请大家看教材第57页，正方形与长方形的放大比较简单，就是把每条边都放大到2倍就可以了，像原来正方形的边长占3格，放大后是6格……

生2：我来补充：请大家看教材第57页，小女孩说得很清楚："按2∶1放大，也就是各边放大到原来的2倍。"

生3：这里的2∶1可以看作是比例尺，2∶1就是将原图放大到2倍，所以后来的图形各边是原图各边的2倍。

生1：我同意大家的补充意见，下面来重点看三角形，从数据上看，底和高原来分别是6格和3格，现在分别是12格和6格，说明底和高都放大到原来的2倍，请注意书上小男孩提出的问题："斜边是否也变为原来的2倍呢？"我们组认为是的，理由是：原来斜边长度占6格，放大后占12格（如图）。所以斜边也是原来的2倍。

生4：我们认为三角形的底和高都放大到原来的2倍，面积就会放大到原来的4倍，将大三角形分成4份，斜边上有原来的2份，也就是将原来的边长放大到2倍（如图）。

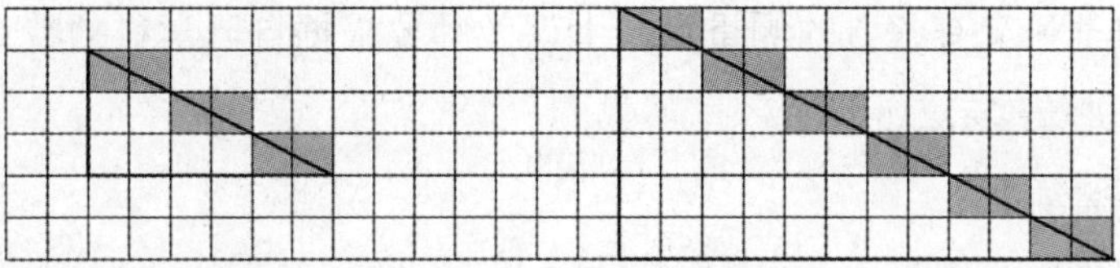

生5：其实不用那么复杂，既然三角形的两条直角边都放大了，要保持图形不变，斜边一定会相应放大的。

生6：我认为生4、生5的方法比较准确，而生1的方法必须是在一条直角边是另一条直角边的2倍时才比较准确。

师：很高兴看到同学们有这么多精彩的想法，大家说得都非常好，在做题时生5的方法比较简单，但生1和生4是对生5方法的验证。那么现在大家总结一下，到底该怎样按一定的比例将图形放大呢？

这两个问题在本节课中起着很重要的作用，如果学生学会并且懂了，那么下面的图形缩小的学习也就触类旁通，很好学了。在这一问题的展示中，学生们的思维碰撞出了火花，参与的积极性被调动起来，你一句、我一句地表达自己组或自己课堂即时生成的观点。而且学生在讨论中注意到了书上对这个知识点的提示和提出的相关问题，由此来引出或论证自己的观点，说明学生在自主学习时已经会很好地利用教材学习了。所以在课堂的这一环节处理上就是让学生充分地说，充分地表达自己的观点或讨论别人的想法，直到把这一问题说明白，听懂了。最后教师再稍加总结、追问，课堂的学习效果就出来了，学生也学得很尽兴！

三十二、展示什么内容？如何体现学科特色？

毫无疑问，课堂上需要展示的内容必将是具有共同探讨价值的问题。一般，展点是一节课的重点、难点、易错点、易混点和具有典型意义的题目。

不同的学科又有各自的侧重点，上课教师要根据自己学科的特点，选择有意义的展点进行展示。

【实践演练】

语文学科侧重从“听、说、读、写”来设立展点。例如：语文四年级下册《触摸春天》一课，学生在充分自学过导学案之后，在展示课上有以下展点：（1）扫清阅读课文障碍展点（易错字词）；（2）理清文章脉络展点（课文主要内容）；（3）有感情朗读课文展点（体会文章表达情感，培养语感）；（4）学习写作手法展点（仿写）；（5）相关文章阅读拓展（阅读方法、内容的延伸）。

数学学科逻辑性、严密性强，展示侧重题目的思考过程和解决问题的方法上，所以展示的重点在于解题思路有条理的讲解和不同解题方法的呈现。例如：《三角形面积的计算》一课中，课上的展示重点就是三角形面积的公式推导过程。在展示时，展示组就将本组三角形的面积推导过程进行讲解，其他组进行质疑、方法补充等，最终理解三角形面积公式的推导过程。再如：一节关于解决问题的数学课，课堂展示重点就放在了解题思路和解题方法的展示上。

英语学科侧重“读、说”，课堂展示内容、方法就会更活泼一点，有情景剧表演、分角色读、模拟生活对话等展示形式来学习、练习所需要掌握的单词和句式。

其他的音、体、美等小学科，根据学科的侧重点和学习内容，教师可以灵活确定展示内容和展示方式，例如：我会唱！我会做！我会画！……

三十三、展示的形式有哪些？

课堂展示的形式可以多种多样，按展示范围来分可以有小组展示和全班展示。小组展示是指组内成员通过互相交流，解决个体独学过程中遇到的疑问、困惑或特别收获。特别是大班额发现课堂，一般在全班展示之前进行小组展示，通过互助解决学生自己能解决的基础问题，并为之后的交流重点、难点的全班展示作铺垫。全班展示主要是解决课程的重点、难点或学生在独学时遇到的共性问题。

按展示方式来分可以有书面展示（板写）、口头展示（语言）、行为展示（表演）。书面展示，要求能将展示的内容条理化，能较好地反映问题的要点和逻辑关系，便于其他同学阅读和理解题意、解题过程；口头展示要求在讲解、讨论和交流的过程中能用简洁、流利和通俗的语言表达自己的思想，能选择较好的切口阐述自己的观点；行为展示则是希望通过适当形式的表演，说明一些简单的道理，让学生了解问题的实质。

无论什么形式的展示都要为学生学习服务，根据不同课程和不同课型的特点，选用适合的展示方法。

【实践演练】

不同的课程和课型，展示的方式也不尽相同。一般来说，数学课较严谨，要求展示者思路清晰、语言简洁，比较适合书面展示和口头展示相结合，首先在交流预展时，将必要的算式、图表、数据、单位换算等进行书面展示，到全班展示时再结合口头展示讲解解题过程。

例如：四年级数学《三角形的三边关系》一课中，展示小组的学生首先将本组研究的“从5根小棒中任取3根，围三角形”实验中的相关数据板书在黑板上，再通过主讲人的讲解，说明什么样的3根小棒可以围成三角形，什么样的3根小棒不能围成三角形，从而发现三角形的三边关系。

语文课注重读、写，一般采用口头展示，进行“PK”朗读、分角色朗读、仿写竞赛等形式。英语课注重实际运用，一般采用行为展示，进行课文短剧表演或自创表演。音乐、美术、体育等小学科，可以在展示形式上体现学科特点，采用行为展示锻炼、实践音、体、美技能。

如一节语文课的导学案上对学生的展示进行了提醒：

> 展示小锦囊：
> 声情并茂——展读　品词悟句——展讲
> 余音绕梁——展唱　惟妙惟肖——展演
> 学以致用——展写
> 还可以根据自己的特长制作小课件，板书粉笔字、书写毛笔字，展示舞蹈、器乐等。

三十四、如何让学生乐于展示？

营造和谐的学习氛围和课堂氛围是学生乐于展示自我必备的环境基础。民主平等的师生关系是学生大胆探索、勇于创新的催化剂。教师要尊重学生的任何发现，认真对待学生提出的各种问题，即使是十分幼稚的问题，也不能求全责备，更不能指责挖苦。不能抑制、扼杀他们的创新火花，而尽量找出其闪光点，小心呵护他们的创新萌芽。教师不要将目光仅仅局限于知识的传授上，而要更多地关注学生作为一个生命体的存在。教师与学生是平等的交流者，是合作伙伴，要让学生在快乐中学习，在学习中大胆展示自我，真正体验到学习的快乐。课堂教学应避免由少数学生的活动代替多数学生的活动，使所有学生都能够“跳一跳摘到桃子”，享受成功的喜悦，继而以更饱满的热情参与到学习中。同时结合激励评价的适当运用，激发起学生之间的良性竞争，从而激发学生的展示欲望。

【实践演练】

在课堂上我们可以灵活运用以下几种方法：

1. 树立榜样法

培养一些活跃的、善于表达、乐于帮助别人、成绩比较好的学生先学会展示，营造出“展示无错”的安全氛围，让其余学生看到展示者的进步，逐渐增加勇气，掌握方法，最终达到敢展示、会展示、主动展示的目的。

2. 评价激励法

在课堂上对勇于展示的孩子进行口头表扬、喜报表扬均可，但要说出具体优点，例如：声音洪亮、思路清晰、讲解有归纳总结、朗读有感情等，让大家明白具体可以学习什么；在课下，可以利用“班级之窗”等阵地开设“优秀小讲师”等栏目，一周一换对积极展示者进行表扬，还可以利用家长会进行通报表扬，让家长在感到欣慰的同时，督促教育孩子勇于展示。

3. 思想动员法

通过教师形式多样的动员或者学生的现身说法，让学生认识感受到展示对自己成长的作用，产生我要展示的愿望。

4. 实战锻炼法

多多提供展示的机会，让不爱展示的同学有机会进行展示，感受展示过程，战胜恐惧心理，树立信心，在实战中学会展示。

三十五、怎样让小组展示更精彩？

让小组展示更精彩，应该抓好前期的几个环节：

1. 导学案

一篇优秀的导学案一定要能够将知识问题化，问题层次化，它有具体明确的学习目标和准确的重难点，可以使学生有明确的学习方向；简明且相关的知识链接，使学生前连后挂，举一反三，系统串联知识；有梯度且具有启发性的探究问题，使学生深入思考，探究知识内容的本质。这些都是课堂展示所必需的前期准备。只有在这样一篇导学案的引领下进行了认真的学习和交流，接下来才会展示有内容、展示有深度、展示有亮点。

2. 自主学习

展示前若没有仔细认真的高度自主学习，就不会有有效的小组交流；没有交流，就不会有积极的互动；没有互动，展示也就无精彩可言。所以我们要指导学生充分做好课前或课上的自主学习工作。学生自主学习时，教师要明确提出要求。例如，语文课上，导学案上提示要读课文，教师就要有具体的要求：至少读几遍，每一遍要达到什么样的要求。数学课上，教师对要解决的问题提出，不但要将问题解决，更要将思路、语言整理清楚：要求什么必须先求什么，如何列式，然后再根据什么求什么，如何列式，如此等等。让学生根据所提出的要求进行自主学习，这样他会学有目标，有利于自主学习的实效和后续展示的效果。

3. 课堂展示

课堂上并不是所有的题目都是需要展示的，有些问题只要一带而过，有些问题却需要深入探究，这样才能突出重点，突破难点，不可平均用力，泛泛而谈。具体什么样的题目要重点展示呢？一般对于多数学生的疑难问题、本节课的重难点问题、能一题多解的问题、易错易混的问题等等是展示重点，对于这些展示题目，学生有话讲，愿意补充、质疑。为了使展示的效果更佳，课堂学习更有效，对于这些需要展示的问题，可要求学生按照以下几点进行展示：（1）解题过程

（应该按照讲解的思路去写，便于其他学生看出问题的实质）；(2）解答要点（解题思路和所用公式、定理、技巧和思想方法的提示）；（3）解题总结（解题后简要的总结、提炼，提升自己对这类问题的归纳和思考）；（4）疑错提示（解决此类问题极易出现的几种常见性错误和容易疏忽的问题）。这样的要求可以使展示更有条理，更有层次，能较好地反映问题的要点和逻辑关系。在展示讲解时如果再配上画龙点睛的板书，展示就会更精彩了。根据展示的需要，预展的板书可以运用画图、列式、双色笔标注等方式，便于其他同学阅读和理解题意和解题过程。在展示过程中，如果生生之间能够你问我答、你疑我讲、你补我点地积极互动起来，不仅会使展示内容更深入、更透彻，更能使学生感受到展示的魅力与快乐。所以在平常的课堂展示中就要不断地引导、鼓励学生积极地互动。

4．教师参与

学生在学习过程中，教师的适时参与是必要的。课堂的精彩展示背后必定有任课教师干预而不干扰的参与。学生的课堂展示能力与教师相比还是有差距的，刚开始的时候，学生是不会交流展示的，更别提精彩的交流展示。开始时，上台以后有的主讲人不知道怎样展示，或傻傻地站着，或照稿念念。这就需要教师对学生进行展示培训，教师必须一步一步地指导和训练，先指导台上的学生：开始怎样说（大家好！我们小组来和大家学习交流某某问题）、交流过程中怎样做（讲清要求什么，必须先求什么，每一步分别求出的是什么）、交流完后说什么（我们小组交流完毕，谁有疑问或补充）等等。再教台下学生如何听讲和补充：（1）要认真倾听，学会更正和补充。（2）可以质疑和反驳，以恰当的方式表达自己观点。（3）补充时不能重复其他同学的内容……学生在展示时，难免会有讲解不到位、有分歧、表达词不达意、提升不到高度、挖掘不够深、拓展不够广、不能够及时总结归纳的时候，教师应该适时点拨、追问、提升，引起大家的思考和探究，最后归纳小结，得出结论。使得展示更完整、更深、更广、更精彩！

三十六、怎样激发小组间的互动？

课堂中的学习活动应当是一个生动活泼的、自主和富有个性的过程，课堂上除了小组内学生的互动和交流外，小组之间的互动、师生的互动、生生的互动都必不可少。特别是小组间的互动不仅可以活跃课堂气氛，巩固、拓展知识，而且还可以增强小组的凝聚力。

展示组与其他的倾听小组的互动方式主要有：组间 PK 赛，我问你答，我评价你倾听、你评价我展示，你展示我补充（我质疑），请你跟我一起说（读）等形式。

【实践演练】

1. 一节语文课上一组的同学在展示朗读，展示完毕之后，问道："有没有哪个组要和我们 PK？"马上有一个组起立挑战："你们组读得很好，但我们会比你们读得更好，我们组要和你们组 PK。"课堂挑战气氛浓厚，学生的学习状态也非常好。另一组的同学展示词语，除了一名主讲人外，还有一名打分员，关注其他孩子的倾听，负责给倾听组打倾听分数，等本组展示完毕后，向其他同学征求评价："请大家给我们组的展示打分。"这样我评价你倾听、你评价我展示的互动，不管对展示组还是倾听组，都是一种无形的激励。

2. 一节数学课上，一组同学在展示"已知长方形的周长是 96 米，长是 17 米，求长方形的面积"的思路，列式：96÷2−17=31（米），31×17=527（平方米），讲解完毕后，马上问道：谁还有疑问或补充？倾听组的学生会马上回应："我质疑，96÷2 是什么意思？"展示组的主讲人会马上解答："长方形的周长由 2 条长和 2 条宽组成，用周长 ÷2 就会求出一条长和一条宽的和。"也会有同学回应："我补充，还可以列式 96−2×17=62（米）求出两条宽的长度，再用 62÷2=31（米）求出一条宽，最后用长 × 宽求出面积。"通过这样的小组互动，使得学生将知识学得更透彻、更完整。有的时候，当展示组得出一个重要的结论时，也可以提出"请大家一起读一读"或"请对子将讲解题思路互相说一说"的要求。这样的小组间互动可以及时巩固、练习知识的重难点。

三十七、课堂展示时应培养学生哪些习惯？

课堂学生展示时，教师往往会发现以下现象：课堂时间不够，展示者展示语言不简练，概括能力差；统一答案与重复性讲解多，展示时出现冷场的现象严重；等等。这些都是由于学生没有形成良好的展示习惯和倾听习惯，造成课堂展示的无效和课堂的低效。俗话说：没有规矩不成方圆。我们应该培养孩子必要的展示习惯。

首先，展示者要有时间意识，上台迅速。其次，展示语言言简意赅、通俗易懂。表述自己的观点要大方、大声、大胆，不扭捏，语句清晰，声音洪亮；要善于归纳、概括、提醒，及时对自己或团队的观点做出总结，有利于课堂效率的提高。

而倾听者则要养成能认真倾听、会及时补充、敢质疑的习惯，在课堂上形成生生互动，增强学生对知识的分辨、理解、运用能力。

【实践演练】

在课堂展示操作中要做到：（1）规定各组展示的位置，要相对固定，展示时上台和离开要迅速，增强其时间观念。（2）进行展示姿态的培训，如面向大多数学生，站得端正，不遮挡板书内容，有一定的肢体语言等。（3）进行展示语言的训练，如声音洪亮，吐字清楚，抑扬顿挫，使用普通话，语言规范准确，不啰嗦等。（4）展示要脱稿，要针对问题，不能脱离主体。如果是小组集体展示，要注意提前做好准备，如各成员之间的衔接等。（5）训练学生展示时使用和大家沟通互动的语言，以便调动大家学习的积极性。

对于听展者要强调：（1）听展者，坐要端正，不能伏案托腮；站要直立，不能抱膀搭肩，要做到拥而不挤。（2）听展者，认真倾听，听展时要闭口，切忌中间插嘴，私下议论，嘲讽取笑。（3）听展者要能随时有效质疑、补充，不放过每一个难点、疑点，做好即时性巩固及导学案整理。

总之，要通过示范的手段、每节展示课上渗透、专门培训、树立榜样等形式，让学生逐渐熟悉展示和倾听的要求，养成良好的展示、倾听习惯。

三十八、怎样利用评价手段激励促进小组展示？

想让学生积极展示并展得精彩，离不开评价。评价的基本原则是：评什么，有什么；要什么，评什么。评价是一种正向引导，展示的评价内容有：走位迅速、站姿大方；声音洪亮、思路清晰；分工合理、有效互动。评价的方式有：分数评价、语言评价、表情评价、体态语评价等。小组展示时，可以运用一种，也可以同时运用多种评价方式。

◉案例1：

学生是学习的主体,也应该是评价的主体。在英语课堂教学中,可以采取自评、互评与师评相结合的办法。学生根据教师所给的标准，逐项对自己进行评价，这是自评。在实际操作中，很多教师忽视了这个环节。其实，这是很重要的一环。它让学生对自己的表现作一个总结，形成一种认识，为下一次活动更好地表现打下基础，是评价的第一步。然后，其他同学提出看法，如是否同意该同学的自评，理由是什么，还有没有补充……这是互评。在互评的过程中，学生逐渐熟悉了评价的方法，同时强调了评价的重要性。最后，教师可以做出总结评价，从整体上评价学生对知识的把握、参与活动的积极性以及评价他们的自评和互译。

在评价过程中，教师和学生，特别是教师，需要多注意评价记录。很多教师在教学中运用小组合作竞争的方法，将评价展示在黑板上。大多情况下，教师只是不断地往评价表上贴图片或画花等，很少有停下十来秒钟，来数数他们得到多少了，而是要等到快结束时才做。要使课堂教学评价有效地起到组织、调控教学的作用，教师可以在教学进行了一两个环节后停下来，带领学生数数自己组获得的奖励标志的数目，然后说一些激励的话语，如：“现在某某组暂时领先了，继续加油！”“某某组不要泄气，还有机会赢的哦。加油！”稍稍几句话既可以活跃气氛，又可以激起学生的斗志。

◉案例2：

小学生的心理特点决定了他们很难对同一种事物长时间存在兴趣，注意力容易分散，这就需要教师在评价形式的多样性上下功夫，在平时的课堂设计中多花心思，增加趣味性，刺激竞争，激活课堂气氛。在英语课堂教学中，殷都实验小学王永超老师就课堂评价多样性做了大量的尝试，现将心得与大家分享。

(1) 乌龟赛跑。制作几只可爱的小乌龟，分别戴着不同颜色的帽子，便于区别。在课堂活动中，以乌龟的前进速度来反馈小组的学习情况。赛后为第一只爬到终点的乌龟颁奖，也同时评出二、三名，让学生体验一次走上领奖台的成功滋味。以此激发学生的学习兴趣，从而让学生树立一种竞争意识，不达目的不罢休的拼搏精神。

(2) 爬楼梯。制作几只类似人的脚板爬楼梯，组员每正确回答一个问题，脚板就上升一个台阶，哪组最先到达楼顶者为胜方。培养学生“一步一个脚印”的学习态度，以此启迪学生要踏踏实实学习，脚踏实地做人。

(3) 登山运动。登山本是一种户外运动，运用到教学评价中，不失为一个好的方法。把全班分为男、女两个队，分别从两侧向山顶冲刺。如果在课堂活动中，有部分学生注意力不集中或回答问题不正确或组员出现失误，责令其从半山腰退下，回到原地，以此启发学生在攀登科学知识的高峰中要不畏艰辛，勇于探索，并教育学生做任何事情都要认认真真，一丝不苟。

(4) 拼单词。单词是英语学习中最基本的一个元素，所以针对中、高年级的学生，记忆单词是非常必要的。此评价手段是把全班分成四人一小组，每组成员每答对一个问题，会得到教师给予的一个字母卡片，在本节课结束时，该组成员用所得到的字母来组合单词，并用所组成的单词说一个句子才算最终胜利。以此来培养学生团结协作的意识，也让英语学以致用。

教师课堂评价的目的在于调控学生的学习情绪，调动学生的学习积极性，因此评价特别要注意把握好准确度。在课堂教学中，教师的评价主要是通过肢体语言和口头语言来表达，使学生能及时感受成功的喜悦。

三十九、发现课堂如何安排展示来提高学生参与面？

展示时要想提高学生参与面，首要的是教师要会合理地安排展示任务，同时关注课堂上学生展示中生成的新问题。在学生从低年级到高年级的发展过程中，提高参与面的方法有所不同。对低、中年级的学生，大展示后的即时抽测、教师对小组小展后的不确定性的抽测评价能有效地提高学生的参与面。对高年级的学生，大展示时组与组之间的互动能有效地提高学生的参与面。例如：组与组之间的PK、组与组之间的补充等。

四十、如何利用黑板进行展示？

黑板是发现课堂落实高效的保驾护航必不可少的工具之一。它的价值在于：

1. 黑板是学生展示的舞台，是学习成果的分享台，是课堂知识超市的货架，在学生展示过程中不同层次的学生便于各取所需。

2. 黑板是学生的竞赛场地，比较思维过程、展现学生自信的平台。

3. 黑板是学生实践创造的提升台，形成的新问题、新观念，在此进行思想的碰撞、情感的提升。

【实践演练】

基于对黑板价值的认识，学生展示中利用黑板板书的内容可以有：

1. 学习成果的展示；

2. 本节课难点、易错点；

3. 小组讨论出的观点、结论、精彩创造等。

板书内容依据学科的特点可以灵活确定。

黑板是学生手中需要的展示工具，作为学生的服务者，教师应帮助学生掌握板书的技能：

1. 用双色粉笔板书的技能，认为该强调的或重点内容应用双色粉笔标出。

2. 各小队在预展环节要确定板书员，避免出现一窝蜂围在黑板前，而造成书写混乱的局面。

3. 低年级班级教师要给孩子们在黑板上打上田字暗格或条形暗格，便于学生书写整齐、清楚，展示有效。

四十一、发现课堂学生展示时如何聚焦？

小组交流展示时，小组成员聚焦是有效解决学生注意力分散的办法。课堂展示时，学生的聚焦程度体现了该课堂的学生学习参与率和学生学习的精神流失率，也决定了该课堂的学习目标达成率，直接影响该课堂的学习效果。怎样使大班额发现课堂的学生有效聚焦呢？首先，口号可以快速集中学生注意力；其次，坐姿要求可以使学生注意力集中；此外，在学生展示过程中，教师的巡视以及停留在目标学生旁边进行督促等，都是有效的方法。

【实践演练】

在实践中我们发现以下办法可以有效地培养学生的聚焦能力：

关于口号：聚焦的口号一定要节奏感强，短促有力，短小精悍。例如：主讲人喊“聚焦”，倾听者回应“迅速”；主讲人喊“我展示”，倾听者回应“我参与”并迅速做好聚焦倾听的准备，从而快速集中学生的注意力。

关于坐姿：课堂上七扭八歪的坐姿肯定影响聚焦效果，所以课堂坐姿要求“小脚放平，挺胸抬头，眼睛看黑板”。

关于监督：展示小组展示题目时，教师不仅要关注展示思路或展示效果，还应用眼神（而不是来回行走，不断地来回行走会影响到其他倾听者）不断巡视，提醒想要溜号的学生，有必要时可以走到目标学生身边驻足停留，学生是聪明的，马上会明白什么意思。

四十二、发现课堂怎样提高展示效率，不拖堂？

大班额发现课堂的展示想要有效利用时间，提高展示的效率，就必须从小组的交流、预展的效果、展示题目的选择、主讲人的确定等几方面入手。首先，展示之前的交流和预展是有效展示的前提条件，只有实实在在的交流，才能真正实现兵教兵、兵强兵，整体推进、整体提升的目标。大班额发现课堂的小组一般情况下都由10—12人组成，交流时要在组内分A、B队，因为只有4—6人的小组交流才是最有效的，A、B队讨论出各自的思路和想法后再综合交流，最后达成统一意见，进行预展。其次，预展时要突出重点预展，像数学就需要板书出能够表达思路的算式、换算、图形或线段图等，语文要板书出能够表达主题的词语、句式等。预展时还要合理利用双色笔标注以突出重难点。展示时，一定要避免滥展，展示题目的选择也是提高展示效率的必要因素。一般必要展示的是本节课的重难点题目和易错易混题目。再次，主讲人的素质也决定展示的效率和效果，需要教师培养主讲人的讲解思路和方法，教会学生如何倾听、补充、质疑，如何进行精彩的互动。最后，教师在学生展示时的点拨、追问和小结是很有必要的，学生有时站不到一定的深度和高度，这时就需要教师及时补充和质疑，从而使得展示更完整。

四十三、展示时如何发挥教师的点拨引导作用？

可从以下几方面进行：

1. 纠错：当学生展示中出现了错误，而其他学生没有发现，这时教师就应该进行提醒纠错。

2. 解疑：当学生在展示时有疑问不能解决，这时就需要教师解惑释疑。

3. 排除分歧：当学生针对同一个问题意见不一致时，教师就要站出来阐明观点，排除分歧。

4. 点拨：当学生一叶障目，不见泰山时，当学生乌云遮日时，当学生在黑暗里摸索徘徊不前时，就需要教师点石成金、拨云见日。

5. 追问：学生在展示重难点、易错点时，教师要进行追问，追根溯源，让学生知其然也知其所以然。

6. 强调：对本课的重难点教师要心中有数，对重难点、易错点学生在展示时教师要有意识地强调，真正让学生学得扎实有效，该掌握的东西学生真正掌握了。

7. 总结：当学生不能够总结出本课的要点时，需要教师画龙点睛，帮助学生总结。

8. 提升：当学生的认识处于浅层次，达不到高度时，需要教师帮助进行提升。

9. 挖深：当学生的认识不够深刻、认知水平达不到时，教师可以帮助学生进行挖掘，达到应有的深度。

10. 拓展：当学生的知识面不够宽泛，需要向外拓展时，也需要教师的帮助。

◉ **案例 1**：

殷都实验小学孙巍老师执教的语文《威尼斯的小艇》课堂片段：

生：我们组要带领大家一起乘坐小艇，感受独特的水城风光。（小组表演）

生：现在请大家坐上这造型独特的小艇，来摸摸软软的皮垫子。快看，那是雄伟壮观的凤凰歌剧院，再往前方看，那就是诗人徐志摩笔下忧伤的叹息桥，我们一会儿还会看到世界上最美的广场——圣马可广场。

生：听，浪花在我们的船下欢笑，还有飞翔的海鸥鸣叫着，好像在欢迎我们……

生：迎面吹来的海风非常凉爽，让人心旷神怡。我们还会和来往船只上的人们打招呼："你好！""Hello！"……

师（适时指导）：是啊！来自世界各地的人们在水城威尼斯游览，不一样的面孔却有着一样的笑容，让我们彼此打打招呼吧！（学生满面笑容，高兴地互打招呼）此时大家的心情怎样？

生：非常愉快。

生：觉得人们关系非常和谐。

师：让我们满怀着轻松愉悦的心情一起来读读这一段吧。

（学生有感情地朗读）

◉ **案例2：**

三年级数学《有余数的除法》一课中，学生通过自学、合作交流、展示总结出了余数和除数之间的关系：余数一定要比除数小。这时，教师提出质疑提升：为什么余数必须要比除数小呢？如果余数比除数大了，说明什么？一个问题将学生引向了深入思考。通过探究余数为什么比除数小，学生知道了如果余数比除数大了说明余数里还能有一个除数，说明上的商小了，从而更深入地理解了有余数除法算理。在这里充分发挥了老师的点拨、提升作用。

四十四、怎样提高待进步学生的展示热情和水平？

可以采取以下几种措施：

1. 小组合作时帮助待进生。教育学生小组合作时他们有义务帮助待进生，让待进生学会。

2. 分数激励。小组展示时让待进生进行展示，待进生展示的水平就是本组的水平，待进生进行展示给小组多加分。

3. 语言激励。教师评价时多鼓励待进生。待进生展示完，教师要有针对性地进行激励性评价，鼓励待进生，如："××，你最近进步很大哦！""××，你真棒！"……

4. 鼓励全部参与。小组展示时给人员全部参与的小组另外加分。

◉ **案例：一个小组长的话**

我们组有个组员自控能力极差，上课经常说话，影响了他自己不说，还影响了其他同学的学习。因此，课堂纪律便成了我小组管理过程中的头号难题。这样下去可不行，我不能被困难吓倒，我得想个办法尽快解决这个难题。我决定先去试探试探他，这一次我不再对他批评教育，而是好言相劝。我对他说："你看你天天上课说话，这样下去可不行！要不这样吧，你如果连续三节课不乱讲话，我就给你点奖励。奖励？你自己说吧！""好！"他思考了一会儿说："如果我三节课不乱说话，你能不能在你的记录本上给我加一颗星？""当然可以，不过你可不能反悔！""好，一言为定！"这种方法果然奏效，他上课说话的次数越来越少，得的星也越来越多，在班会课上，我还当众表扬了他。渐渐地，他改掉了上课说话的毛病。看着他的改变，我打心眼儿里高兴。

作为一名小组长，不单单要管理组内的纪律，更要关注组员们的学习情况。我们组成立了"学习班"，我是"小老师"，学习有困难的两名组员是我的"学生"。每到课间，我都会留下辅导他们，把他们课堂上没听懂的地方再给他们仔细讲解。这样，既教会了他们，我又得到了复习，真是一举两得。终于，功夫不负有心人，这次期中考试呢，我的组员成绩有了很大提高。看着他们的进步，我可真高兴。当然，最高兴的还是他们自己，连声向我道谢，弄得我都不好意思了。

四十五、什么是当堂检测？

当堂检测的意义：

1. 是对学生当堂知识的理解、掌握情况的测试。

2. 让学生通过检测，真正感受到"学有价值""学可致用"，体验学习的快乐，成功的喜悦，让学生的知识学习能进一步得以内化，并有意识地转化为知识运用能力、问题解决能力，从而潜移默化地让知识走出课堂、回归生活。

3. 有利于教师及时发现问题，明确问题存在的范围，即时解决，有效地保证大班额发现课堂每一个学生的学习质量。

【实践演练】

当堂检测是存在于"双向五环"教学模式中最后一个环节"学生达标，教师测评”之中，是只针对当堂学生所学进行有的放矢的检查、评估，教师通过观察、分析学生的显性的测评实践，了解学生本节课学习质量，查找问题，及时解决问题，是大班额发现课堂教学质量保证的重要方式之一。

与传统的课后练习、测验是有所区别的：当堂检测只针对当堂学生所学，形式多样、灵活，面向大班额发现课堂中不同学习层次的孩子有不同层次的测评。练习题侧重于巩固复习，全班孩子面对着同一水平的统一习题。而对于测验，笔者在这里所说的是传统意义上的考试，侧重于学生就某一阶段学习的检测。

四十六、什么时候进行当堂检测？

当堂检测放在40分钟的何时进行与教师当堂检测的目的有密切关系。课改最初一般放在40分钟课堂的最后5分钟，目的在于对本节课全面测评。随着改革的深入，教师们在实践中达成共识：当堂检测可以放在课前、课中、课后，根据出现的时间段的不同，我们把当堂检测称为前测、中测、后测。课前检测的目的在于对上节课易错点的强调或当堂课学习的准备。课中检测的目的在于对当堂学习重、难点的即时掌握的学情了解，对于提高学生参与率和减少学生精神流失有很好的促进作用。课后检测的目的一般是教师分层的学情调查，学生学习知识的内化与提升。

四十七、当堂检测的形式和方法有哪些？

当堂检测的形式灵活多样，根据学生的年龄特点、心理特点和所要检测的内容，确定检测的形式。当堂检测的形式是为学生服务的，在实践中教师可以创造性地运用。从检测者的角度来说，可以是教师检测、学生互测（小组检测、对子互测）、自我检测。如根据检测形式来说，可以是朗读、背诵、小竞赛、写试题……如根据检测时间来说，可以是当堂检测、课后检测。如根据检测的工具来说，可以是利用导学案、运用小黑板甚至是教室内外的瓷砖（学生每人分几块瓷砖，使检测面增大，也增加了同学相互交流检查的空间）。

四十八、如何利用检测结果?

检测对于师生双方都起着反馈信息的作用，对教师来讲可以把课堂上反馈到的学习缺陷及时总结、及时矫正，并及时改进自己的教学，同时它也是学生了解本人学习成果、自觉弥补学习缺陷的重要手段。教师可以通过抽查批阅、同桌对改、个别解答、小组展示等形式反馈检测结果。教师还应注意对检测后的信息反馈进行收集与积累，有效地实施单元验收。对每次检测中出现的问题及重难点问题再次进行测试并及时批改，或集体批改，或课后批阅，并记下典型错题，课后进行必要的反馈矫正，弥补不足，从而对本单元的教学进行正确全面的评价，对未达到过关要求的学生要采取有效措施，以求绝大多数学生能真正达到教学目标的要求。

四十九、检测后如何关注有待进步的学生?

结学习帮扶对子是帮助有待进步的学生提高学习兴趣和成绩的有效办法。这样做比家长为孩子请家教、比老师隔三岔五地辅导一下效果好。具体做法是，一个学习能力较强的学生帮扶一个有待进步的学生，并把他们安排在同桌，这样便于相互检查作业，发现问题或错误能及时给予辅导。帮扶工作做得好既能提高学困生的学习兴趣，又能使学习好的学生在讲解过程中加深对知识的理解，还能提高自己的口头表达能力，其个人成就感油然而生。

五十、怎样在发现课堂上培养学生的发现意识?

要培养学生的发现意识，就要在导学案编制之初就注重引导学生发现问题、确立问题、解决问题的认知规律，更要注重课上师生、生生之间互动之时的点燃、点拨和点化。

【实践演练】

1. 注重导学案的编写

在导学案的编制上增添“我发现”的内容，即根据教学内容要求学生对知识内容、解题思路、思想方法等进行总结，这是落实发现精神的抓手之一。

2. 注重课堂上师生、生生间针对展示组展示完毕后的质疑补充

（1）教给学生方法。在实施初期，基于评价一体化机制的激励，孩子们都是为了给小组加分而质疑、补充，提出的问题存在表面化、重复化、无效化现象。针对出现的问题，教师的示范引领成为解决问题的佳径。通过教师示范教会学生找到发问、补充的“点”。例如在新旧知识的衔接处、新知学习的困惑处、法则规律的结论处、教学内容的关键处进行质疑；在知识的易错点、类似知识的对比点、自学过程的错例点、基础知识的拓展点、解题思路的不同点进行补充。

（2）鼓励学生敢说。有创见的话，说错了重说；说不完整的自己或同伴补充；说不清楚的想好后再说。当学生的提问过于简单可笑时，可给予引导说明而不嘲笑讽刺；当学生的提问教师一时回答不了时，要灵活应变而不敷衍搪塞；当学生提出好的问题时，要给予充分的肯定和表扬，让其体验到成功的喜悦，增强提出问题的意识和兴趣。这样，学生提问的积极性大大提高了，提出的问题也更有力度了。

3. 教师的“言传身教”下，学生爆发了巨大的能量

◉ **案例1：**

在解题思路的相互补充中，拓展思路，产生1+1＞2的效果。

一个铁环直径60厘米，从操场东端沿直线滚到西端转了90圈，另一个铁环直径40厘米，它从东端沿直线滚到西端要转多少圈？

展示组：先算东西端的距离，距离÷小铁环周长＝圈数。

补充组：距离一定的情况下铁环的周长越大，滚动的圈数越少。大铁环的直径是小铁环直径的几倍，反过来小铁环滚动的圈数就是大铁环滚动圈数的几倍。

这种思路让孩子们惊呼“巧妙”！这样的补充使正反比例的知识提前在学生思维中形成，将一道普通的练习题拓展到了正反比例的知识高度。这样的学生真不能小看！

◉ 案例2：

在补充质疑中，数学思想方法的渗透教育水到渠成。

已知24 ∶ A=18 ∶ B=12 ∶ C，求A ∶ B ∶ C=（　）∶（　）∶（　）。

展示组：假设24 ∶ A=18 ∶ B=12 ∶ C=1，从而解决问题。

补充组：我发现假设法是数学学习中一种常用的简便快捷解决问题的方法，是我们学习数学的好帮手！

一石激起千层浪，马上有学生质疑：为什么把结果假设成1，而不是6，13等其他数？

智慧的火花在学生思维的相互碰撞中层出不穷！

◉ 案例3：

敢于向课本、权威质疑，将思维水平推向更深层次。

在学习圆的面积计算方法时，通过剪拼，圆转化成了近似的长方形，从而推导出圆的面积计算公式是$S=\pi r^2$。

质疑组：既然$\frac{1}{2}C$就是长方形的长了，那么$S=\frac{1}{2}Cr$就可以了，为什么非得总结成$S=\pi r^2$呢？难道就因为课本上是那样写的吗？有很多题就是已知周长求面积，那不是更简单吗？

第三章

发现·课程

——创新素养在这里熏陶

镜头一：让社会走进学生的视野——社会大课堂

一、社会大课堂，校长如是说

社会大课堂的开设，已经历几个年头。所能听到的社会反映，都是正面的。所谓社会大课堂，就是每学期2—4次组织学生到市区范围内的大工厂、大机关、较大的公共设施、一些人文场所去参观。

开设这样一门课程，说起来有偶然性。每每驾车走在城市的道路上，建筑工地不时掠过眼前。见得多了，突然发现一个问题：工地上的塔吊，上次还是三层楼高，几天过去，已经有十层楼高了。这么一个庞然大物是怎么长上去的？是在上端加高，还是在下端加高？百思不得其解。偶然的机会，见到了工地上的技术员，探讨这个问题，说是在上端的吊臂下第一节处续接升高。心里豁然开朗，原来不是在下边加高，下边加高需要面对向上顶起整体塔架的重量和不稳定性这些问题，便不复存在。可是，新的问题又随之产生，在上端加高，其操作工艺和设备如何？后来经过多次远观，似懂非懂，心里仍然糊涂。惦记着这个事，又联想起小时候的那些好奇。

由于我家所在的村子比较偏僻，小时候见的世面很小。偶尔村子里来一辆212吉普车或者解放牌大卡车，我们这些小家伙能够兴奋好一阵子。车子走着，我们追着撵；车子停下来，我们绕着转。如果是卡车，司机或者汽车的相关主人又不在跟前，我们还会爬进车斗里，踢腾个没完没了。记得有一次，来了一辆绿颜色的军用偏三轮摩托车。对于我们来说，这家伙除了在电影里看到过，哪见过真的？于是整个下午围着那辆摩托车转，摸摸这里，拍拍那里。不让摸，就远远地看，好像闻着那股汽油味儿都特别爽。

每到秋收季节，我都会主动要求去地里干活。为什么呢？因为地里可能有耕地的东方红大拖拉机，是履带式的那种。每当有拖拉机时，我都会放下手中的活计凑上去看，看它耕地时那力拔千钧的样子，听它那震耳的咚咚咚咚声响，更多的则是看司机打不着火时，又是拉绳子，又是用火烤，就是打不着火。那种机器打火需要外力，车头处的发动机旁有一个用于启动的小轮子，将一根小绳子缠绕到启动轮上，用力拉动绳子，轮子就会飞快地旋转，同时机器也开始突突突突叫起来。经常看到的是拉一次不着，拉两次不着……觉着没劲，还一直在看。修理抽水机，也是我最喜欢看的“节目”。尤其是离心泵，从小水库底往上抽水的那种泵，大人们将一件件零件拼装好，再挑几担水灌进泵里，然后合电闸，那将近一尺粗的管子上端立即向水渠里喷出水来，场面极其壮观诱人。

回想起这些，我突然意识到一个问题，现在的学生也正值童年、少年时期，他们喜欢的是什么？他们对什么事物感兴趣？我小时候对那些机械的东西有兴趣，难道现在的孩子对此没有兴趣吗？进一步，我又意识到，他们一定也是感兴趣的，他们之所以没有跑去看那些东西，可能是因为学习太紧张，可能是因为安全问题，也可能是因为家长管得太严吧。到此，问题的终端也自然凸显出来，我们能不能由学校统一组织学生去参观呢？

在学校跟负责学生工作的几位教师提起此事，即便这些教师都是女教师，天生对于机械不感兴趣，但她们还是表示了极大关注，一致认为应该让孩子们走出校门，去看看这个飞速前进的世界。随之，我们就以课程化的形式将这件事落实下来。就在我们制订计划时，《上海教育》也提到了这个话题。大意是上海市教委以文件形式，要求学校组织学生到一些工厂参观，了解火热的社会化大生产，增长见识，但上海的校长没有积极性，等等。由此我们读出另外一个信息：上海也想搞，还没有搞成。我们与上海同步，看来此事可行。

我们经过多次研究，确定了一些内容与要求：名字就叫“社会大课堂”；三、四、五、六年级的学生参与，不分年级段一起行动；进行每次活动的详细方案准备，但是不规定学生

参观殷墟同乐北区考古发掘现场

参观目标，不准以此为素材布置写作文。接下来是确定资源，这是个难事。最终我们定下来，有安阳电厂、安阳钢铁厂、安阳市凯瑞数码公司、安阳市中级人民法院办公楼、安阳移动通信公司、安阳日报社、安阳市图书馆博物馆综合大楼、中国文字博物馆、安阳市第五自来水厂、安阳市曹村污水处理厂、安阳市塘沟垃圾综合处理场、安阳市气象局、考古工地、建筑工地等，具体参观哪些单位，视情况而定。联系这些单位是非常困难的，在各单位正常的工作、生产中，接待如此多的小孩子参观，任务非常重大。

今后的社会大课堂，拟做一些改进。召开年级主任会议，确定每个年级的参观场所 4—8 个；配合年级主任联系这些单位，取得单位同意；每学期每个年级单独组织参观，每一次活动一般情况下四个年级集中在一周完成；年级升高以后，进入下一年级的参观目录中。每次参观采取两段式，先由班长、组长、队长集中参观一场，由对方业务人员予以介绍讲解，而后组织大队伍参观，由组长、队长负责讲解。每一次活动要求年级制订安全预案。

这样的事，没有一定事业心的人，是做不下去的，这也是对年级主任、班主任队伍素质的一种锤炼。

二、社会大课堂活动方案

（一）社会资源课程开发的背景

随着我国经济的进一步发展，社会对人才的要求越来越高，社会对学校的要求也越来越高，因为青少年是祖国的未来。他们的素质必须是全面的，发展必须是全面的，因为他们的发展方向最终将与社会紧密相连。社会是个大课堂，有丰富而生动的教育素材，德育的、科技的、知识的、技能的、人文的、现代生产的资源，都是学生在校园里、在书本中见不到也学不到的教育资源。组织学生从小走进社会，始终不脱离社会，学生将来就会是理论知识广博而实践经验又丰富的人，这对于学生终身发展和促进社会发展的作用是不言而喻的。

实施素质教育虽然很多年了，但以往封闭的、脱离现实生活、偏重于知识传授的倾向依然没有彻底改变。如何将学校教育延伸到校外，充分发挥社会资源的教育作用，让社会资源为教育所用，开阔学生的眼界，丰富学生的知识，提高学生知识与实践的结合，增强学生关注社会的意识，提高学生多方面的素质，实现真正的素质教育呢？只有学校努力建立一种有助于学生投入社会、亲历实践过程的课程体系，才能有效改变现状。

安阳，中国八大古都之一，文化底蕴深厚，像殷墟、岳飞庙、羑里城、王陵遗址等，都值得学生去了解学习；安阳，又是中原新崛起的城市，在经济发展上有很大变化，很多现代化企业科技含量高，设备先进，学生去参观后会对学习知识有深刻认识；连续两年，我们安阳一直在为创建国家卫生城市而努力，环境有很大改观，其中的变化，也只有让学生真正走进社会才会有真切的感受。如果作为安阳的学生，对于安阳不能有深刻的了解，应该是教育的一种遗憾。

基于以上深刻考虑，为了促进学生综合素质的提高，为了促进每一位学生的全面发展，我们学校决定开发利用安阳的社会资源，设置成我校的校本课程。

（二）社会资源课程开发的具体意义

开发利用社会资源，组织学生参加走进社会的大课堂，可以充分解放学生的大脑、眼睛、嘴巴、双手，让学生在亲眼所见和亲耳聆听中感受社会生活，对学生的教育影响是学校教育不可能做到的。

第一，可以让学生接触社会、了解社会，增长见识，有利于今后更好地适应社会，有利于学生的健康全面发展。

参观安阳市第五自来水厂

第二，可以调剂平常紧张的学习气氛，不但有利于改善学生的体质，而且可以激发学生更努力地学习文化知识，认识到知识在社会生活中的重要作用。

第三，通过实践可以了解到各行各业一线工作者的艰辛，学生们更加珍惜今天良好的学习环境，增强克服困难的勇气和决心。

第四，可以让学生全面了解安阳，了解社会的变化，感受个人与社会的关系，提高对自己和社会的认识。

可以说，开发社会资源课程，是一项加强小学生思想道德建设，增强小学生社会实践能力和人文素养，培养审美情操，培育创新精神和实践能力，全面推进素质教育的重要措施。

（三）具体培养目标

1. 通过社会教育资源学习活动，让学生了解环境问题，树立环境意识。认识到环境恶化正在严重影响人类生存的质量和生存的条件，必须进行环境改善和延缓环境恶化进程，必须运用科学技术来降低人类生活对环境造成的影响程度。

2. 通过社会教育资源学习活动，让学生认识到能源问题正在成为困扰人类生存的问题，地球上的能源是有限的，并非取之不尽、用之不竭的，要节约能源，要通过科学技术的发展来寻找新的能源、创造新的能源，让新能源为人类服务。

3. 通过社会教育资源学习活动，让学生了解现代科技的神奇魅力，了解现代科技对人类的巨大作用，产生学科学、研究科学的兴趣，树立学好文化知识，长大为科学献身的理想。

4. 通过社会教育资源学习活动，让学生了解社会化大生产的壮观场面，产生对现代流水生产线进行观察、学习、研究的兴趣，培养创新实践的意识和精神。

5. 通过社会教育资源学习活动，了解一些现代化建筑的宏大，感受建筑的艺术美感和新型材料神奇功能，产生对现代建筑科学的兴趣和向往，树立长大后从事宏伟建筑设计的理想。

6. 了解一些机关、机构的行政工作程序，学习一些常见但又不甚了解的社会知识，造就遵循社会公德、遵守社会规范的合格公民。

7. 了解一些物质文化遗产和一些非物质文化遗产，产生热爱祖国灿烂文化的情感，进而产生热爱祖国的情感。

8. 进行社会公德教育、集体主义教育、英雄主义教育，产生遵守社会公德的意愿，培养集体主义、英雄主义的情感。

（四）资源目录（暂定）

环保、能源类：

1. 安阳市塘沟垃圾综合处理场；2. 安阳市曹村污水处理厂；3. 安阳市第五自来水厂。

科技类：

1. 安阳市凯瑞数码公司；2. 安阳日报社；3. 安阳市气象局；4. 安阳市地震局。

文物古迹类：

1. 殷墟王陵遗产；2. 岳飞庙、羑里城；3. 中国文字博物馆；4. 安阳市烈士陵园。

现代化建筑类：

1. 安阳市中级人民法院办公楼；2. 安阳市图书馆博物馆综合大楼。

农业类：

1. 安阳市蔬菜园；2. 安阳市北蒙果园；3. 安阳市棉花研究所。

社会化生产类：

1. 安阳钢铁厂；2. 安阳卷烟厂；3. 安阳市鑫盛机床厂；4. 安阳电厂；5. 建筑工地。

（五）实施方案

1. 联系资源单位

由学校出具公函，提出申请；资源单位批准；建设资源单位教育基地；聘请资源单位专家为学校校外辅导员；商定学习时间安排。

2. 学校大队辅导员了解情况

由学校三、四、五、六年级大队辅导员先期到资源单位察看，掌握第一手资料，确定学生参观学习路线，选择重点项目和确定教育目标；了解参观学习时注意事项；构思学习参观详细计划和对学生进行辅导、教育方案。

3. 制订学习计划

制订学习计划包括：资源价值，参观学习目标，活动过程设计（参观内容要求，参观活动步骤方法，礼仪安全教育事项等），作业设计，先期教育方案，资料收集方式。

4. 先期教育

以中队会或单独教育的形式进行礼仪习惯、安全教育，进行背景知识教育。

5. 组织参观活动

学校统一安排，有秩序地安排学生到联系地点进行活动。

6. 效果检测

由作业反映。每次活动采用统一的活动方案，采用统一的作业。活动结束的当周，学生完成作业（作业形式不准是作文）。资料要存档。

7. 活动总结

教师和学生共同进行反思，提高认识，相互促进活动的效果。

（六）其他事宜

1. 课程参与年级

三至六年级全体学生。

2. 时间和次数

每学期 2—4 次。初始阶段，各年级参加学习项目一样，在实施一段时间后，形成课程体系，按照规定年级和时间有序列地参加。

3. 活动的组织

年级统一行动，以班为单位组织，学生统一乘坐学校包车。

4. 及时存档

各种资料要及时存档，为课程的完善提供翔实的资料，也为活动的顺利进行提供有价值的案例。

（七）保障措施

1. 思想认识保障

通过各种形式的教育，统一全体教师的思想认识，达到全员参与的目的，使之成为一种人人接受并支持的课程。

2. 制度保障

学校制定相关制度，一切按照制度执行，使课程开发制度化，确保学生活动经常化、规范化。

3. 课程设置保障

从课程开发的构想开始，按照课程开设的步骤，专人负责，不断整理资料，不断完善有关内容，按照时间的推进，最终形成校本课程。

4. 经费保障

联系相关单位的费用由学校经费支出。

参观安阳电厂

5. 安全保障

不仅要制定统一的安全措施，而且在每次活动之前，都要从实际出发，对学生进行安全教育。

三、案例摘编

课程资源：安阳市塘沟垃圾综合处理场参观教案

社会资源 ：安阳市塘沟垃圾综合处理场

资源利用类型：生态系统教育与环境问题教育

适用学段：小学阶段（三至六年级）

资源介绍：

（一）垃圾成了关乎环境保护的大问题

21 世纪是环保的时代，城市生活垃圾处理成为首先需要解决的问题。改革开放 30 年，中国完成了从计划经济时期的物质极其匮乏，到现在市场经济的物质生产充裕的转变，取得了巨大的成就。但与此同时，在许多地方以牺牲环境促发展，付出了很大的代价，已到了非解决不可的时候。

曾几何时，谁想到中国的城市生活垃圾处理需要动用国债、世行贷款、外国政府贷款？但现在却是建设资金的主要来源，说明政府对此问题的重视。小小垃圾却成为一件事关国计民生的大事。

（二）我们身边的垃圾现状

1. 垃圾污染环境十分严重，到了非治理不可的时候

垃圾问题在大小城市都是一件十分棘手的事情，由于城市建设发展迅速，有些地方以前郊外的垃圾堆场已经处于城市中间；由于缺少垃圾处理场，垃圾在城市外围四处堆放，形成了所谓的城市包围垃圾，垃圾包围城市的现象。如果我们不在垃圾的最终处置上下功夫，从根本上解决垃圾处理问题，其他任何行动都只是垃圾的简单搬迁，带来的是更大面积的污染。

2. 垃圾未进行无害化处理，严重污染地下水

垃圾成分十分复杂，填埋后经过缺氧、发酵等反应，产生的渗沥液是成分最复杂、最难处理的污水。一个未经无害化处理的垃圾场，会成为一个长期的污染源，严重污染地下水，使本已严重缺水的城市雪上加霜。

3. 垃圾对大气造成污染，甚至造成火灾爆炸

垃圾产生的有害气体直接排放，污染空气，严重影响周围环境。垃圾中产生的沼气由于未经疏导处理，横空迁移，当浓度达到5%—15%时，遇过大压力、明火或垃圾自燃，就会造成爆炸，这种现象在为数不少的垃圾填埋场都曾发生过。

（三）当前我国城市生活垃圾处理的几种方式

1. 传统的简单填埋

长期以来生活垃圾处理绝大多数采用简单填埋，即在城市周边利用一些凹地、沟谷等简单填埋，既未进行防渗处理，也没有达到卫生填埋，对环境造成严重污染。

2. 简易的卫生填埋

从20世纪80年代中后期，我国一些城市开始进行简易卫生填埋，在选址时注意了填埋场的渗透系数，利用黏土层的天然防渗，在一定程度上起到防渗作用，且在垃圾的填埋过程中，采用黏土覆盖等措施，相对减少了污染。但是压实黏土的渗透系数级数最高也只能达到10−7 级，离真正意义上的卫生填埋还相差甚远。

3. 采用垂直防渗方式的卫生填埋

垂直防渗是利用灌浆帷幕（在垃圾填埋场周边采用打井的方式，灌注水泥浆）或其他防渗材料从地表面直接深入至自然防渗持力层，并且在地基下面形成一个垂直封闭范围，防止污水渗漏。这是人工防渗的一种方式，若地形选择得当，帷幕灌浆施工效果好，可以达到防渗作用。但选择地形受到的局限太大，帷幕灌浆施工效果难以保证，并且也不经济。

4. 人工水平防渗方式的卫生填埋

人工水平防渗工艺是采用把高密度聚乙烯（HDPE）防渗膜铺设在整个垃圾填埋场，形成一个水平的防渗系统，并在场底防渗膜上安装高密度聚乙烯花管网，收集渗沥液，导流至场外的污水池中进行处理，沼气通过沼气石笼引出排放或综合利用，从而达到保护环境的效果。

5. 垃圾焚烧发电

顾名思义是将垃圾燃烧转换成热力发电，这可以从根本上处置垃圾。但垃圾焚烧投资大，运行费用高，并对垃圾质量有较高的要求，且燃烧值要求高，否则会因不完全燃烧而造成二次污染。因我国的生活垃圾有机质高热力低，所以此种方式目前多在经济条件好、土地资源紧张的大城市和经济发达地区采用。

（四）塘沟垃圾综合处理场概况

安阳市塘沟垃圾综合处理场是安阳市委、市人大、市政府、市政协为解决日益突出的城市生活垃圾问题，实现可持续发展战略，建设国家卫生城市、国家园林城市、省级文明城市的重要举措之一，是安阳市重点建设工程，位于安阳市龙安区马投涧乡西侧，距市中心 15 公里。工程建设内容主要包括垃圾填埋区防渗工程、渗沥液处理工程、垃圾填埋气收集排放工程、监测和其他配套工程。工程设计科学、合理施工、规范作业。

1. 垃圾填埋场场底和沟岸的工程施工全部使用机械整形，场地下挖、回填后按照生活垃圾填埋场建设规范铺设了地下水和垃圾渗沥液双导排系统，场底和两岸用高密度聚乙烯防渗膜铺设防渗层。防渗膜有效地把地表水与垃圾渗沥液隔离。

2. 目前，垃圾填埋场直径为 1 米的导气管每间隔 40—50 米设置一根，共设 57 根，组成了较为安全的填埋气体导排系统（第一期设置 42 个）。

3. 垃圾填埋作业严格按照建设部《城市生活垃圾卫生填埋技术标准》等标准实施，垃圾进场作业程序：垃圾成分检验—电子称重计量—倾倒—推平压实—覆土—填埋气体收集与处理—填埋液体收集与处理—水气监测。日埋垃圾厚度2.25米，两个工作日填埋厚度为一个填埋层高度，垃圾填埋中每日进行覆土，覆土厚度为0.2—0.3米。

4. 场区消杀工作规范，每年的4月10日起至10月31日实行每日两次消毒，蚊蝇得到有效灭杀和控制。

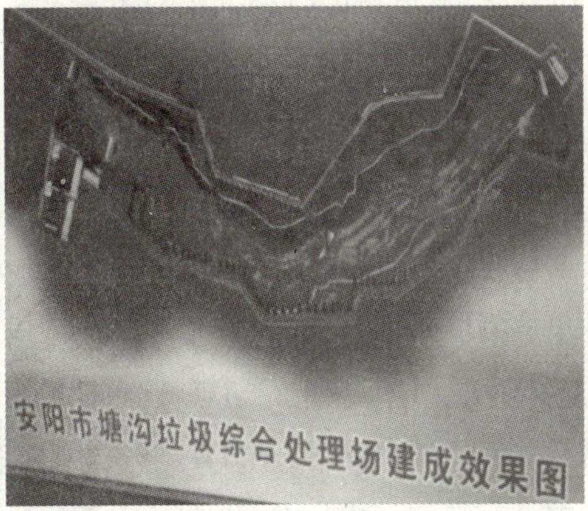

安阳市塘沟垃圾综合处理场建成效果图

学生在观看垃圾填埋场的全貌

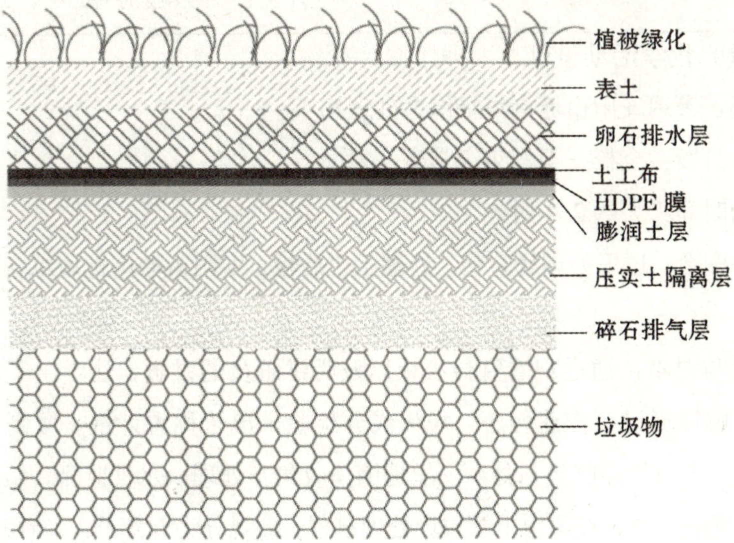

垃圾填埋场封场示意图

（五）参观活动目标设计

基本学习目标：

小学（三、四年级）	小学（五年级）	小学（六年级）
①通过观看塘沟垃圾综合处理场的宣传板，初步了解该垃圾处理场的位置、面积，及现今我市使用的是哪种垃圾处理方式；②我市的生活垃圾都由塘沟垃圾综合处理场处理，那么我市每天产生多少垃圾；③通过观看垃圾处理场1、2、3号区，直观地了解垃圾处理过程，体会环保工人工作的艰辛，培养学生的环保意识。	①通过观看塘沟垃圾综合处理场的宣传板，初步了解该垃圾处理场的位置及面积，使用的是哪种垃圾处理方式；②通过参观塘沟垃圾综合处理场1号区，知道什么是导气管，感受管中排出气体的气味；③参观2号区，知道高密度聚乙烯（HDPE）膜是什么，它在垃圾填埋过程中起着什么作用；④你扔掉的一张纸、一个塑料袋需要经过几个程序才能完全无公害地处理掉。	①通过观看塘沟垃圾综合处理场的宣传板，了解垃圾进场作业程序；②通过参观塘沟垃圾综合处理场1、2号区，了解什么是导气管及其作用，高密度聚乙烯（HDPE）膜是什么，它在垃圾填埋过程中起着什么作用；③参观3号区，了解渗沥液是如何处理的；④你扔掉的一张纸、一个塑料袋需要经过几个程序才能完全无公害地处理掉，并计算一下需要耗资多少；⑤垃圾填埋气综合利用发电的原理。

（六）教学活动设计

项目：参观安阳市塘沟垃圾综合处理场

适合阶段：全校三至六年级学生

活动时间：大约2小时

资源配合：垃圾处理场宣传、处理工艺展板，安阳市塘沟垃圾综合处理场，讲解员。

内容与要求：通过观看宣传展板以及听讲解员的讲解，让学生了解垃圾的危害，了解垃圾进场作业程序：垃圾成分检验—电子称重计量—倾倒—推平压实—覆土—填埋气体收集与处理—填埋液体收集与处理—水气监测。组织学生观看垃圾填埋的现场，直观地了解垃圾处理过程。参观分为五部分：①看宣传展板。②观看电子称重计量。③ 参观垃圾处理场1号区（已填埋区）。④参观垃圾处理场2号区（未填埋区）。⑤参观垃圾处理场3号区（积水池）。

活动建议：参观安阳市塘沟垃圾综合处理场前，班主任利用中队会讲解概况及安全教育。与安阳市塘沟垃圾综合处理场联系好参观时间，再分年级参观，一个下午两个年级，五个班为一组。每组分两队，第一队参观顺序①②③④⑤，第二队参观顺序③④⑤②①。

特别注意：环卫车来往频繁，教师注意提醒学生，安全第一。学生可以提出问题，请讲解员回答。

作业设计：见活动任务单

活动任务单：

关 注 绿 色

——走进安阳市塘沟垃圾综合处理场

学校________ 年级________ 姓名________

活动	完成任务
走进安阳市塘沟垃圾综合处理场　宣传展板＋讲解＋参观 （看一看，听一听，想一想，问一问）	1. 垃圾进场作业程序是： ① ② ③ ④ ⑤ ⑥ ⑦ ⑧ 2. 塘沟垃圾综合处理场处理垃圾时使用的是哪种处理方式？ 3. 什么是导气管和高密度聚乙烯(HDPE)膜？它在垃圾处理过程中起着什么作用？

（七）参加集体活动注意事项

1. 注意文明礼仪，不带零食、水，不打闹，注意保护环境。
2. 听从老师和工作人员的安排，有情况报告老师，有秩序地参观。
3. 按照规定的集合时间到位。
4. 各小队长负责清点人数，有情况报告老师，人员到齐方可上车。

班主任老师在垃圾处理场的填埋场旁给学生讲解，垃圾填埋需要用多层防渗膜铺底防止污水渗漏

赵验军校长在给学生介绍垃圾处理场的宣传展板

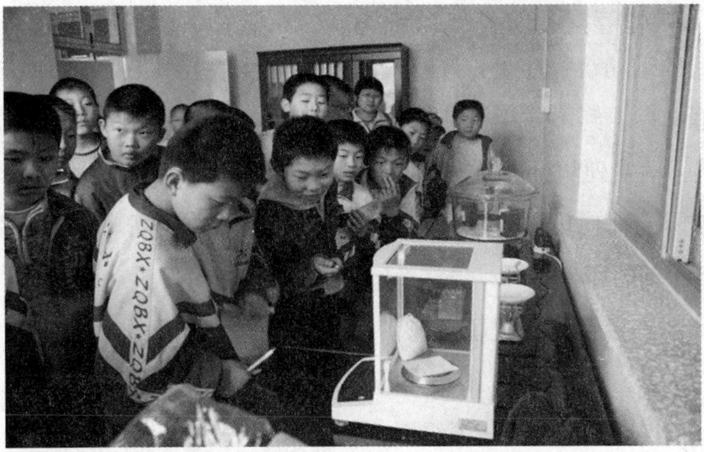

学生在参观塘沟垃圾综合处理场样品处理室

四、运动会，另一种社会大课堂

我们学校的运动会，一直在学校外面开，这是我们的另一种社会大课堂。

我们的学校，学生多面积小，课间做操尚且困难，开全体运动会，就更加困难。如果分年级开，倒也可以，不过总感觉没有气势。怎么办呢？校长想到了我们的社会大课堂，社会大课堂中的一些参观项目，是设在市内的名学校、大学校，比如安阳工学院、安阳师范学院等等。如果利用到名校开展社会大课堂活动的同时开运动会怎么样？校长向几名负责学生工作的老师一提及这个想法，马上得到他们的积极响应和支持。于是，将部分社会大课堂与全校运动会合二为一，成了我们解决学校运动会场地问题的办法。

正式的运动会，我们定名为“殷都实验小学 ×××× 年春季运动会”。第一次是 2007 年春季，在安阳市第二中学操场开。从那一年开始，至今年我们的运动会一直坚持开在外面。第二次是 2008 年春季运动会，我们在安阳市外国语中学开。第三次运动会是在 2009 年春季，我们安排在安阳市五中。第四次我们安排在安阳师范学院，是 2010 年春季。第五次运动会是 2011 年在安阳工学院开的。第六次是 2012 年春季，在安阳市实验中学新操场举行。2013 年的运动会是第七次，我们又回到安阳市五中召开。

我们选择开运动会的地址，主要考虑一个因素，就是在五年内不重复，以达到同时实现社会大课堂参观的目的。

一般的运动会程序是：开幕式—上午项目—组织午餐—参观校园—下午项目—闭幕结束。到不同学校开运动会的最大着眼点，就是参观校园一项。由班主任带队，学生列队行进，按照学校事先安排好的路线参观学校。宽阔的操场、宏大的校园、现代化的教学楼、美丽整洁的环境、明亮现代的教室等等，都给学生留下深刻的印象。

运动会是社会大课堂还表现在，每一次运动会，都在锻炼着我们的学生、老师和组织者。就拿 2013 年在安阳市五中举行的春季运动会来说，我校的学生有 3188 人，仅这些学生的午餐组织，就是一个庞大的工程。我们提前订购了快餐。三辆大型厢式货车满载才能将我们的快餐送到。每个班一个就餐区域，班主任带部分家长给学生分发餐盒，班干部现场组织学生就餐的工具使用、卫生用具使用等，不能给五中的塑胶地面留下饭粒菜汤。餐后就是回收餐盒，还要不留垃圾地送回餐车，由餐车拉走。那场景，谁说不是锻炼老师、学生的一次大课堂呢？

实际上，就餐问题不是最大的问题，因为它基本不存在安全隐患。最大的难题是早上学生集合和下午学生疏散。场地单位一般不让家长进入，所以我们需要在门口接学生送学生，稍有不慎，接送学生的汽车就会将门口道路堵塞，甚至造成严重的安全事故。采取门口按班级分区、挂牌迎接学生、班主任提前半小时到达等待学生、高低年级错峰接送学生等措施，并且严格管理纪律，最终实现每次运动会的圆满举办。

每次运动会开完，如同一场战斗结束，我们的老师都累得精疲力竭。要说苦，那是真苦。但是看到孩子们对运动会的热切盼望，运动会上那种兴奋，学生回家时脸上洋溢着的满意笑容，我们的老师心里就乐了。

镜头二：做最好的自己——特长发展

一、特长发展的意义

中国的教育，虽然经历了多次“重大改革”，但是并没有出现质的改变。由于受中国人口基数过于庞大、教育资源相对不足和不均衡的影响，大学教育机会的获得就必须通过考试选拔，也就是说高考指挥棒必然会很坚挺地存在。受高考指挥棒的影响，中国的基础教育评价标准单一，分数至上。“分儿，分儿，学生的命根儿；分儿，分儿，老师的命根儿”，是目前基础教育评价一元化的真实写照。

这种一元化的评价体制，严重遏制了学生的多元发展。一些优秀学生，虽然他们的学科知识学习很好，但其多元智能受到遏制，使学生得不到全面发展。个别特殊的，最终上学学成了呆子。而那些所谓“差”一点的学生，由于受教育评价标准一元化的影响，被人为地鉴定为“差生”。事实上，根据多元智能理论，他们可能在其他方面有发展的智能强项，甚至对于个别学生，其智能强项发展的特长，或许会有惊人的社会价值。在这种评价体制指挥下的教育状况是，有些活泼的学生，偶然会以某种“违反体制”行为，展露他们的天赋特长潜质。但是，往往是他们刚一动作，随之就会被我们的一些教育者予以处理和禁止，会受到学校、家长的批评，最终乖乖地放弃其特长发展的苗头，禁锢其特长发展的天赋。殊不知，这样一个过程，许许多多的天才大家，就湮没于我们的教育弊端之中了。由此可见，僵化的单一的教育评价，扼杀了大多数学生的未来可能的社会价值和美好的人生前途。

有意识地发展学生的特长，最大的意义是，拯救学生特长发展的萌芽，实现他们的智能强项被承认、被开发，弥补传统教育的功能性残缺。

发展学生的特长，也是为了孩子的美丽人生。一个人的最终成就，可能不是他的学科知识，而是他的特长项目。随着社会化大生产的日益推进，现代社会分工越来越细，掌握基本的知识虽然是非常有必要的，但是，有一技之长的人才，却是非常吃香的。有的时候，特长的突出，还能够创造巨大的社会价值，从而奠定一个人的社会地位。央视的星光大道推出了一批又一批的明星，他们无一不是靠着自己的特长突出而取胜；一些手工技能突出的人，在工作岗位上的优越性更是显而易见。即便所从事的工作不是自己的特长，有一项特长在身上，也是个人能力很全面的象征。

发展学生特长，也是提高孩子心理健康的需要。一部分学生在长期的学习过程中，接触的学科知识学习，都是在遭受失败的挫折感中度过的。因为受"学习智商"的影响，他们永远都比不上群体中那些少数的佼佼者。他们长期承受失败的打击，会产生很强的心理挫败感，久之，就成了心理疾病。这样，其学习也越发不好，于是就出现了在学习过程中的恶性循环。如果发展了一项特长，这项特长又是十分突出，那么，学生的自信心和优越感就会被激发，从非智力因素影响学生学习能力的学习机理来看，其学习的效率也会提高。同时，由于有明显的优越感，其心理上的阳光就会无比灿烂。

学校鼓励和督促学生在正常学习学科知识的同时，有侧重地发展一项基于自己天赋、爱好的特长。"全面发展打基础，个性发展有特长。"这是学校对学生多元发展提出的追求目标，希望每一位孩子能有一项特长，让每一位孩子都能找到自己的闪光点，拥有自信和快乐。

二、学生特长发展的实践

我们学校对学生特长有独特的理解。我们认为，学生特长是指在学生成长发展的过程中，有意识学习获得、无意识先天遗传获得或者由于生活环境影响耳闻目睹实践习得的一技之长。包括琴、棋、书、画、跳、吹、拉、弹、唱、体等一般意义的技能特长，更包括除暴力破坏性技能之外的任何一项一技之长。其类似于吉尼斯世界纪录囊括的项目，如玩悠悠球、削苹果皮、玩转笔等任何一项长于他人的生活特长。只是不要求吉尼斯世界纪录那么高的水平。对于个别特殊学生，特长也可以仅仅是一项特长的确立，或者具有某项特长意识。特长还指学生有意识的积极主动获取的某方面的进步和发展。

我们规定了特长发展的认定周期为一个学年，强调学年初申报特长，强调学年末考核认定特长，强调学期中间开办“校园星光露一手大舞台”作为促进特长发展的平台。我们不强调学生特长的培训和辅导，但是鼓励学生组织相关的社团共同学习特长；建立学生成长记录档案，记载学生的特长发展之路。

（一）申报特长

有特长，至少有学习特长的意识，是我们实施特长发展项目的基本诉求。为此，让学生正式申报特长就显得很有意义。我们的特长发展以学年段为周期，每学年对学生的特长发展项目予以一轮发展认定。特长申报在学年初进行，我们设计了个人特长发展项目申报表，学年初，发至学生手中，要求学生在充分思考自己的特长项目后，与家长商议，而后填写申报表。申报表上要简单阐述申报此项特长的理由，并且要求家长签名认同。

申报表交回班级后，班级进行登记和统计，制成登记表和统计表，交到学校管理部门存档。学校根据班级的登记表进行特长项目审核，审核通过后，以项目批复的形式反馈给班级。学生开始有目的地学习、练习自己的特长。

按照要求，学生特长申报填表率要达到100%。申报表单行表、班级登记表、班级统计表、校级统计表等资料由学校学生部统一归档存放。

附一：

殷都实验小学学生特长申报表

申报人	所在班级	申报项目	申报时间	备注
申报项目说明				
家长意见和签名				

附二：

殷都实验小学 _____ 年学生特长登计表

_____ 年级 _____ 班

姓名（学号）	特长	姓名（学号）	特长

附三：

殷都实验小学 _____ 年学生特长批复表

_____ 年级 _____ 班：

你班上交的学生特长申报表收悉，经学校研究，同意你班的申报，特此批复。请认真组织学生进行特长学习和练习。

姓名	特长	成绩	姓名	特长	成绩	姓名	特长	成绩

（二）特长考核

家长在为孩子们进行特长考核

学年末，我们要对学生的特长项目发展状况予以考核认定。考核采取面试形式，成绩采取5分制。得3分、4分、5分者，我们认定该同学具有该年段该特长，颁发认定证书。低于3分者，不予认定。

我们的考核，由家长委员会负责完成。第二学期的学科内能力类考核时，由家长委员会增设若干考核组，一并对学生的特长发展进行考核。

认定证书一般要在期末考试之前颁发到学生手中。

（三）社团学习

丰富多彩的社团活动，不仅可以丰富学生的校园文化生活，而且可以成为学生特长学习和练习以及展示的平台。为此，学校发动学生自主组建了很多社团，包括鼓号社、科学社、跳绳社、朗诵社、美术社、舞蹈团、合唱队、书法社、排球社、五子棋等社团。给社团安排了专门的活动时间，每个社团安排了专门的组织教师。孩子们在社团活动中，既能学习自己喜爱的特长，也能在同伴面前展示自己的特长，获得荣耀感，增强学习特长的自信心。

花样跳绳社团在训练

花样跳绳社团的学生在进行安阳市九运会开幕式的彩排

殷都实验小学学生在安阳市第九届全民运动会开幕式上的花样跳绳表演

殷都实验小学花样跳绳社团在全国教改实验区先进区教改验收活动开幕式上表演

踢毽子社团的学生在参加社团活动

书法社团的学生在参加社团活动

（四）校园星光大舞台

学年初申报，学年末考核认定，对于特长不突出和注意力不持久的学生来说，很有可能就会忘记。对于一些学习意志力不强的学生，还需要专门对其予以鞭策，否则就不会主动参与到特长学习中去。为此，我们每个学期举办 16 次至 20 次“校园星光大舞台”活动，作为鼓励展示特长学生和鞭策尚未形成特长学生的平台。

活动规则：(1) 全校学生以同年级为单位，每三个班编为一个组，全校编为 16 个组，分别予以特长展示大比拼；(2) 每个组限报 18 名选手，即每班 6 名选手；(3) 每周举办一次“校园星光大舞台”活动，每次设定一组 18 个选手比拼，按照评委打分（或者观众打分），评出金奖和银奖各 9 名，在升旗仪式上为学生发奖状，并将结果展示在学校滚动屏上予以表扬；(4) 如果班内报名选手太多，可以由班级进行预选；(5) “校园星光大舞台”的活动时间固定在

我们都在“校园星光大舞台”上秀一秀

每个星期的星期五下午放学后，地点设在阶梯教室，家长或者教师可以助演以增强观赏效果；(6) 评委由三个班的正、副班长组成；(7) 主持人由少先队优选产生，每个组必须由一组主持人完整主持；(8) 评分标准和办法、现场规则、证书制作和颁发，均由主持人完成；(9) 年级主任必须参加本年级的“校园星光大舞台”活动；(10) 观众由三个班的全体学生组成。孩子们积极踊跃地参与全过程，从服装、化妆到编排，都由学生自己通过合作、分工完成，有的孩子遇到困难主动请家长或教师来帮助，“校园星光大舞台”给学生、教师、家长带来了特长学习的正能量。

如果你渴求一滴水，我愿意倾其一片海；如果你要摘一片红叶，我给你整个枫林和云彩……殷都实验小学将会为学生特长发展提供更多、更广、更丰富的展示环境，让特长之花在殷都实验小学的土地上开花、结果！

镜头三：少儿科学院里的成长——科学特色课程

一、我们的少儿科学院

（一）少儿科学院是什么

“殷都实验少儿科学院”，看起来在校门口挂着这么一块大牌子，实际上这是一个虚拟的机构。它是殷都实验小学“我发现”学校文化的一个载体，是为学生在科学创新素养培养过程中竖起的一架成长阶梯。设立的目的就是为了激励学生更好地主动地参与到“我发现”活动中，也作为殷都实验小学学生多元发展性评价的一项重要内容，于 2011 年冬天正式挂牌成立。

（二）少儿科学院的管理与规则

殷都实验少儿科学院根据学生参与“我发现”活动的状况，为学生设置了 5 级阶梯：第一级，小学士；第二级，小硕士；第三级，小博士；第四级，小院士；第五级，小科学家。院士、科学家和博士不属于一类概念，但是为了促进学生，也是一种虚拟称谓，所以就混到一块儿使用了。我们只希望可以达到促进学生参与的目的。

少儿科学院采取学分制晋级制。在“我发现”卡片撰写和自主学习小课题研究及科学课堂上的表现，包括在“我发现”文化节中的表现，都按照一定的标准量化成分数，计入少儿科学院个人学分档案，并按少儿科学院规则所规定的，达到一定的分数后，晋升为相应的级别。

每个自然班级设置 1 个或 2 个少儿科学院管理员，由学校集中对管理员进行培训，参加活动及获得名次如何加分，学校都进行了详尽的培训。他们负责少儿科学院学分制工作和“我发现”卡片等的管理工作。

学分一个学年总计一次，一个学年产生和表彰认定一次称号。升级后，之前取得的学分清零。

五个称号，前面有前缀，即某年级小学士、某年级小硕士、某年级小博士、某年级小院士、某年级小科学家。

由学生部制定详尽的工作细则，包括学分制计分办法、班级管理员、档案工具、存档档案、分数认定程序、表格、称号认定程序及宣誓办法等等。

对于获得“小科学家”称号的学生，我们会给予十分隆重的礼遇。将全部“小科学家”或是其中的更优秀分子组织起来，参加由学校组织的科技参观活动。例如 2012 年春，学校从第一批“小学士”和“小硕士”中（当时由于积分项目少，没有达到“小科学家”的高分学生）选取优秀学生 30 名，由校长带队，3 名优秀辅导教师随同，于 3 月底参观了中国科学技术馆，为期一天。参观所需的全部费用都由学校经费列支。在参观前、参观后，还邀请他们在学校的升旗仪式上登上主席台，在全校同学面前亮相，此举在学生中产生了深远的影响，大大激发了学生的参与热情。

参观中国科学技术馆

附：

殷都实验少儿科学院规则

一、“我发现”学校文化是殷都实验小学小学生科学创新素养教育思想的一个标签，其宗旨就是实现教育“传承和创新”两大本质功能，尤其是侧重于科学创新素养的形成。殷都实验少儿科学院是“我发现”文化在学校常态化落实的一个平台，是附着在整个学校结构体系中的一个虚拟组织。

二、殷都实验少儿科学院设立五个等级的学位级别，从低到高分别是：小学士、小硕士、小博士、小院士、小科学家。这些学位名称每个学年为一个认定周期。

三、殷都实验少儿科学院实行学分制，撰写“我发现”卡片、自主学习小课题、文化节其他活动、平时的科技竞赛活动等，都按照成绩量化为分数。获得 20 分认定为“小学士”，获得 40 分认定为“小硕士”，获得 60 分认定为“小博士”，获得 80 分认定为“小院士”，获得 100 分认定为“小科学家”。

四、“我发现”卡片积分规则：学生每星期撰写一张“我发现”卡片，交给班级少儿科学院管理员评优和存档，得 1 分；班级少儿科学院管理员每周评选出 3—5 张优秀的“我发现”卡片（要设计合理的评选优秀卡片规则，比如每个小队推举一张，作者在全班宣读卡片内容，而后由全体同学投票推选上报学校的优秀卡片等），上交学校少儿科学院管理部门也就是学校的学生部，这些卡片的作者累计得 3 分；学校少儿科学院管理员每周评选出 3 张最优秀卡片，周一在升旗仪式上由作者宣读，这些卡片作者累计得 5 分。所有学分计分档案由班级科学院管理员管理。学校可以在收到班级优秀卡片时备份记录。

五、自主学习小课题积分规则：自主学习小课题的实施人可以是 1 人或多人，但最多为 4 人。自主学习小课题申报后并获得批准的，课题负责人每人得 2 分；课题研究形成成果的，每个课题负责人累计得 4 分；课题获得二等奖，每个课题负责人累计得 6 分；课题获得一等奖，每个课题负责人累计得 8 分；课题获得特等奖，每个课题负责人累计得 10 分。本项学分由班级卡片管理员负责管理记录。

六、“我发现”文化节积分规则：学校每学期举办“我发现”文化节。在“我发现”文化节中，除去“我发现”卡片和自主学习小课题外，其他项目的参与者均可以获得学分。凡是有作品参与文化节者得1分，评为二等奖者累计得2分，评为一等奖者累计得3分，评为特等奖者累计得4分。本项得分由班级少儿科学院管理员负责管理记录。

七、平时“我发现”科技竞赛活动积分规则：少儿科学院将不定期组织一些专项“我发现”科技竞赛活动，在这些活动中，凡是参与者可以获得1分，评为二等奖者累计得2分，评为一等奖者累计得3分，评为特等奖者累计得4分。本项得分由班科学院管理员负责管理记录。

八、第一学期末，班级卡片管理员汇总全班学生学分，做好记录并存档。按照总学分从高到低选取5—8人，表彰为殷都实验少儿科学院优秀研究生。由学校制作证书，校长亲自颁发。

第二个学期末，班级卡片管理员汇总本学期全班同学学分，做好记录并存档。按照本学期总学分从高到低选取5—8人，表彰为殷都实验少儿科学院本学期优秀研究生。两个学期学分相加，按照总学分值，确定学生的学位称号，并颁发标志（殷都实验少儿科学院×年级小博士证），在学校博客和电子屏上公布小科学家、小院士、小博士三个学位的名单。所有学分，实行向下归靠分数线的原则计算。比如获得73分，按照60分计算，认定为小博士，而不是向80分归靠，认定为小院士。

九、学校择机从上学年的最高学位获得者中选取30—50名优秀者，到一些大型的科技馆或者自然科学博物馆或者大型的现代化工厂参观学习。费用主要由学校负担。这项活动由校长带队。

兼职导师也负责学生参加科技单项比赛的辅导工作，在表彰学生时，同时对导师予以表彰。

二、自主学习小课题

开展自主学习小课题研究，旨在让学生在课外积极进行研究性学习，学会研究性学习的方法，关心身边的自然奥秘，拓宽知识面。殷都实验小学的自主学习小课题已经坚持开展五年多的时间，每学期为一个研究周期。学期初，由学校组织，举行本学期自主小课题开题会。根据开会条件，开题会由每个班选出三名学生代表参加。开题会上，一般由上学期的优秀课题成果作者现场演讲，介绍自己的研究过程和研究成果，对于本学期即将开始的课题研究起到介绍方法、增强信心的作用。开题会上会发布本学期学校推荐的研究课题目录，此目录随后会印发到各班级，贴在各班级的粘贴板上。当然，学生也可以选择自己感兴趣的目录之外的其他题目。

“学生自主小课题”开题仪式上，学生在作自己的结题报告

开题会结束，目录下达之后，同学们开始进入研究准备阶段。第一步，确定研究者。按照学校的设定，学生可以单独申报研究课题进行研究，也可以结成小组进行申报课题研究，小组人数最多不能多于4人。课题研究者，可以寻求家长的帮助，学校曾经组织了一批校外科学教育辅导员，学生可以和本年级的这些辅导员联系寻求帮助。第二步，和家长或辅导员，也可以是小组成员研究，确立研究题目。需要注意的是，所确立的题目是研究小组成员都认可的，也是各自都感兴趣的题目。第三步，填写课题研究申报表，上交到班级自主学习小课题管理员处待审批。第四步，由学校少儿科学院对申报课题按照班级进行研究审核，最后下达课题批复目录。申报表及登记表（目录）和批复目录由少儿科学院和班级管理员各保存一份。批复目录还要在班级粘贴板上张贴一份。第五步，开始研究。第六步，

荣获“优秀我发现卡”的同学在展示

2013年学校“学生自主小课题”开题会

科学课教师和少儿科学院在适当时候提醒学生注意研究，近似于进行中期验收。第七步，结题。结题在学期后期的“我发现”文化节上进行。评选优秀课题成果，展示优秀课题成果，表彰优秀研究者，成果存档，进行少儿科学院学分量化归档。

批复的研究课题目录和最终的结题课题成果登记，要以通讯的形式予以刊发，并在学校博客上发表。

附一：

安阳市殷都实验小学“自主学习小课题”活动方案

为了培养我校学生从小爱科学、学科学，长大用科学搞发明创新，用科学为祖国服务，经学校研究决定举办我校学生“自主学习小课题”活动。

该活动以课程的形式予以固化，成为学校的科学特色课程之一。此课程的目的是让学生体验科学就在身边，以此达到培养科学兴趣和科学意识，积极参与科技实践，培养创新精神和创新能力，具体安排如下：

1. 时间：3月1日—5月底

2. 参加人员：一至六年级全体学生

3. 口号：用我的眼睛去观察
用我的双手去操作
用我的大脑去思考
用我的智慧去创造

4. “自主学习小课题”的具体实施

第一，学校遴选产生小课题参考目录，供学生从中选择。学生在选择课题时也可以根据自己的兴趣决定研究课题。

第二，召开学期开题会，宣布本学期的小课题研究正式开始。开题会由三部分组成：一是上次课题研究周期优秀课题成果研究者代表进行结题报告演讲，对于选题依据、研究过程、方法探究、成果介绍、知识收获等予以宣讲，给本次研究提供方法和增加研究信心。二是公布和解释本学期研究课题目录，让孩子们了解研究的选题范围，对于某些选题的研究主旨有所了解。三是校长讲话。

第三，申报和审批。开题会后，研究课题目录会张贴在班级教室内，供学生选题。学生可以自由组成研究小组，组员限制在4人以内。小组讨论，选择研究题目。填写申报表。学校审核批复。批复后的题目，开始研究。

第四，学末结题、成果评选。学期末，进行小课题研究结题，召开结题会，评选优秀课题成果并颁发奖状，对科学院记学分。

5. 建立少儿科学院兼职导师队伍

少儿科学院兼职导师也称为殷都实验小学科学教育校外辅导员。少儿科学院在成立伊始，为了解决孩子们的辅导问题，面向全校学生家长发出通知，选聘少儿科学院兼职导师。只要热衷于学生教育事业，爱好科学研究，有一定的专业知识，具备一定的辅导能力和时间，均可以报名。最终从积极报名的家长中聘请了95名家长为殷都实验小学科学教育校外辅导员，聘期为一年。考虑到家长对学生的熟悉程度，基本上平均每个班确定3人。每年9月份开学，都会进行新一轮的校外辅导员的聘任工作，表现优秀的家长可以连任。

兼职导师主要是辅导学生的自主小课题研究工作。每学期学生自主小课题申报工作开始以后，学校会按校外辅导员所在年级进行分工，每个辅导员负责孩子所在班级的最多三个课题的辅导工作。从选题到参与人员分工，再到研究过程中遇到的问题如何解决，资料的查找、整理以及最后研究报告的撰写，只要学生有需要，辅导员就要提供帮助。按照学校的要求，辅导员可以根据自己的时间安排，定期对学生的课题研究进行辅导，有问题及时解决。

学生的研究报告参加学校每学期一届的校园文化节评选，最后获得奖项的，辅导员就被评为“优秀辅导员”，并颁发荣誉证书。

6. 档案建立和管理

科学组建立专属档案，对每一届的活动成果进行分类存档，并由专人负责，便于学生以后学习和参考。

附二：自主学习小课题结题报告

白菜会开花吗？

二(3)班　杨斯淇

妈妈告诉我家里的大白菜会开花，我不相信。

妈妈说：“你不信咱们就做一个实验吧！”“好的。”我答道。

首先，妈妈把家里一棵大白菜外面的叶子去掉，只剩下里面的小嫩叶。这几片小嫩叶下面是白色的，上面是黄色的。

然后，妈妈把这个白菜心放到一个小碗里面，倒进去点水，再把小碗放到了阳台上。妈妈随后叮嘱我：要记得观察哦。

我看着小小的白菜，心里想：到底白菜能变成什么样？能开花吗？

过了几天，我看见白菜慢慢变成绿色的了。本来叶子都是在一起合着的，现在都像花儿一样张开了。

白菜会开花吗？

我天天去看白菜开花了没有，可白菜一直没有反应。

我问妈妈："为什么白菜还不开花呢？"

妈妈说："等到里面长出花骨朵儿就快了。"

我听了妈妈的话就天天去看，盼啊盼啊，什么时候才能长出来花骨朵儿呢？我都有点等不及了。

一天早上，我听见妈妈大声在叫我："淇淇，快来看！"

我赶紧跑过来一看，呀，我的白菜上面长了许多黄黄的小豆豆。我问妈妈那是什么，妈妈说："那就是花骨朵儿呀。"

虽然我还没等到白菜开花，但是看到这黄黄的小豆豆，我好像看到了金黄色的花朵。

中午放学回家，我赶紧跑到阳台上看看白菜的小豆豆开花了没。我一看，开花了，就赶紧让妈妈来看。

白菜绿绿的叶子、金黄的小花朵，真好看。

自从种下了白菜，我经常去给它浇水，去看它。看到美丽的花朵，我觉得这么多的付出是值得的。

有付出就有收获！

蚕的养殖

四（8）班　张博涵

一、项目之前

● 抱一抱。敢于表达爱。（每天早上和下午都要拥抱孩子，坚持至少每日一抱。）这种表达方式可充分体现爱的真谛。

● 笑一笑。用充满爱意的眼神深情地看着孩子并微笑，让孩子感到喜悦！

● 说一说。早上出门前，对孩子说：亲爱的宝贝，妈妈爱你。祝你开心每一天！下午回来时对孩子说：亲爱的宝贝，见到你真开心！

● 吻一吻。亲亲孩子的脸颊。孩子非常需要这种爱的方式，他们会更加体会到父母的爱，久而久之就会养成一种习惯。

● 摸一摸。用手轻拍孩子的背，或者摸摸孩子的头，孩子会表现得很温顺，像小绵羊一样乖巧。

● 挥一挥。和孩子热情地挥手说再见。这种肢体语言可感染孩子对生活的激情、热忱以及活力，对培养孩子的开朗性格也有很大的帮助。

● 爱一爱。孩子放学回来，第一时间应及时表达关爱：亲爱的宝贝，上学一整天了，想必你一定饿了、渴了，先休息一下，吃点东西。这种关爱能让孩子感受到家的温暖，有归宿感。

● 玩一玩。适当安排孩子玩乐和休息的时间，调节一下心情。可听听音乐，创造一种轻松愉快的氛围，好的音乐可让孩子身心舒展，并激发对生活的热爱，最重要的是可开发大脑思维。

● 学一学。和孩子协商好做功课的时间，并提醒他要守承诺。让孩子有些紧迫感，不至于拖拉。

● 教一教。请孩子做父母的老师。因为父母想从小学开始重新学习，时间长了，已经忘了，现在也没有机会上学了，不但没时间且学校也不收了。希望孩子能把学校学的知识和父母分享，能教多少教多少，让孩子没有压力。这样孩子会产生一种被受重视的感觉，并让他有成就感，这样孩子在课堂上就会认真听讲，培养责任感。

● 赞一赞。时时刻刻多留意孩子的言行举止，及时发现闪光点，及时赏识，经常竖起大拇指，强化孩子的优点。哪怕是一件很小的事或是帮了一点儿小忙也要及时向孩子表示感谢，让孩子感受到他的价值倍受关注。

● 聊一聊。晚饭后可以抽一些时间和孩子聊聊天，增进感情。亲爱的宝贝，看得出你今天心情很不错，能和妈妈分享一下学校里的开心、有趣的事吗？打开沟通的话题。家长只要认真地倾听、点头、微笑、赞许即可。千万不可去纠正他什么，指手画脚，说东道西，这样孩子慢慢就不喜欢讲学校的事了，易关闭心门。

● 乐一乐。每天尽量抽一点儿时间和孩子做些互动游戏，只要开心即可。如猜剪刀、石头、布，猜谜语等等，自由发挥。让孩子和大人之间的距离靠得更近，成为他的好朋友。

● 讲一讲。平时多和孩子讲一些励志和带有启发性的故事，如好人好事，或成功人士的一些经历等。培养孩子的好思维、好品德，树立崇高的理想。

● 想一想。睡前和孩子想想，今天最开心和最大的收获是什么？有哪些不足待提升？多反思。有必要的最好记下来，好的加以肯定，继续发扬。

● 梦一梦。和孩子一起做梦想板，描绘一些未来的美好蓝图。激发孩子的理想和梦想，进而从小确定自己的目标。因为从小就有目标的孩子长大了一定很有出息，但要大人不断地与孩子一起点燃它。

● 游一游。多带孩子到大自然中去激发一些灵感，赋予一些科学常识。最好能和一些小朋友一起，可增加友谊，培养交际能力，以及沟通适应能力。

● 练一练。做适当运动，培养孩子健康观念。

二、与蚕有关的诗词和成语

1. 古诗

蚕丝歌

[南北朝]鲍令晖

春蚕不应老，昼夜常怀丝。
何惜微躯尽，缠绵自有时。

野　蚕

[唐]于濆

野蚕食青桑，吐丝亦成茧。
无功及生人，何异偷饱暖。

我愿均尔丝，化为寒者衣。

咏 蚕

[唐]蒋贻恭

辛勤得茧不盈筐，灯下缫丝恨更长。

著处不知来处苦，但贪衣上绣鸳鸯。

2. 成语

作茧自缚、蚕食鲸吞、蚕头燕尾、谷父蚕母、蚕绩蟹匡、佴之蚕室、老蚕作茧、春蚕到死丝方尽、蚕丛鸟.

三、养蚕过程和观察日记

1. 蚕宝宝诞生

爸爸为了帮我养蚕，托朋友给我找了一些蚕卵。几天后，我发现有几个像蚂蚁一样的小东西把蚕卵咬破以后，就从里面爬了出来。咦，这是什么小东西？我仔细琢磨了一会儿，它长得像蚂蚁一样，它应该就是爸爸说的蚁蚕吧。

说明：刚从卵中孵化出来的蚕宝宝黑黑的，称为“蚁蚕”，身上长满细毛，约两天后毛即不明显了。

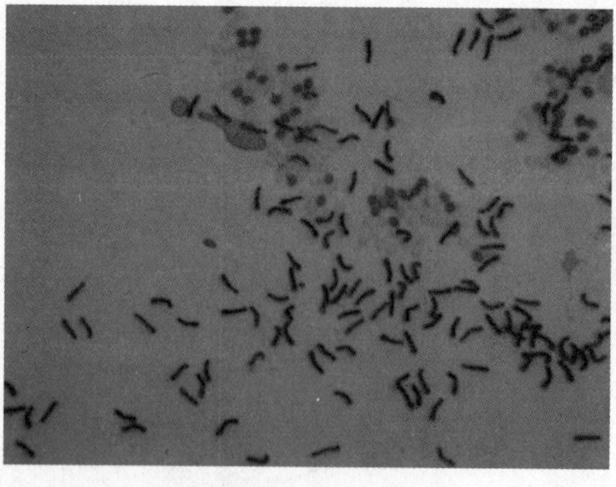

蚕宝宝一个个破壳而出

2. 慢慢长大

我拿来几片桑叶，把它切成一小片一小片的。

蚕宝宝吃着它们爱吃的桑叶慢慢变大

3. 又在长大

为了给蚕宝宝找桑叶，我可是煞费苦心。为了让蚕宝宝吃上可口的桑叶，我周六、周日和妈妈去妈妈上班的路上找桑叶。有次没桑叶了，我还在小卖铺给蚕宝宝买了点儿桑叶。虽然辛苦，但我非常高兴，因为我懂得了“一分耕耘，一分收获”。

4. 越来越大

蚁蚕在我的精心照料下慢慢地长大了，我再也不用拿放大镜来观察蚕了，用肉眼看就足够清楚了。蚕分头、胸、腹三个部分，在它的腹部还有几个黑色的小孔，它们都是蚕的呼吸器官。

在靠近蚕头部的位置还有四对毛茸茸的足，它们都是帮助蚕吃食物的器官。假如你日夜不停地观察蚕，你会发现它日夜不停地都在吃桑叶，是个名副其实的“大胃王”。如果你静下心来，就会听到蚕吃桑叶的“沙沙”声。蚕吃桑叶是按照弧形来吃的。

5. 快吐丝了

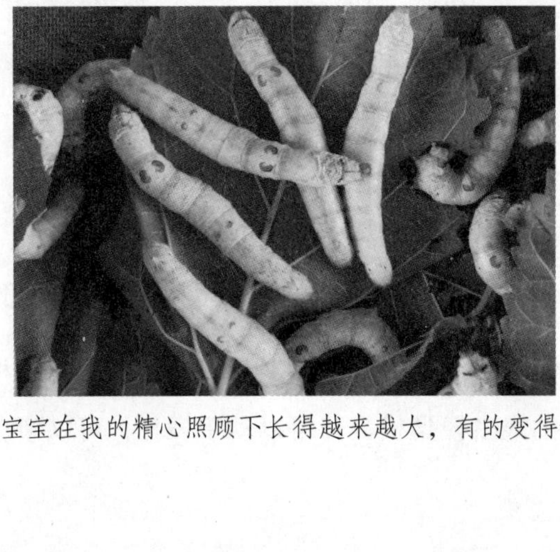

蚕宝宝在我的精心照顾下长得越来越大，有的变得透明了

有的蚕宝宝变得透明了，爸爸说这时蚕宝宝快要吐丝了。

6. 吐丝

蚕经过一次蜕皮后，就是二龄幼虫。它每蜕一次皮就算增加一岁，共要蜕皮四次，成为五龄幼虫才开始吐丝结茧。看到蚕宝宝吐丝了，我好高兴！

7. 成茧

蚕宝宝不停地吐丝，直到把自己包在了里面，爸爸说这叫蚕茧，有个成语叫“作茧自缚”。

8. 产卵

又过一段时间，蚕蛾破茧而出，并开始产卵。它产下的一个个小生命，待到明年就会变成一条条蚕宝宝。

四、科学小课题——养蚕感想

通过和爸爸、妈妈一起养蚕，让我明白，在现实生活中，我们不应该什么事都依靠爸爸、妈妈，应该养成独立完成、自己动手的习惯。父母包办、代替的越多，我们的依赖性就越强，反之，如果父母不过多地管我们的事，没了依靠，我们就会自己动手做了。

著名的教育家陈鹤琴先生曾提出：“凡是孩子自己能做的，应该让他自己去做；凡是孩子自己能够想的，应该让他自己想。”其实，父母只要肯放开手，就会惊奇地发现，我们的潜力是无穷的，我们能够做许多在父母看来我们做不到的事情。

我代表我们孩子一代向父母提出我的一点儿建议：

1. 给我们空间，让我们自己往前走。

2. 给我们条件，让我们自己去锻炼。

3. 给我们困难，让我们自己去战胜。

4. 让我们自己解决冲突。

5. 给我们权利，让我们自己去选择。

三、建设校园科技馆

2007年学校挤出一笔资金，从南京等地购进一批简易科学模型，组建了学校科技馆。科技馆里的很多模型模具，可以动手操作，可以亲自实验，用自己的双手使得很多科学道理得以解释。这个科技馆大大吸引了学生的兴趣，如神奇的泡泡、动能转换为电能的演示、地球磁场的模拟等，都令学生爱不释手。为了鼓励学生学科学、爱科学、用科学，科学老师在上课时，会对班里在课堂上表现积极、善于发现问题和解决问题的学生发出邀请函，统一于每周四下午学生放学后邀请他们到科技馆参观。被邀请的学生把这视为一种很高的荣誉，也都很珍惜每一次到科技馆参观、学习的机会，参观结束时，总是在老师的一再催促下才不情愿地离开。有的学生觉得在科技馆里的时间太短暂，根本不够自己好好研究，就让家长为自己也购买了一些小型的模具，充分满足自己的好奇心。

科技馆在成立之初，就建立了一系列的规章制度，每一个进入科技馆的人，不管是学生还是教师，或是外来参观人员，都要严格遵守。

学校还培训了几批科技讲解员，并实行挂牌上岗。主要承担面向学生和参观人员的演示和讲解工作。同学们对这项工作的积极性也很高。科技馆从开馆到现在迎接过无数外来参观人员，他们对学生的娴熟演示和精到的原理讲解，大加赞赏。

我们的科技讲解员们

在安阳市教育系统第九届科技活动周启动仪式上，科技馆的很多仪器被运到现场进行演示，并有讲解员讲解。在整个科技活动周，我们的仪器都受到了参观领导和同学的青睐。

科技馆的设置，为学生增添了一个了解科学知识、动手操作科学实验的平台，对学生科学创新素养的形成起着最直接的辅助作用。

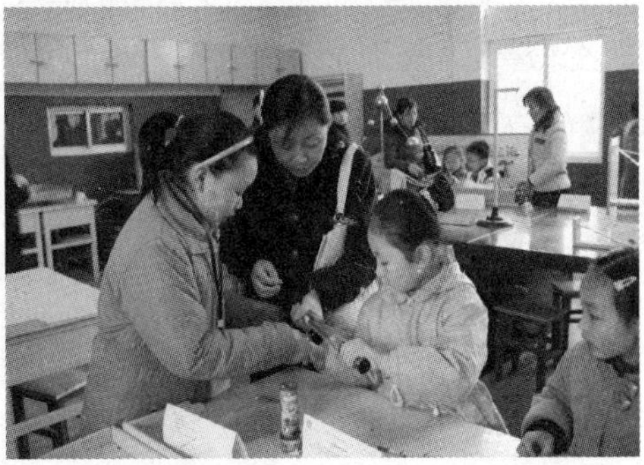
科技讲解员为参观的家长和学生演示并讲解

科技讲解员为参观的家长和学生演示并讲解

科技讲解员为参观的领导演示并讲解

参加科技活动周

附：

殷都实验小学科技馆制度

1. 开馆时间：每周四下午 5 点—5 点半。（夏季 6 点—6 点半）

2. 凭邀请卡入场。

3. 馆内严禁吸烟、大声喧哗。衣冠不整洁者严禁入内。

4. 馆内严禁吃食物及乱扔杂物，保持馆内清洁。

5. 易燃、易爆及化学危险品严禁带入馆内。

6. 爱护仪器，文明参观，请按说明书或讲解员的指导正确操作。有意损坏仪器者，按原价赔偿。

7. 不得随意挪动仪器，不得将仪器或零件带出馆外。

四、“我发现”卡

培养学生的科学创新素养，是教育的两大本质功能之一，也是殷都实验小学确立的教育目标之一。“我发现”学校文化的建设，就是在落实这一教育思想。用我的眼睛去观察，用我的大脑去思考，用我的双手去操作，用我的智慧去创造。这是我们理想的行为模式。为此，在学校开展了学生撰写“我发现”卡片的相关活动。

班级设立班级“我发现”卡片管理员，负责本班同学的“我发现”卡片搜集、选报、存档、计分等工作。

学生每周写一张“我发现”卡片，交给本班卡片管理员，记 1 分。

每星期班级卡片管理员从本班的“我发现”卡片中，筛选出3张最好的卡片，报送少儿科学院，少儿科学院在东、西校区少先队大队部分别设立有办事机构。这3张卡片，每张记3分。

东、西校区少先队大队部，每星期要选出3张最优秀的卡片，由作者在升旗仪式上予以展示。这三张卡片每张记5分。

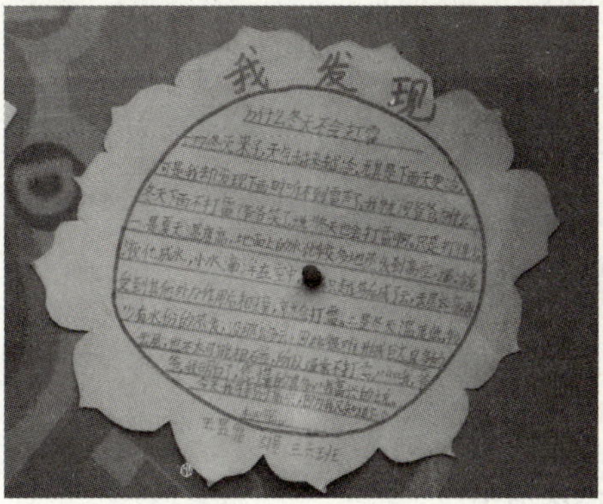

优秀“我发现”卡片

优秀“我发现”卡片汇展

选送到学校的优秀卡片，将由学校不定期在校园围墙的版面上予以展示，以示对这些优秀卡片的作者的鼓励。卡片将在学校进行永久性保存，班级的卡片也于期末时候，统一收交到大队部存放。

卡片的积分作为少儿科学院的学分第二大来源。

学生所撰写的卡片内容要求：第一，确实是自己的发现，无论所发现的问题大与小，无论价值大与小，必须是自己真实的发现。第二，记载下来的发现内容，可以是经过查阅资料后形成的结论，也可以是待解决的问题，甚至可以是某种设想、梦想、猜想。第三，所发现的内容，可以是自然科学的，可以是社会现象的，可以是同学之间、校园之内的，也可以是课本上课堂中的，不一而足。

附：学生“我发现”卡摘编

我发现：大卡车后面都贴着红白条条

三（1）班　陈佳琪

有一次，爸爸带我去公园玩，在路上，我发现每辆大卡车后面一圈和车身都贴着红白连着的条条。我问爸爸：“那是什么？”爸爸说：“那是反光条。”“那有什么用呢？”我接着问。爸爸说：“如果大卡车在晚上出去的时候，大卡车后面的车的灯光照在大卡车上的反光条上，就知道前面有车，这样比较安全。”

噢，反光条有这么大的作用啊！

我发现：饮料瓶都不满

二（4）班　王治平

一天，妈妈给我买了几瓶饮料，我发现饮料瓶都不满，这是为什么呢？妈妈说：“因为物体的压强会随温度的变化而变化。如果温度上升，饮料瓶里的饮料体积会膨胀变大，压强也会随之增大。如果饮料被装得满满的，一旦遇到高温，瓶内的压强增大，就有可能冲破瓶盖或涨破瓶子。”

所以饮料瓶都不装满。

我发现：为什么香蕉没有种子？

四（4）班　梁雪滢

香蕉不像苹果以及橘子那样，它果实里没有一粒种子，于是人们就认为香蕉根本没有种子。真的是这样吗？

其实香蕉也会开花结子，现在的香蕉都是经过人工培育改良而来的，改变了坚硬的种子的本性。香蕉果肉里那一排排褐色的小点子，就是香蕉退化了的种子。

我发现：纯棉的衣服干得慢，化纤的衣服干得快

二（5）班　张雅杰

星期一的天气好极了，中午我把芭比娃娃的裙子和短裤都认认真真地洗了一遍，下午放学时我发现化纤料的裙子全干了，但是棉布料的短裤还是半干的。妈妈告诉我：“一件湿衣服干得快慢与空气的流通量、太阳的强度有关，还有一点就是和这件衣服的材料有关。如果是纯棉的布料，由于吸水性强所以干得慢，化纤的衣服吸水性差所以干得快。”

我发现：杨絮的“秘密”

三（5）班　许奕方

这几天，同学们都发现校园里有许多杨絮雪花似的飞在空中，好玩极了，我突然想研究一下杨絮的“秘密”。经过查找资料，我发现了杨絮许多的“秘密”。杨絮就是杨树的种子，春天是杨树的成熟期，果实开裂后，种子借助杨絮在空中飘荡，寻找合适的生长地点，这样杨树就能够更为广泛地传播，而不至于都生长在一个地方，影响光合作用。

我还发现杨絮飘飞受天气变化的影响，气温升高，杨絮飘飞增多，而早晨和晚上，随着气温的降低，风力减少，杨絮飘飞也就有所减少。噢！小小的杨絮有这么大的“秘密”呀！大自然还有更多的“秘密”等着我们去探索呢！

我发现：筷子到水里像是断了

四（3）班　冯嘉宝

星期天，我在家里看电视，妈妈因为感冒了要喝药。妈妈把药倒进杯子里，需要用筷子搅一下才行，正当妈妈搅的时候，我发现筷子像断了一样，就说：“停！先别搅。”妈妈没在意，把药喝了下去，然后对我说：“帮我在这个杯子里倒点水。”我把筷子放在盛满水的杯子里，结果发现筷子到水里确实像是断了一样。我便马上去查找资料，原来是光在水面发生折射，我们顺着光的反向延长线，便看到筷子在水面处发生弯折。实际上我们看到的是筷子在水中的部分所成的虚像。原来事情是这样的，只要我们努力，没有什么能难住我们的。

我发现：狗爱伸舌头的秘密

二（5）班　张雅杰

星期四，我和妈妈正走在回家的路上，一位叔叔骑着电动车溜着狗从我们身边过去。我看见狗跟在主人后面跑着，舌头伸了出来，当时，我想这只狗生病了吗？回到家我查了查资料得知，原来狗伸出舌头是在散发身上的热量，因为狗的汗腺只长在舌头上，为了散热它才把舌头伸出来，加快呼吸，让汗快些排出来散发热量。

我发现：天空为什么是蓝色的

一（2）班　贾曾一

我看天空蓝蓝的太美了，就问妈妈：“天空为什么不是红的、彩色的呢？”妈妈说：“地球表面有一层层空气，空气中有很多小的尘埃、水滴，太阳光里的弱光青光、蓝光照不到地球上，反射到了天空中，所以我们看到的天空是蓝色的。

我发现：蹲久了腿会麻

五（4）班　朱天琦

大家都有这样的感觉：蹲久了或者坐自行车久了，两腿都会发麻，不能行走，必须等过一会儿麻的感觉消失了才能走。这是为什么呢？

原来啊，人的腿上有许多血管和神经，蹲着的时候压迫了腿上的神经和血管，这样流到腿上血管的血就会减少，腿上的神经由于得不到血液的供养，就会失去知觉而发麻。所以蹲时间长了，就要站起来活动活动，让血液流通正常，这样腿就不会麻了！

同学们，你们明白了吗？

我发现：小小路标大科学

六（3）班　陈天歌

那是上一个星期天了，学校组织我们30多个同学去北京参观，一车人其乐融融。高速公路已被夜色笼罩，而大家依然兴奋得毫无倦意，我也饶有兴致地观察着车前方的各种路标，那些标识从汽车行驶上高速公路就再也没有间断过。我仔细观察它们，从中发现了许多奇怪、有趣之处，其中，最令我百思不得其解的有两点：

1. 为什么路标的颜色大多是黄底黑字或绿底白字呢？

2. 为什么路标上会有“50”“100”“200”等路程数据呢？

这样一系列问题，我把它们记在脑海里，回到家反复思考、猜测，查阅资料，最终解决了疑问：黄和黑、绿和白搭配到一起给人强烈的视觉冲击，而它们同时是用防反光的材料做成的，这都是为了便于司机们看到。而之所以有那样的路程标识，是提醒司机们与前面一辆车保持车距，注意安全。

原来如此，小小路标里也有着大科学，正应了那句话：“科学并不遥远，其实就在身边；万事万物神奇，奥秘我能发现。”

五、科普电影进课堂

我们的学生缺乏创新素养，其实不仅仅是教育的问题，也有文化体制的问题。回顾我国的文艺作品，鲜见有启迪学生科学智慧之作。电影、电视剧的创作在科学教育方面的功能缺陷尤其明显。

为了增添孩子们的科学素养，学校的现代化教育信息中心和科学教学组联合，搜集了一大批国外的科幻影视作品，利用学校“我发现电视台”播放，教师在科学课上安排时间收看。此举，在于激发学生对科学的兴趣，启迪学生的幻想智慧。

六、小牛顿班

为了拓宽科学创新素养教育的课程范围，促进学生动手操作能力的提升，我们经过多方考察，最后将一个社会科普教育机构引入校园，设立校园小牛顿班。

同学们参加科学小实验比赛

小牛顿班将传统的知识教育拓展到实践与创新教育的层面，创造性地推出了“科学知识＋动手实验＋拓展表达”三位一体的科学实践教育模式，并研发出以“质疑探究、验证明理”为核心教学理念的科学实践教育课程体系。该课程内容多元、形式新颖，符合学生喜爱动手及探究的天性，通过系统学习，能够逐步形成缜密严谨的逻辑思维与实践创新的能力，全面提升学生的科学素养。

有趣的实验

在小牛顿班的学习过程中实行一人一套实验器材，每次实验不同，内容新颖丰富，亲自掌握科学真知，并将物理、生物、化学、自然、天文、地理及相关知识综合学习，提高学生的综合素质。科学实验班的教学内容充分体现生活化、实用化的特点，注重知识学习、兴趣和能力培养。学习过程由基础而逐步提升，循序渐进，符合儿童成长的心理特点。注重学生的能力教育，增强学习效果，快乐自信，人人都是小科学家。

在授课过程中以激发学生学习兴趣为主，采用多种授课方式，引导质疑、深入研究、知识讲解、实验操作、成品展示、拓展知识，全面调动学生的学习积极性，变被动学习为主动学习，从而实现真正的多元综合式科学实验教育。

通过小牛顿班的学习，学生的动手能力得以提高，逻辑思维能力得到充分的锻炼，在学习的过程中增强学生的自信心和专注力，使学生学到丰富的科学知识，培养学生自主探索的学习精神，从而提高学生的整体科学素养，使学生更喜欢研究与发明，积极主动地学习知识。

在每一次的小牛顿班开课中都会让学生们观察一种现象，提出一项质疑，发现一条规律，验证一个原理，参与一次实验，享受一次快乐，积累点滴知识，培养更多能力。小牛顿班的整个教学系统，与中国实施的素质教育要求相契合，为全面提升青少年的科学创新素养起到了巨大的推动作用。

七、一、二年级开设科学课

为了科学创新素养教育的普及，我校在一、二年级开设了科学课，设置了一、二年级科学专职教师。一、二年级的科学课没有教材，允许教师自己按照科学创新素养的培养理念，自己选择资料，作为教学内容。

科学课教师在两个学期的教学中，逐渐搜集固化了一些教学内容，并编制了科学教材。

八、科技单项系列比赛

为了促进一些有科学爱好的学生进行更深入的研究，学校开展科技单项系列比赛，作为那些有科学特长爱好的学生展示的平台，以鼓励他们进行深入的研究。

单项比赛每两周进行一次，采取社会化运作的方式。学期初将本学期比赛方案拿出，将比赛项目向学生公布。提前两周贴出海报，同时通过校信通通知家长，并在电子屏幕上和博客上发出通知。比赛的优秀作品可以在升旗仪式上予以展示。

单项比赛项目：1. 小制作大赛；2. 小实验比赛；3. 小发明比赛；4. 科学幻想画比赛；5. 机器人拼装、制作比赛；6. 魔方比赛；7. 航模舰模比赛；8. 撰写科学幻想故事比赛；9. 科学 DV 制作比赛；10. 尖端科学技术搜集比赛；11. 科学 1+3 论坛。

镜头四：小发现，大成长——“我发现”文化节

一、“我发现”文化节的由来及展示形式

在 2011 年以前，学校一直称“我发现”文化节为自主小课题展示周，当时只是将学生的研究报告按年级放在学校的操场进行展示、学习，没有“我发现”学校文化的提出，也没有具体的实施方案。2011 年秋季，学校正式提出了以“我发现”为主题的学校文化建设，并成立学校文化建设小组，校长担任组长，下面设有副组长和成员。每学期举办一次“我发现”学校文化展示周，其间会进行小课题展示、科幻画展示、学生百家讲坛。这一活动已形成学校的常规活动，每学期举办一次。

最初在举办“我发现”学校文化展示周时，是学校按年级统一来布置展区，在总结经验后，就由年级主任来组织本年级进行统一展示，展期为一天。学校在操场按年级划定区域，每个年级可以根据自己作品的种类来布置展区，

充分体现本年级的特色。在展示当天，有学生部小干部向参观学生发放空白选票，每个学生在票上写下你认为办得最好的两个年级，得票数最多的两个年级荣获最佳年级，最佳年级的每个班的积分加 4 分，其他年级的每个班的积分加 2 分。

学校的各种活动，学生都可以针对某项活动提出自己的建议或意见。在 2012 年春季的“我发现”学校文化节举办之前，就有学生向学校建议可在文化节期间举办一场或几场学生讲坛活动。这个提议当时就得到了学校领导的认可，并由学生部着手实施。整个文化节期间的学生百家讲坛，无论是稿件的撰写，还是确定参加百家讲坛的选手，都是学生一手在操作，学生部只起协调作用。经过紧锣密鼓的准备工作，终于在第二届“我发现”学校文化节展示周上，学生百家讲坛闪亮登场了。

到 2013 年，学生百家讲坛已经成功举办了两届，主讲团队也在不断充实。同学们关注的话题也越来越丰富多彩：“欧洲游记”“中国在国际上的地位”“科学就在身边”“小学生谈三国”……

二、殷都实验小学第三届“校园文化节”活动方案

活动时间：2013 年 1 月 14—18 日

评审小组成员：

组长：杨卫芳

成员：孙　巍、范丽娟、康　霞、李俊美、曲　珍、刘士英、
王丽华、李保丽、柴艳丽、牛晓玲、邢　丹、田玉娟

具体活动及要求：

1. 科学百家讲坛

有兴趣的学生可以撰写关于科学方面的演讲稿，于 12 月 24 日之前交到班主任处。班主任对本班演讲稿进行修改，并于 12 月 28 日下午下班前交至学校大队部。学校评审小组将对所交稿件进行评审并评出特等奖、一等奖和二等奖。荣获特等奖的同学获得在“科学百家讲坛”为大家进行现场演讲的机会。学校将根据各班获奖积分评出优秀组织奖和优秀辅导教师若干。

2. 科学幻想画

为了丰富“校园文化节”内容，也为了提高同学们科学幻想画的水平，在本届“校园文化节”期间，将举行学校科学幻想画大赛，具体要求同安阳市青少年科技创新大赛要求一样。所有参赛作品将布置在学校的展板上统一进行展示，同时评出特等奖、一等奖和二等奖，根据各班获奖积分评出优秀组织奖和优秀辅导教师奖。获奖作品将由学校推荐参加安阳市的青少年科技创新大赛。

3. 科幻电影播放周

在“校园文化节”期间，教师要组织同学们观看科幻电影1—2部，丰富同学们的学习生活，激发同学们的科学探究兴趣。

4. 小牛顿班专区

在“校园文化节”期间，由小牛顿班的教师和同学为大家现场制作作品和讲解，进一步扩大科学制作在学生当中的影响。

5. 优秀“我发现”卡的展示

由大队部具体负责，把校级的“我发现”卡进行整理和展示。

6. 各年级展区

所有学生的“自主小课题”其他作品于2013年1月7—11日交于班主任处，年级主任组织本年级教师对上交作品进行分类、整理，于“校园文化节”举行期间进行展示，学校将对各年级的展区进行评比。

“校园文化节”过后，将学生的文字类作品和班级少儿科学院学分登记表于1月18日下午下班前交大队部，学校完成后期的评奖。颁奖定于放学典礼仪式上进行。

“校园文化节”上各具特色的展示

“校园文化节”上展出的形式多样的学生作品

学生在进行评奖

第四章

发现·管理

——自主意识在这里生成

课改，改到深处是管理。学校公共设施、学生校园安全、课堂教学秩序、教师日常工作都离不开管理，有效的管理是学校得以正常运行的必要条件。靠校长管，还是靠自主管，这是一个难解的问题，也是教育者的管理理念问题。靠校长管，管出来的是教师的被动工作，教师的糟糕心情和职业倦怠；管出来的是学生的被动学习，学生被动应付；管出来的还是低效或无效。靠自主管，人人成了主人，教师心平气顺，减轻了职业倦怠感；学生主动学习，学习效果提高，学生自主管理，管理更加有效。

本章主要阐述学生自主管理。

层面一：班级岗位自主管理——让学校成为自己的

任何一项公共资源，都不会得到每个人起码是大多数个人的有效保护。当一项公共资源成为自己的“产权资源”，即便你不安排管理者，产权拥有者也会自主管理和严格妥善保护。

自主管理，其精髓就是让需要管理的事务进行产权转移，由公共资源转变为“私有财产”。也就是将需要管理的事务转为个人所有。自己管理自己的“私产”，是任何一个人哪怕一年级的孩子都会尽心尽责的。所以，产权转移后，管理的效果必将成几何倍增。

岗位自主管理，就是依据产权转移、公权私有的原理进行设计的。

一、确定岗位

首先是将需要管理的事务，尽量分割细化为最小单位，每个最小管理单位对应唯一一个管理者，最小的管理单位连同其管理者构成一个个岗位。我们的理想是让每一个学生都有一个岗位。

岗位可以分为管理型岗位和服务型岗位两大类。管理型岗位包括班级内部管理型岗位和校级管理型岗位两级；服务型岗位主要就是班级的服务型岗位。管理型岗位指职责是管理性质的岗位，如班长、组长等，而服务型岗位是指职责是劳动、服务性质的岗位，如卫生清洁员、黑板美容师等。岗位的任期一般是一个学期，大强度岗位的任期一般为一个月。

在岗位设计中，我们注意将服务型岗位中劳动强度大的岗位，采取缩小或缩短管理时间的方式，适时缩小其劳动强度，以达到岗位之间劳动付出量大致平衡。我们还注意采取名称美化和名称淡化的方式，将部分管理型岗位的名称平淡化，避免学生“官本位”思想形成。

二、制定岗位职责和履职标准

岗位职责和履职标准，是岗位履职的驱动力。有了岗位职责，岗位管理员的工作就有了目的性。岗位职责的描述中，必须清楚描述履职达到的要求，即岗位履职标准，不能模糊叙述，似是而非。

岗位职责的描述一定要坚持简单明了的原则，最好在三条左右，太冗长的职责条款，学生根本记不住。岗位职责的制定，提倡由学生自主拟定，或者教师和学生共同研究制定。反对教师主观制定以后，交给学生被动执行。

附：殷都实验小学岗位自主管理岗位职责推荐

服务岗位职责：1. 锁门开门——按时开门、按时锁门，不丢锁和钥匙；2. 电灯开关——按照学校规定按时开关电灯；3. 电扇开关——按照学校规定按时开关电扇；4. 空调开关——按照学校规定按时开关空调；5. 饮水机管理——上学后开电源、放学后关电源、通知送水；6. 窗台清洁 A——每天上学期间保持窗台洁净；7. 窗台清洁 B——每天上学期间保持窗台洁净；8. 窗帘管理——根据需要拉开或合上窗帘，窗帘太脏时可以让妈妈帮助洗净；9. 桌凳摆放 A——桌罩检查；下课后、放学后、扫地后将凳子归入课桌底下；10. 桌凳摆放 B——同上；11. 黑板管理——课间擦黑板，清理黑板槽积灰；12. 讲桌管理——保持讲桌整洁；13. 劳动工具——劳动工具摆放整齐，每次劳动借出件数和还回件数吻合，坏的及时到总务部门换新的；14—18. 教室卫生 A12345——教室内时刻保持干净，可以每天两扫，但是要随时捡拾垃圾；19—23. 教室卫生 B12345——同上；24—28. 教室卫生 C12345——同上；29. 走廊卫生 A——时刻保持干净，有瓷砖保持瓷砖干净，窗台干净；30. 走廊卫生 B——同上；31. 走廊卫生 C——同上；32—37. 清洁区 A123456——时刻保持干净，建议一天两扫，但是要随时捡拾垃圾；38—43. 清洁区 B123456——同上；44—49. 清洁区 C123456——同上；50. 其他 123456。

三、岗位竞聘和认定

首先向学生和家长介绍岗位自主管理的原理，让学生和家长对岗位自主管理有较为完整的认识。如果学生不能在整体上对岗位自主管理体系有所认识，则会影响岗位申领和后期岗位履职的自主性。其次要向学生和家长介绍每一个岗位的含义和职责标准，让每一个学生都对各个岗位有所认识，以便根据岗位含义和自己的特长爱好来自主选择岗位。

组织学生认领岗位。让每一个学生都认领一个岗位。这个岗位的履职期限，可以以学期为单位周期，一个学期保持不变。每一个岗位都要设定岗位履职目标，设定岗位考核标准。

学生认领岗位很有技术，如果是教师直接分配，有的学生可能不太满意，还怀疑老师有偏心。应该采取自主申报的方式。要设计岗位申报表。在学期初组织申报时，下发表格，通知家长，号召家长与学生一起选择岗位，并由学生自己填写申报表格。申报表格一定要涉及学生申报该岗位的理由。申报后，要隆重组织一次岗位竞聘班队会，必要时可以邀请家长参加。竞聘时，先由学生发表竞选演说（就算只有一句话，也要学生亲自上台说出来），再由全班同学举手投票。可以规定一个规则，得票超过半数为通过。如果一个岗位申报者过多，得票多者优先竞得。如果一个岗位申报空缺，则表示教师动员工作没有做到位。可以通过两种方式解决，一是可以私下动员几个同学修改申报志愿，当然需要讲清该工作岗位的重要性和取得该工作的荣誉感，做通学生思想工作。二是可以调整该岗位的名称，提前在班上对该岗位做一些造势，将它炒热。竞得的岗位要郑重其事地列成表格，张贴在班级的粘贴板上。

要注意尽量避免出现那些准官位的岗位名称，例如班长可以叫作全班服务员，组长可以叫作小组服务员等。

要注意一些劳动强度大的岗位，可以设定较短周期。例如清洁区的岗位，可以设定履职一个月，而电灯管理员则需要履职一个学期。

岗位明确，岗位目标职责明确，组队考核明确，则自主化的管理体制就已形成。教师不断关注，经常予以正强化，班级自主管理的良好状态就会实现。

填写岗位竞聘申报表。我要竞聘什么岗位，我竞聘这个岗位的理由是什么，我成为这个岗位的管理员后，将会怎么做，也要做出承诺。要求学生在选择岗位时与家长进行研究，共同选择，一方面是让家长了解学校的政策和孩子的认识，另一方面也是让家长帮助孩子科学选择岗位。一切妥善，则填写岗位竞聘申报表，申报表要有家长的签名。

所有学生都必须填写岗位申报表，即便是再简单的一个岗位，都必须要学生填写申报表。目的当然是让学生通过填表，对岗位履职制度予以再认识，对自己选择的岗位再一次理性思考。更重要的是，让学生具有岗位自主管理的思想认识。

要注意的是，在学生填写申报表之前，在介绍岗位名称职责时，特别突出服务型岗位的高尚和重要，淡化那些管理型岗位的官意识，以免学生集中申报管理型岗位。

在公开竞聘岗位前，教师要仔细研究申报情况。对于申报人数过多的岗位，教师要私下与学生及家长沟通，做工作疏导，让其改换所申报的岗位，然后重新填写申报表。要尽量避免在公开竞聘时，申报过于集中的岗位出现不好抉择管理员，淘汰人数过多造成对学生自信心的伤害，也避免在竞聘开会时时间延长。如果多人竞聘一个岗位，而最后落选人数过多，这些人二次选岗的积极性会受影响，同时也再次强化了岗位的等级差别，不利于之后的工作。

召开竞聘岗位大会，公开演讲竞聘。每人发表演讲，阐述自己的选岗名称、申报理由和表态承诺。通过全体同学的表决通过的形式，确认岗位管理员。

公开竞聘大会之后，统一进行竞聘结果公示。

附一：

殷都实验小学 ____ 年级 ____ 班自主管理岗位认定登记表

学号	学生姓名	小岗位名称	备注

附二：

殷都实验小学班级自主管理岗位申请表

姓名		学号	
所在班级小队			
申请岗位	第一意向：	第二意向：	第三意向：
申请理由			
家长意见	签字：		
班级认定			

四、履职考核

班长、副班长兼任班级的岗位履职督评员，班长负责督评一组、二组，副班长一负责督评三组、四组，副班长二负责督评五组、六组。班主任帮助班长制订岗位管理考核评价量表。由班长分组进行履职评价，评价对象指向岗位即指向队员。队员的履职评价分值按照统计表，计入队的成绩和组的成绩。

考核每天一次，固定时间。考核分值为 0 分、1 分、2 分。三个班长按照统一格式建立督评考核计分档案，每天记录每个岗位的个人得分，汇总小组的集体得分。某个岗位被学校扣了分数，则只能得0分。

根据组内成员的得分，汇总课堂评价分数，产生周冠军组。周冠军队、组，在班队会进行讲评和表彰，由班主任和班长配合落实；学期冠军队、组，由学校在散学典礼上予以表彰。班级干部实施管理的基本原理是通过评价落实管理。适当时候，如果有必要，组内、队内都可以建立自己的评价制度。

附一：

殷都实验小学班级岗位自主管理履职考核评价规则

一、岗位设置时，独立岗位首先确岗，一般按照两个组来确岗，比如一组、二组所有同学都担任独立岗位。清洁区岗位和教室卫生岗位被认为是艰巨岗位，由四个组八个队来分担确岗，比如三组、四组两个组负责清洁区卫生，每个队一期，每期工作时间一个月四周。五组、六组两个组负责教室卫生，每队负责一期，每期工作时间一个月四周。

二、班长、副班长负责对各个岗位履职情况进行督评考核，班长负责一、二组，副班长一负责三、四组，副班长二负责五、六组。

三、班长、副班长按照统一格式建立岗位履职考核登记表，作为履职情况档案。

四、履职考核采取分等计分制。履职质量高的岗位管理员当天可以得2分；没有履职，或被学校检查扣掉了分数，岗位管理员得0分；中间层次管理员得1分。

五、每天考核一次，每次固定时间。

六、课堂冠军小组的成员可以在档案内记2分。

七、每周总结出班级冠军组。冠军组按照各组人平均分确定，分数高的为冠军组。当月没有履职的小组，按照履职组的平均分作为本组基本分。

八、每周的班会课设置两个板块，一是随机的教育主题，二是固定的冠军小组讲评主题。

九、学期末根据小组当周冠军小组的次数从多到少排名，第一名就是学期班级冠军小组，由学校予以表彰。

附二：

殷都实验小学班级自主管理岗位履职考核得分周统计表

年　月　日至　年　月　日　　　　　　　　　第　组

代号	姓名	岗位	履职得分					课堂冠军组得分				
			一	二	三	四	五	一	二	三	四	五
1												
2												
3												
4												
5												
6												
7												
8												
9												
10												
11												
12												
组平均分												

五、岗位强化

还要注意，岗位分好以后，职责目标、考核指标建立以后，就是琐碎的日常工作和考核评价，不但矛盾很多，而且学生容易产生倦怠感，所以教师要不断进行正强化，不断刺激学生的工作热情。

要对学生进行正强化，防止学生倦怠。强化的方式主要有三种：

第一种强化方式是班会讲评。班会可以设置两大模块，其一是及时教育主题，其二是固定的自主管理讲评。讲评模块设五环，其一是班长公布六个组上周名次和得分，其二是冠军组的组长谈成功的经验，其三是冠军组的两个队长谈经验，其四是每个组的组长分别就本组的成绩做剖析，其五是自由发表意见。最后班长讲话总结。

第二种强化方式是教师不断对岗位履职情况进行反馈，对艰巨岗位履职予以肯定和支持，对于履职质量高的同学予以肯定和支持。

第三种强化方式是物质刺激。比如星期天带冠军组学生郊游或搞其他校外活动，并在班级做隆重的介绍，或者给予冠军组的学生以特殊的奖励。

层面二：校级岗位自主管理——让“小鬼”当家

除了班级事务之外，还有大量的校级管理事务。广播站、书吧、路队检查、卫生检查、纪律督查、少儿科学院管理员等等。这些事务也明确成岗位，采用每岗一人、每人一岗的确岗方式。这些岗位称为校级管理岗位，管理员从各班调任。

校级岗位管理员对小校长负责，其工作由小校长负责考核。校级管理员在班里不安排具体的岗位。其考核的分数，通知到班级的班长，统一记录于本人的分数档案。

附一：

殷都实验小学校级岗位及岗位职责

岗位名称	岗位职责	备　注
小校长	1. 负责学校学生部全面工作； 2. 对各部门部长职责进行评价打分； 3. 利用升旗仪式、大课间对各部门、各班常规工作进行总结。	2人
卫生部部长	1. 配合学生部开展工作（检查全校卫生）； 2. 汇总本周各班卫生积分表； 3. 对部门成员进行评价打分。	1人
卫生检查员	1. 指导和督促学生打扫清洁区、教室卫生； 2. 对各班清洁区、教室卫生进行评价打分。	10人

续表

岗位名称	岗位职责	备 注
体育部部长	1. 配合学生部开展工作（检查大课间活动）； 2. 汇总本周各班大课间积分表； 3. 对部门成员进行评价打分。	1人
活动监督员	1. 指导和督促学生做好课间操和眼保健操； 2. 对各班大课间活动进行评价打分。	8人
纪律部部长	1. 配合学生部开展工作（检查升旗仪式、路队）； 2. 汇总本周各班纪律积分表； 3. 对部门成员进行评价打分。	1人
纪律监督员	1. 指导和督促学生认真参加升旗仪式、中午下午按时站路队离校； 2. 对各班升旗仪式、中午下午路队进行评价打分。	8人
宣传部部长	1. 配合学生部开展工作（周一班会、广播站、班级文化、发队刊队报）； 2. 汇总本周各班积分表； 3. 对部门成员进行评价打分。	1人
宣传小天使	1. 周一检查各班队会； 2. 定期对各班班级文化工作进行检查（“我发现”卡片、班级之窗、班级自主管理工作等） 3. 充分利用广播、黑板报、校刊等宣传阵地宣传学校的各项规章制度，及时表扬好人好事。	6人
安全部部长	1. 配合学生部开展工作（课间安全、上下楼梯安全、静校等有关学生安全事项）； 2. 汇总本周各班安全积分表； 3. 对部门成员进行评价打分。	1人
安全小卫士	1. 指导和督促学生在活动时注意安全； 2. 对各班安全工作进行评价打分。	4人

附二：

殷都实验小学校级岗位各部评价表

	卫生部	体育部	纪律部	宣传部	安全部	月冠军
第 1 周						
第 2 周						
第 3 周						
第 4 周						
第 5 周						
第 6 周						
第 7 周						
第 8 周						
第 9 周						
第 10 周						
第 11 周						
第 12 周						
第 13 周						
第 14 周						
第 15 周						
第 16 周						
第 17 周						
第 18 周						
第 19 周						
总评						

附三：

殷都实验小学校级岗位个人履职评价表

	姓名	岗位名称	1	2	3	4	5	6	7	8	9	10	11	12	13	14	15	16	17	18	总分
卫生部																					
体育部																					
纪律部																					
宣传部																					
安全部																					

附四：

殷都实验小学校级岗位申请表

姓名		出生年月		照片
所在班级				
我的特长				
申请岗位				
申请此岗位的优势				
班级意见	班主任签字：			
学生部意见				

附五：

殷都实验小学校级特殊岗位及岗位职责

岗位名称	岗位职责	备　注
国旗班	1. 负责大型集会时执旗、出旗和退旗； 2. 负责每天升降国旗。	
东楼梯书吧	1. 课间及时摆放图书，按时擦干净书架； 2. 提醒同学爱护图书，文明看书。	
西楼梯书吧	1. 课间及时摆放图书，按时擦干净书架； 2. 提醒同学爱护图书，文明看书。	
北楼梯书吧	1. 课间及时摆放图书，按时擦干净书架； 2. 提醒同学爱护图书，文明看书。	

续表

岗位名称	岗位职责	备　注
涂鸦墙 1	定期更换涂鸦墙内容，保持涂鸦墙卫生。	
涂鸦墙 2	定期更换涂鸦墙内容，保持涂鸦墙卫生。	
涂鸦墙 3	定期更换涂鸦墙内容，保持涂鸦墙卫生。	
涂鸦墙 4	定期更换涂鸦墙内容，保持涂鸦墙卫生。	
兔笼管理	1. 按时打扫兔笼，保持干净； 2. 提醒同学爱护小动物。	

层面三：班级管理的结构——五级结构模式

一个班级人数在 70 人左右，按照传统的对学生采取个体点式管理，会顾此失彼。按照心理学的规律，一般人对事物有效关注的范围在 5 个左右。过少，动力不大；过多，则顾不过来。由此我们将每个班级设 6 个组。一个组设 2 个队，全班共 12 个队。每个队有 5—6 名队员（学生）。在队与队员之间，为了发现课堂的需要，我们增设了一个层级，就是两人一对子。

这样分，符合了人有效关注事物数量的心理机制。全班 6 个组，在有效关注范围内；每队 6 个人，也在有效关注范围内。

管理层级共五级：职务名称分别为班长、组长、队长、对子、队员。班长管理组长，组长管理队长，队长管理队员。其中班长 1 人，副班长 2 人，共同组成班委会；每组设组长 1 人，每队设队长 1 人。在实践中，班长、副班长负责全班学生的岗位履职评价工作，同时兼任自主管理档案管理员。

关于组、队干部的产生，采取民主管理方式。第一步，由队成员民主推选自己的队长；第二步，由组成员民主推选自己的组长；第三步，全班成员共同民主推选班长。在这个过程中，班主任可以发挥引导作用，但不能干涉学生的民主地位。

班长职责：1. 接受班主任的领导，接受小校长的领导；2. 领导组长工作；3. 评价队员岗位、积分存档并形成评价结果，根据评价结果产生"周冠军队""周冠军组""月冠军队""月冠军组""学期冠军队""学期冠军组"；4. 协同班主任召开班队会。

组长职责：1. 接受班长的管理，管理队长；2. 帮助队长处理队内的一些事务。比如矛盾纠纷，纪律秩序治理，行为习惯的教育，对学习困难者的帮助等；3. 帮助班长管理一些班级事务，可以兼任学科管理员职务。

队长职责：1. 接受班长和组长的管理，管理队员；2. 处理本队内的一些事务，比如岗位履职检查，督促岗位履职不合格的队员，控制课堂纪律，组织队员活动等等；3. 帮助班长或组长处理一些班内、组内的其他事务。

层面四：制定殷都实验小学学生校园行为规则

自主管理绝对不是一件容易的事。不是我们把组队结构建立起来了，他们就会管理了，更不是有了这些结构，孩子马上就变好了。即便是优秀的学生，其行为习惯的养成也需要我们不断地以教育、检查等方式进行强调，才能慢慢养成。

由此，我们根据陶行知的知行统一教育原理，编制了我校的学生校园行为规则，作为对学生进行良好行为习惯教育的抓手，也是教育学生自主管理的一种有效手段。

附一：

殷都实验小学学生校园行为规则

【1 请归位】垃圾归位垃圾箱，凳子归位桌子下，书本归位书包里，图书归位书架上，笤帚簸箕工具箱。

【2 请右行】上下楼梯靠右行，骑车上路靠右行，走廊错身靠右行。

【3 请等待】人多上楼请等待，人多下楼请等待，厕所人多请等待，乒乓台前请等待，列队放学请等待，对改作业请等待。

【4 请轻声】课堂答问请轻声，公共场所请轻声，同学交流请轻声。

【5 请爱护】爱护花草树木，爱护公共设施，爱护书本文具，爱护幼小同学，爱护校园环境。

【6 讲秩序】下楼做操要列队，升旗仪式要列队，放学出校要列队，队伍疏散有秩序。

【7 不带零】不往学校带零食，不往学校带饮料，不往学校带零钱，不往学校带玩具。

附二：

殷都实验小学学生校园行为规则（彩图版）

六（3）班　陈天歌　绘

殷都实验小学校园行为规则(一)

殷都实验小学校园行为规则(二)

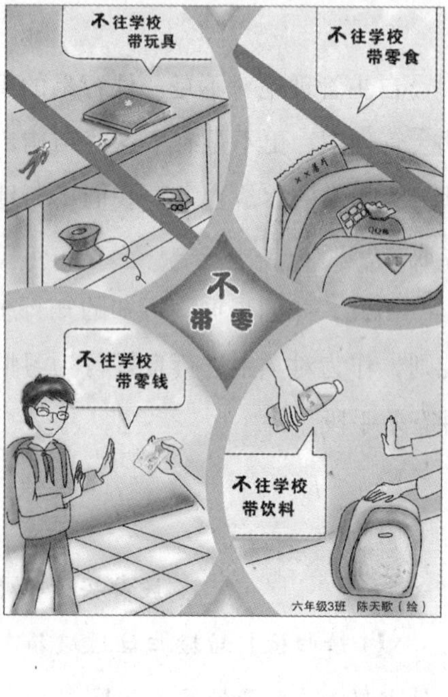

殷都实验小学校园行为规则(三)

殷都实验小学校园行为规则(四)

殷都实验小学校园行为规则(五)

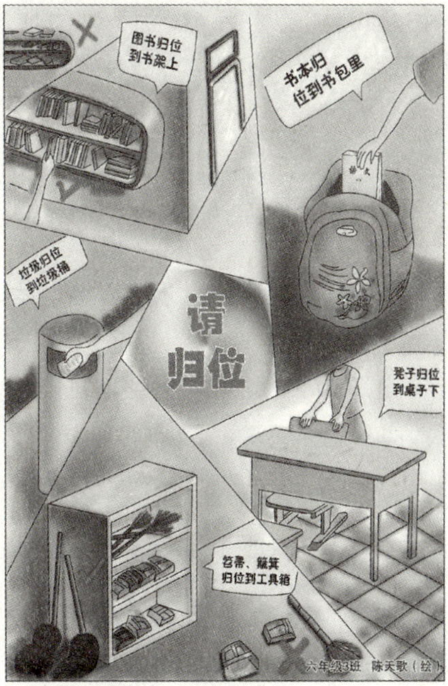

殷都实验小学校园行为规则(六)

殷都实验小学校园行为规则（七）

六年级3班 陈天歌（绘）

第五章

发现·评价

——自信品质在这里滋养

聚焦一：教师评价——岗位目标责任制

改到深处是管理，管到深处是评价。评价是管理的最好保障，评价也是管理的有机组成部分。

殷都实验小学对教师的管理评价实行的是岗位目标责任制。岗位目标责任制的管理思想，其精髓是岗位、目标、责任。管理的基本单位是岗位，由对人的管理调整到对岗位管理，对岗不对人。岗位有明确的工作目标和工作要求，有明确岗位履职考核标准，有严格的履职情况评价标准。

一、设置四部六级管理结构

教学部、学生部、发展部、校务部是学校的四个一级管理部门。部门负责人由校级领导兼任。教学部设有教导处、督评处、科研处三个二级处室，分别负责教学后勤、教学常规、履职评价、教育科研等工作。学生部设有东院、西院少先队室等两个二级处室，负责学生管理、学生学科外评价、学生活动等工作。发展部负责学校办学思想的研究、教师专业发展、师生评价荣誉档案等工作。校务部属于学校的后勤保障部门，分设有一个现代化教育中心。学校管理中的其他一些常规、小项工作，分布于各个部门以及个别校级领导职责内。

六级指的是六个年级，我们探索实行年级主任管理年级事务的管理机制。

四部六级管理结构，是实现岗位目标责任制的基础和条件。就目前来看，也是适合殷都实验小学特点的比较科学的一种管理模式。

二、岗位目标责任制

确立岗位，确立岗位负责人，确立岗位目标，确立岗位履职要求，确立岗位履职考核标准，确立考核结果运行办法，严格执行岗位目标责任制。这是岗位目标责任制的基本要素。

将学校的全部岗位分为四大类，分别是纯教学岗位、班级管理岗位、校务管理岗位、辅助岗位。只要担任完整教学工作的教师，无论是校级干部还是一般教师，其所在的岗位都被认为是纯教学岗位。担任班主任工作的教师，其所在的岗位则被认为是班级管理岗位。学校的中层以上管理干部，被称为校务管理岗位。没有担任教学工作的一般工作人员是纯服务性岗位，即辅助岗位。

岗位目标责任制的原理是，根据岗位目标、要求和考核办法，分别对每个岗位大类的每个岗位每月进行一次考核，全学期考核四次，分别是9月、10月、11月、12月和3月、4月、5月、6月。每次考核确立80分为基本达标分，全学期四次考核的总达标分为320分。学期内岗位履职考核满320分，则学校认可岗位负责人的工作，其工作是合格的，学校对其工作是满意的。如果低于320分，则下学期对岗位负责人采取相应的处理措施予以惩戒和处罚。

我们设计的考核制度，理想状态是触碰320分风险线的人低于3人，也可以一个也没有。如果触碰风险线的人数超过5人，我们将重新审视我们的考核体系，降低考核难度。这样的认识，也取决于执行可能性的问题，在3人以内，如果执行，不会遭受太大阻力，超过5人，执行难度就会加大。再者，如果制度产生出太多的不合格者，对于整个队伍的凝聚力会有很坏影响。

工作能力强的、上进心强的人，在达到320分满意线后，多得的分数到一定数值以后，学校在荣誉等方面予以倾斜安排。

岗位目标责任制，转变了教师的工作态度和地位。以前工作没有量化，唯成绩是论，一旦考得不好，整体形象受损，现在是这一方面失了分数，在另一方面可以弥补；以前是很少有人有荣耀感、满足感，即便是考试年级第一名，也胆战心惊，生怕下次落到后边，现在是几乎百分之百的教师对自己的工作都是满意的，充满了幸福感。

岗位目标责任制，还意外地破解了教师的职业倦怠问题。

三、年级主任独立管理年级事务——我们的探索

根据班级数量，合理测算，分配经费，下放管理项目，让年级主任独立管

理年级事务，是我们对下一步落实自主管理思想的一种设想。我们的目标理想是，让每一个教师都在为自己的职责工作，都在为自己负责。最终超越为 320 分负责的思想。

四、整体评价，搂抱发展实现共赢

由于教师的铁饭碗性质，在职称晋升到一定级别以后，必然产生职业追求泛化，职业倦怠乏力的现象。此时，对个体的评价往往起不到应有的作用，因为他们完全可以不在乎。要调动教师的积极性，提高教师的整体水平，就要“捆绑评价，搂抱发展”。学校对教师也采用“捆绑”评价，“捆绑”的办法是纵横交错，横向是按一到六年级分为六个组，纵向按语文、数学、英语、综合分为四个学科组。督评处对教师的个人考核结果，记录于对年级组和学科组的个人和组总分档案，年级组、学科组内所有教师的得分平均值就是年级组或学科组的分数。年级组和学科组在组内也会对个体实施评价，督评处、年级组、学科组的评分相加即为个人得分。每一名教师为了不拉年级组和学科组的后腿，都会努力工作，有时为了某一位教师的进步，同组的每一位教师都会伸出援助之手。这样，每一名教师提高了，年级组或者学科组教师提高了，全校教师整体水平也就提高了。总之，通过“捆绑”评价真正实现了教师的共同发展、共同进步。

聚焦二：学生评价——多元发展性学生评价体系

一、评价原则

考试与考核相结合，关注知识与关注能力相结合，量化评价与荣誉激励相结合，全员评价与促进个性发展相结合四个原则。

二、评价目标

以评价促进学生学科知识的学习达标；以评价促进学生的学科能力达标；以评价促进学生多元发展，特长突出；以评价促进学生达到快乐学习的情感体验。

三、评价的内容

分两大类：学科内评价和学科外评价。

（一）学科内评价

1. 学科内知识类考试评价

一般包括语文、数学、英语三大学科，考试形式是闭卷考试，试卷满分100分。一学期考四次，分别是第一次月考试，第二次月考试（期中考试），第三次月考试，第四次月考试（期末考试）。学期内的四次考试全部由教学领导主管，教导处具体安排。要求每次考试试卷统一安排，考试时间统一安排。其中第四次考试按照上级教研部门的要求进行，其余三次考试一般由任课教师自己考试，自己改卷，自己登分，分数交教导处存档。

2. 学科内能力类考核评价

一般包括科学、品德、音乐、美术、体育、语文、数学、英语八大学科。科学考核实验与操作；品德考核行为习惯；音乐考核课本歌曲演唱和音乐欣赏；美术考核课本内容绘画和美术欣赏；体育考核学期内所学知识点其中两点；语文考核朗读、背诵、口语交际和写字（但每学期只考核两项）；数学考核口算、思维能力；英语考核朗读、听力。

具体每个学科的考核内容，由考核人自主设定，但坚持每个学科只考核两个题目，每个题目满分5分，学科满分10分。

考核工作由学生所在年级的家长委员会实施。年级主席在学校的安排下，组织年级内家长委员，自主拟定考核题目，在规定时间内集中考核。考核形式为面试，即学生单个考核通过。考试后，分数登记到学生《成长记录手册》，同时登记一份各班班级成绩单，交教导处存档。考试后，试卷交由教导处存档备案。

此项工作的主管单位是教导处。

（二）学科外评价

1. 自主管理评价

包括两部分的内容：班级自主管理评价和课堂冠军组评价。在此，实行评价一体化：就课堂来说，各学科的课堂在相对统一的评价体系下，每节课下课前，产生一个课堂学习冠军小组，称为学科课堂评价一体化；不允许班主任有班主任的一套评价体系，大学科教师有大学科的一套评价体系，小学科则建立不了评价体系。学科课堂评价一体化的评价体系建立和学科教师之间的沟通，由班主任负责。要求年级主任将各班的评价体系进行整理归纳，形成年级内相对一致的评价体系。

就班级管理来说，课堂评价和班级岗位自主管理评价要一体化，称为班级管理评价一体化。班级设立班级管理一体化评价管理员，评价管理员建立课堂评价分数档案和自主管理分数档案相统一的班级管理评价一体化档案。课堂冠军组的成员每人得 2 分，计入班级管理一体化档案个人得分中。岗位自主管理履职情况由评价管理员每日考核，每个岗位按照 0 分、1 分、2 分的分值分别计入班级管理一体化档案个人得分中。班级的学生个人行为评价也按照 0 分、1 分、2 分分值计入评价管理档案中。个人行为评价项目主要有作业完成、路队守纪、两操和升旗仪式个人行为、文明礼仪等。

每周由班级管理一体化评价管理员进行汇总，个人平均分最高的小组，当选当周班级管理一体化评价冠军组。冠军组的任期为下周一周时间，随着下周新的冠军组产生，老的冠军组停止称号。

为了鼓励学生的争冠热情，每周都要召开班级管理一体化评价主题班会，对上周的自主管理情况予以讲评。学校表彰每学期的班级冠军小组，冠军小组的所有成员获得“优秀小管家”称号。

2. 少儿科学院评价

少儿科学院实行学分制评价。“我发现”卡片积分、自主学习小课题积分、“我发现”文化节积分、科技单项比赛积分等为少儿科学院的学分来源项目。除了满 20 分获得“小学士”、满 40 分获得“小硕士”、满 60 分获得“小博士”、满 80 分获得“小院士”、满 100 分获得“小科学家”的评价阶梯称号外，每学期还要根据学生的得分，按照班级分配名额，表彰少儿科学院优秀学员。

此项工作要求各班设置少儿科学院管理员岗位，负责卡片的保存、个人的学分档案记录和保存、学期末的分数汇总等等管理工作。

3．特长、活动、荣誉类评价

（1）特长类评价

特长评价分为学科类特长评价和绝活类特长评价。

①学科类特长评价：也称为单项之星奖。学科类特长不专门教授和训练，也不认定，只是对相对具有特长的学生予以表彰。

单项之星奖每学期颁奖一次。依据评选标准，凡是符合单项之星条件的，即可获奖，原则上要使每个孩子都获奖，但每个孩子获奖项数最多不多于3个。评选时可以采取如下办法：其一是班主任依据学生平时表现认定获奖者；其二是由学生自主申报项目，而后全体同学认可的形式来确定获奖者。

a．语文之星（小李白奖）。符合以下条件者可以颁发“语文之星（小李白奖）”：课外阅读数量达到学校要求、背诵古诗词数量达到学校要求、完成《七彩星期天》数量和质量达到老师要求、按时高质量写作文、每天记日记、语文课堂自主学习表现出色。

b．数学之星（祖冲之奖）。符合以下条件者可以颁发“数学之星（祖冲之奖）”数学作业完成质量符合老师要求、数学课堂思维活跃自主学习能力强、口算能力达到老师要求。

c．英语之星（小翻译奖）。符合以下条件者可以颁发“英语之星（小翻译奖）”：在英语课堂上发言积极、英语口语表达能力强、英语单词的书写质量高、英语作业完成的质量高。

d．艺术之星（百花园奖）。符合以下条件者可以颁发“艺术之星（百花园奖）”：在书法表现、绘画表现、乐器演奏、歌曲演唱、舞蹈表演、手工编织、其他绝活等与艺术教育相关的各方面表现突出。

e．体育之星（小健将奖）。凡是在体育运动某方面表现比较突出的可以颁发“体育之星（小健将奖）”。

f．科学之星（小创新奖）。凡是在科学课的学习、科学知识普及、热爱科学、发明创造等方面表现突出的可以颁发“科学之星（小创新奖）”。

g. 写字之星（王羲之奖）。凡是写字（硬笔字）习惯好或写字效果比较好的可以颁发“写字之星（王羲之奖）”。

h. 好习惯之星（小绅士奖）。在个人行为习惯的养成中比较积极，个人具备良好行为习惯的可以颁发“好习惯之星（小绅士奖）”。良好行为习惯指：在学校不吃零食，不乱丢瓜皮纸屑，不乱吐痰，爱护花草树木，遵守交通规则，遵守学校规章制度，讲究个人卫生，讲究班级环境卫生，尊敬师长，友爱同学等。

i. 爱劳动之星（小蜜蜂奖）。凡是热爱劳动，勤于为集体做事的同学可以颁发“爱劳动之星（小蜜蜂奖）”。

j. 进步之星（白天鹅奖）。在各科学习中成绩进步明显的，在良好行为习惯的养成教育中进步明显的，在学校生活的其他方面进步明显的可以颁发“进步之星（白天鹅奖）”。

②绝活类特长评价：采取两种形式予以评价。

绝活类特长，包括学科类特长之外的所有特长项目。其一是学年末的特长考核认定，通过的颁发认定证书。其二是参与“校园星光大舞台”，获得奖项的评价。绝活类特长重在申报，重在考核认定。每学年为一个特长申报认定周期，学年初申报，学年末考核认定。每个学期安排一次“校园星光大舞台”特长展示活动，对有特长的以激励，对特长不突出的以鞭策。

（2）活动类评价

分为集体类活动和个体类活动。

①集体类活动：集体活动包括三个大项，即4月份春季运动会、6月份歌咏比赛、11月份广播体操比赛。活动中对成绩优异者进行表彰奖励。

②个体类活动：学科类比赛活动有朗读比赛、写字比赛、口算比赛、作文竞赛、数学竞赛、英语故事比赛、书画展评等。每次比赛评出金奖、银奖、铜奖三个奖励等级各若干名，颁发奖励证书。

“我发现”文化类活动：也称为科技单项比赛，主要以比赛形式体现。包括小实验比赛、小制作比赛、小发明比赛、机器人比赛、航模舰模比赛、科学幻想画比赛。每次比赛评出金奖、银奖、铜奖三个奖励等级各若干名，颁发奖励证书。

(3) 荣誉类评价

①评价奖项设置

a. 优秀学生奖；b. 语文、数学、英语单科成绩满分奖；c. 优秀组、队奖；d. 优秀班级奖；e. 岗位自主管理优秀管理员奖。

②评价奖励的周期，每学期期末进行一次。

③评选方法和标准：

a. 优秀学生奖

这是学校对学生的最高奖励，每学期期末评价奖励一次。期末，班主任根据学校下达的指标数，综合考虑学生的学科内、学科外成绩和特长、活动成绩，结合学生的民主意见确定优秀学生人选。此奖项期末散学典礼表彰，由校长亲自颁发奖状。此项工作由学生部主管。学生部对各班下达奖励指标，一般为10%左右。

b. 语文、数学、英语单科满分奖

凡在期末考试当中，语文、数学、英语三科中单科(一、二年级语文、数学双科)成绩取得满分（有选做题的分数全部计算）的同学，由学校颁发单科满分奖。每学期一次。不受指标限制。

c. 优秀组、队奖

在班级岗位自主管理和发现课堂改革中，注重了学习小组的建设，小组的作用很大。同时为了规范班级管理的结构和管理机制，在班级设立了队、组等五级管理模式，以服务于班级岗位自主管理。为了鼓励表现好的组、队，激励表现好的组长、队长，可以评出各班的优秀组、优秀组长和优秀队、优秀队长各1个（名），分别发给优秀组奖、优秀组长奖和优秀队奖、优秀队长奖。

d. 优秀班级奖

在学校日常管理中，有些班级的班级风气、班级文化建设、卫生、学习、安全等表现非常出色，可以颁发优秀班级奖和优秀班主任奖。

e. 岗位自主管理优秀管理员奖

对于在岗位自主管理中，负责任、有能力、管理效果好的岗位管理员要进行奖励，按照班级给予指标，由班主任掌握。在实际操作时，也可以直接把班级学期冠军小组的成员命名为“优秀小管家”，颁发证书予以奖励。

四、保障措施

教导处负责学科内评价，学生部负责学科外评价。

附一：

殷都实验小学学生学科内能力类考核表

姓名		性别		学号		班级	
	项目一	分数	项目二	分数	描述性评价		
语文							
数学							
英语							
音乐							
体育							
美术							
品德							
科学							

年　月　日　　　　　　　　　　　　考核老师：

附二：

殷都实验小学 ______ 学期学生学科内能力类考核成绩登记表

考核时间　　登记时间　　　　　年级　　班　　班主任

姓名	语文	数学	英语	音乐	美术	体育	科学	品德	总分

五、评价体系的发展

在评价实践中，发现考核评价体系有点散乱，影响学生对于考核评价的认识，可操作性也有欠缺。经过研究、论证，学校于2013年秋季对评价体系做了整合改进，形成了以学分制为特征的新的多元发展性评价体系。

附：

殷都实验小学学生多元发展性评价方案

（2013年稿）

一、评价是管理的最后手段，也是管理最能出效果的手段。我们注重评价体系建设：更新评价思想，调整评价方式，建立多元发展性评价体系，最大可能地对学生予以多元发展关注。以多元评价促进学生的多元发展，以多元评价解放那些学习困难、中等程度学生被禁锢的思想、被扼杀的多元发展力，以评价还给所有学生快乐的童年。

二、殷都实验小学学生多元发展性评价采用的是学分制，其本质是多元化考核，即凡是涉及学生在小学期间的教育发展要素，尽量都参与到评价体系中。

三、多元发展性评价体系分为学分制学业考核部分和评价部分，共两大部分。

四、考核部分：

1. 学分制学业考核部分的项目、分值、考核操作办法

第一项：学科内知识类考试学分。即语文、数学、英语三个学科的期末试卷考试分数，试卷满分分别为100分，总共满分300分。操作办法：期末由教导处安排学科考试，由教导处最后提供考试分数，班主任负责进行学分计算。制作期末考试分数登记表，三个学科使用相同表格，作为成绩登记工具供教导处和任课教师使用。

第二项：学科内能力类考核学分。即语文、数学、英语、音乐、美术、科学六个学科的期末学科能力类“面试”考核分数，满分分别为20分，总共满分为120分。操作办法：期末由家长委员会负责对学生进行学科内能力类考核，分数统计好后，交给教导处和班主任各一份，班主任负责计算学生学分。制作

学科内能力类考核成绩登记表，六个学科使用相同表格，作为成绩登记工具供家长委员会和教导处使用。制作学科内能力类考核单行表，作为学生使用的工具，一张表内显示学生信息和六个科目成绩信息。

第三项：体质发展和体育技能学分。其中体质发展状况按照 30 分计算学分，体育技能按照 70 分计算学分。此项共计 100 分。操作办法：体质健康检测部分，由学生在社会上进行自由检测，检测表格由体育课任课教师收回整理，整理好后交给班主任，由班主任负责计算学分。体育技能考核部分，由家长委员会完成，成绩交给体育教师整理，整理好后交给班主任，由班主任计算学分。制作体育成绩登记表供体育教师作为使用工具，按班登记学生两项成绩。制作体质发展状况检测表作为学生体检使用工具。制作体育技能考核成绩表作为学生体育技能考核使用工具。

第四项：品德与习惯学分。分四个主体考核部分，分别是自我考核、队长考核、班主任考核、家长考核。每部分 20 分，共 80 分。其中自我考核可以设定按时作业、课堂表现、尊敬师长、集体活动、安全习惯等五项指标；队长考核可以设定作业完成、岗位履职、同学关系、个人卫生、安全习惯等五项指标；班主任考核可以设定团结同学、学习习惯、劳动习惯、帮助他人、安全习惯等五项指标；家长考核可以设定孝敬父母、按时作息、卫生习惯、节俭生活、安全习惯等五项指标。每个小项 4 分，每个大项 20 分，共计 80 分。制作学生品德成绩登记表作为班级登记学生品德成绩使用工具。制作学生品德与习惯考核个体表格，由学生持表格自行和自己找队长、班主任、家长予以考核打分。学生的表格最后交给班主任，由班主任计算学分。

第五项：班级岗位自主管理一体化评价学分。一体化评价包含岗位自主管理履职评价与课堂冠军小组评价两部分。岗位自主管理履职评价，每个岗位（学生）每天评价一次，每次考核按照 2 分、1 分或 0 分计算学分。课堂冠军小组的学分折算办法是：获得一次课堂冠军小组，组内所有成员记 1 分学分。

制作岗位自主管理一体化评价成绩登记表。制作一体化评价日—周记分表和一体化评价周—学期记分表，作为此项学分的使用工具。

班级的三个班长负责此项考核的日常实施。班长一负责第一、二组的考核和记录，班长二负责第三、四组的考核和记录，班长三负责第五、六组的考核和记录。

学生的路队问题、两操问题、佩戴红领巾问题、个人卫生问题、安全习惯问题、违反其他纪律问题等需要做到而违反的问题，作为对个体的扣分处理。也就是说，学生的日记分格式为 a+b−x，a 表示岗位履职得分，b 表示课堂冠军小组得分，x 表示违反常规纪律行为扣分。

第六项：少儿科学院个人学分。“我发现”卡片上交班级少儿科学院管理员一张记 2 分，被选上上交学生部一张记 5 分，被选上在升旗仪式展示一张记 10 分。

自主学习小课题上交管理员申报表记 10 分，被批准进入课题研究目录记 10 分，形成成果并上交记 10 分。成果评选，二等奖记 10 分，一等奖记 20 分，特等奖记 30 分。

学期中间的科技活动，参加班级预选记 5 分，参加学校比赛记 5 分，获得二等奖记 10 分，获得一等奖记 20 分，获得特等奖记 30 分。

少儿科学院其他活动，按照适时做出的规定予以记分。

制作少儿科学院个人学分记录表，作为班级少儿科学院管理员使用的工具。

第七项：特长发展项目学分。上交特长申报表记 10 分，被批准发展进入特长发展目录记 10 分，学年末特长考核满分 50 分，30 分为通过考核。平时参加特长展示记 5 分或 10 分。

设立班级特长发展管理员。制作特长发展记分表，作为特长发展管理员使用的工具。

第八项：区级以上奖励荣誉积分。不论级别和等次，每件记 5 分。

考核部分最终计算学分，都由班主任负责。制作多元发展性评价以组为单位的学分登记表，作为班主任使用工具。制作总学分登记表作为学分档案记录。但是，也主张由组长代替班主任负责。

2. 考核形式

第一项考核，可以是全区的期末统考，也可以是全校的期末统考成绩；

第二项考核，在期末由家长委员会实施考核，试题由家长委员会拟定；

第三项考核，按照国家要求设计好的体检表格，由学生到社会医院予以体检，之后由医院填写体检数据并盖公章，学校予以统计。设定社会上社区医院以上级别的医院，体检结果有效。体育技能考核由体育教师进行。

第四项考核，对每个主体考核项目制定五项考核指标，由学生持表格找相关主体予以评价，填满后交回给班主任。

第五、六、七项考核，按照本方案设定的方式进行，也可以由负责部门适时修订。

3. 考核结果的承载

制定相应的考核表格，记录八项考核的成绩。调整《殷都实验小学学生成长纪录手册》，用以记录学生的学期考核分项成绩以及总成绩。

4. 班级学生学分制考核管理员一般为班主任，也可以是组长，也可以是三个班长。

五、评价部分：

1. 合格评价

规定，考核分数400分为合格分数。满400分，准予升入下一个年级。考核分数低于400分，视为本学期学习成绩不合格。

学习成绩不合格时，学生可以通过补考，来获得补考分数。补考最多可以考三次。补考可以从八大考核类别中单选一项，予以补考。补考一般由家长负责组织，也可以由队长负责组织。

补考后，总分数达到400分，也视为学习合格，准予升级。

补考后仍不能考满400分时，可以采取劝其留级和负分数升级两种措施。负分数升级的意思是，学生在“欠账”进入下一个年级后，用下一个年级的分数填补上个学期的欠账，直到合格为止。

2. 无名义评价

学生的学分大于400分而小于600分，不予任何处理，称为无名义评价。

3. 自主发展之星评价

学生的学分大于等于600分而小于800分，可以获得自主发展之星奖。

4. 优秀评价

规定，当考核分数满800分时，可以获得学校优秀学生称号，有多少表彰多少，没有指标限制。

（实施此评价方案后，之前的少儿科学院评价、单项之星评价、特长评价、

学期冠军小组评价、校园文体活动评价等仍然实行，不过可以视情况予以删减或合并）

六、本方案的学分，在第一学期和第二学期得分要素和分值有不同，第二学期比第一学期得分要素多。这里不予区别，一律按照实际得分予以评价。不合格评价采用第二学期的学分。

七、本方案从2013年第二学期开始试行，教导处负责组织实施。

第六章

发现·教师

——生命在这里精彩

视角一：发现教育，首先要成为教师的共识

发现教育，只有成为学校中“人”的共识，才可以变成教育生产力。这里所说的“人”，既包括教师、学生、家长等社会意义上的人，也包括学校内部的环境和教学设施及设置，还包括所有的抽象符号、理念口号等。而要成为所有人的共识，首先要成为教师的共识。文化体系建构，是发现教育获得学校中“人”的共识的有效途径。

在安阳市殷都区强力推进主体多元高效课堂改革的高潮时期，区教体局又适时提出了建构学校文化，以学校文化带动学校整体发展，以学校文化提升学校品位的构想。殷都实验小学按照要求，结合长期坚持的“发现教育”思想，经过多次校内讨论，经过多次专家论证，最终确立“我发现……”学校文化标签。“我发现”文化由于承载了多年致力实践的“发现教育”思想，有深厚的教师认知基础，有丰富的实践经验，有正确的理论指导，更有专家的综合论证，所以，一经提出，很快便得到上级领导和广大师生的强烈认同与支持。

“我发现”文化的基本理念是，人人都应该有强烈的发现意识，人人都应该是发现的主体，人人都应该有发现的行为。校长要发现，教师要发现，学生要发现，家长也要发现。“我发现”文化认为，学校每一个人都是重要的，学校的每一件事都是重要的，学校的每一个物表环境都是“会说话”的教育主体。所以，我们要善于发现学校中人的长处、优点、发展点，要发现学校中任何事物的教育意义，让每一个人都能健康成长，每一件事都传递学生发展的正能量，每一个角落都能发挥教育的功能。“我发现”文化还认为，我们的发现发生在时时处处，在课堂上可以发现，在课本中可以发现，在校园中可以发现，在生活中可以发现，只要我们睁大发现的眼睛，时刻都会有所发现。

在“我发现”学校文化体系的建构中，我们的教师认同感更强了，学校的文化氛围更浓了，文化承载思想、文化落实思想、文化发展思想的效果更明显了。

发现是我们的学校文化，发现是我们的教育思想共识，发现更是我们全体

师生的行为模式。

我们的教师发现着，快乐着，成长着，幸福着。

视角二：校长有发现，学校在变靓

只要具备了发现的意识，擦亮了发现的眼睛，就会有许多令人惊喜的发现。校长的一个个发现，一步步扮靓了我们的校园。

发现一：在调研听课中，发现李保丽老师的课堂上，有很多维持学生积极情绪、维持课堂安静秩序、维持学生良好习惯的师生对答。例如，老师让学生开始书写时，会轻声说：整理。学生马上有回应：肩平、背直、脚踩地，一尺、一寸、一拳头。边说，边用右手点一下双肩；朝后拍一下后背；小臂放在桌面，拳头顶着下巴；而后拳头平放在桌边与胸口之间；再用指节测量一下笔尖后握笔。再如，在学生学习过程中开始有萎靡不振情况或开始出现小动作、小声音时，老师会轻声说：小松树。学生马上挺腰坐直，同时嘴里喊：挺起来。看到这些现象，校长感觉很神奇也很新鲜，但是又不知道老师与学生的这些对答的来龙去脉和生成背景或前后关系。于是，把李保丽老师的课搬到全体教师例会上，让全体教师听课、评判。

在全体教师例会上作课，这样的课旨在总结教师的教学风格，推广教师的教学风格，我们称之为某老师教学风格研讨会。在李保丽教学风格研讨会上，大家通过听课、研究、总结，提出了“课堂小口令”的概念。又经过业务主管领导们的提炼、整理、归纳，课堂小口令成了我们大班额发现课堂建设的一个有力的抓手。

发现二：在调研听课中还发现一些问题，例如，小学科的课堂往往秩序很乱，但是却找不到其真正原因和解决办法。在遇见班里一些学生出现问题时，又往往找不到班级的班长是谁，因为各班的班级管理结构各不相同，有的叫班长，有的叫中队长，有的叫课代表，有的叫小班主任等等，非常混乱。于是，两个问题结合起来思考，一个新的发现随即产生：建立班、组、队、对、员五级结构机制。全校48个教学班，一律实施班、组、队、对、员五级管理结构。主要内容是：全班设班长1人、副班长2人；设6个组，每组设一个组长；每组设2个队，每个队设队长1人，全班设12个队；每两个队员组建成一个对子。课堂评价与班级管理评价实施评价一体化。这样，教师在对课堂管理时，由原来的点对点管理，变成了点对组管理，有效破解了小学科课堂管理问题。

发现三：按照课改之初接受的培训，我们的班级都设有6个小组。这样每个小组的人数就是10人、11人或12人，人数较多。当课堂进行到展示环节，一般以小组为单位予以展示。一下子上台12个人，展示就热闹了，要么每个人说一句，要么“话霸”独自演讲，都影响着展示的效果，使展示失去了本来的意义。根据长期观察，提出了“组任务、队交流、队展示、组评价”的思路，后来被总结成“队展组评”，成为破解大组展示弊端的有效手段。

发现四：陈天歌是一个有点内向的小女孩，虽然不苟言笑，却在少儿科学院的“我发现”卡片撰写中，挣到了100分。这是我校的“我发现”文化学分制开始实施以来的第一个100分。在陈天歌的博客里，可以看到小姑娘的倔强和心智。她写道：今天的升旗仪式上，校长讲话时说，我们的卡片撰写和小课题研究，很多同学都做得很好，应该给予表扬。但是，由于我们的积分分值太低，积满100分不是一件容易的事，尤其是六年级，离毕业还有两个月的时间，是肯定积不满了，所以，六年级中得分最高的一批同学，可能会被命名为“小科学家”。我认为校长说的话有点偏，谁说六年级同学就积不满100分？我偏要积满。

过了一段时间，她的博客上发表了新文章，题目是《我积满了100分》。文章配有照片，100分的积分章，摆满了半个桌面。

由博客，校长注意到了她，趁着一个升旗仪式结束的时间，校长找她谈话，发现这是一个很优秀的学生。当时，正是学校编写出的《殷都实验小学学生校园行为规则》文字稿需要配图的时候，经过与陈天歌谈话，发现她也学习美术，于是试探着问她，能否为规则配图。没想到，她答应了。几天之后，图文并茂的《殷都实验小学学生校园行为规则》绘制完成。现在我们校园的橱窗里就展示着她的作品。

校长的发现，对她是鼓励。她原本不爱说话，现在主动向校长要求，要组织举办六年级毕业典礼。实践证明，她和她的同伴们组织的毕业典礼，比我们教师组织的毕业典礼效果要好得多，学生也特别喜欢。

校长的发现还有很多。教师管理目标责任制，学生多元发展性评价体系，大班额的发现课堂建设抓手，社会大课堂的开设，学生特长发展项目的确立，充满吸引力的校园布景，中层的自主管理等等，这些推动着学校稳步发展，把学校打扮得越来越亮丽。这些给学生和老师带来快乐和幸福的举措，都是在“发现”的理念下，校长“有发现”的结果。

视角三：教师有发现，职业幸福的神奇魔棒

走进我们的校园，随处可以看到师生快乐阳光的笑脸，听到师生爽朗清新的笑声；走进我们的课堂，随时可以看到学生自信精彩的展示，听到师生欣赏鼓励的掌声。师生关系是那样和谐幸福，课堂氛围是那样安全宽松。思想是行动的先导，我们正是在学校“我发现”文化的引领下，且思且行，创造出般都实验小学的亮丽风景。

我们要培养学生形成发现品质——想发现、善发现、常发现、有发现；培养学生的科学创新素养——科学创新知识丰富、具备科学创新品质（意识、精神、能力）、养成动手操作习惯。作为学生生活和学习引领者的教师首先就要具备发现的意识，想发现、去发现、有发现。教师们正是在一个个的发现中，体验了学生发展的喜悦，体会了自己成功的幸福。发现，增强了我们教师的职业幸福感。

一、教育发现小故事

著名的心理学原理“皮格马利翁效应”告诉我们：积极的期望促使人们向好的方向发展，消极的期望则使人向坏的方向发展。教师只要有热情期待和肯定，就能得到希望的效果。美需要我们用心去发现，去培育，去赏识，并让其渐渐

发扬光大。我们每位教师都需要一双这样善于发现美的眼睛，那目光应该是宽容的、赏识的、赞许的、温柔的。让我们细细地去发现每一个孩子值得我们感动的细微之处，去发现每一个孩子都是值得我们真心喜爱的“小天使”。

（一）教师发现学生的长处

爱是独具慧眼、善于发现学生长处。生活中并不缺少美，而是缺少发现美的眼睛。世界上没有完全相同的两片叶子，学生也是如此，多种因素的影响，各个学生之间存在很大的差异：有的听话懂事，有的倔强顽皮；有的聪明伶俐，有的迟钝呆板。叶澜教授认为：“每一个学生都具有独一无二的、别人无法替代的价值，而且是宝贵的教学资源。”每个学生都有巨大的潜能，而且每个学生的潜能都不一样，只有独具慧眼，发现每个学生身上的潜能，鼓励学生去不断地自主探索，才能使他们的才华得到淋漓尽致的发挥。

四（2）班曲珍老师案例：

他们变了

“咱班的俊杰和天福变样了呀！上课认真了不说，变得更有礼貌了！”语文老师董老师下课后，惊喜地跟我说。听了对他们两个这样的评价，我的心里也像吃了蜜一样。

以前俊杰和天福是班里面让各科老师都头疼的孩子，爱打架、骂人，课上爱捣乱，甚至在课堂上公然跟老师对抗。我曾经想过各种办法对他们两个进行“招安”，但作用都不太大，跟家长多次联系也是无济于事。俊杰爸爸在外地工作，在家时间很少，妈妈忙于照顾妹妹，分身乏术；天福父母离异，单亲家庭里的孩子总是有点小敏感，家长也很少过问孩子的情况。究其本质两人都不坏，而且脑袋瓜儿还都挺聪明，只是没有养成好的行为习惯。我决定趁着新学期，好好拽拽他们。

本学期开学第一天报到时，两个人的精神面貌都不错，我趁机表扬了他们两个：新的学年新的气象，长大一岁的俊杰和天福就是不一样了啊！相信你们能在新的学期里，让老师看到一个全新的你们！听到表扬的他们露出了灿烂的笑脸。第一个星期挺好，但毕竟是孩子，没过两天，课间就有人告状，他们打架了！我将他们叫到办公室，问起来，都是一些你不让我、我不让你等芝麻小事引起的。我没有大声斥责他们，而是耐心帮他们分析了事情后，提出了我对他们的期望。就在他们诧异时，我又扔出了一枚重磅炸弹："老师想请你们帮个忙，好吗？"正好那段时间，班上的自主管理小岗位在调整，有两个岗位任务比较重，暂时还没有人竞选。一则想利用这次机会，增强他们的责任心；二则想让他们感受到老师对他们的信任。我就把这两个岗位安排给了他俩，他俩很高兴地接了任务。虽然后来岗位任务执行还需要督促，但比起以前，那可是进步不小啊！于是，在班队会上又是一通表扬、加分，两人甚是骄傲自豪，在组里的地位也一下提高了不少。慢慢地，我发现他们值日被督促的次数也越来越少了。星期五中午放学时，我把他们叫到路队前，从包里拿出两颗糖豆，塞到他们口中，并悄悄告诉他俩，这是曲老师对他们这段时间的进步的奖赏，独一无二，别人没有的哦！在同学们羡慕的眼神中两人归了队，那天他们没像往常走路队时那样捣乱。

现在，他们两个就像是我的左膀右臂，帮我处理班里的矛盾纠纷，帮我课前准备……可能，他们还没有像优等生那样优秀，但他们每天的点点进步足以让我欣慰。

真的，孩子们很单纯，也很善良。虽然不时犯错，但只要我们有耐心，我们愿意去发现、去挖掘他们身上的哪怕丁点的星光，你就会发现，他们会变！也许，他的一生也就变了！

（二）帮学生发现集体温暖

在充满温馨、关爱和友情的班集体中，即使是有学习困难的学生，也会在大家的合力下获得进步，师生共同营造出一个爱的时空范围。在这样的班集体中，学生能够感受到来自周围同学和老师的真情和温暖，大家都乐于伸出援助之手帮助那些学习有困难的学生，让他们也能健康成长。

六（7）班杨馥琴老师案例：

他终于回"家"了

在我们班教室后边的一个角落里，有一张桌子和一个凳子。不知从什么时候起，它就摆在了那里。同学们每周换一次座位，而这个座位的主人却对它始终不离不弃，从来没有挪动过位置，一直到六年级的最后一个学期。这个座位的主人就是我们故事的主人公——小豪。

记得从五年级接班的第一天，他就给我留下了深刻的印象，他穿着一身黑色的衣服（估计有一个多月没洗过），上面有几个洞（估计是在哪儿挂的），一双大得一看就不是本人的旧凉鞋，套在没有穿袜子的黑乎乎的脚丫子上，红扑扑的小脸虽然没有洗，但是一双乌溜溜的大眼睛却透出一股灵气儿。他坐在教室后边角落里的那个座位上，脖子伸得长长的，似乎在期盼着我这位新老师来改变一下自己的命运。当我经过他的身边时，一股难闻的气味儿呛得我皱了皱眉头。二十多年与学生打交道的经验告诉我，这一定是位让人头疼的学生。不然，他怎么会坐在这里呢？我们学校的班级布局和管理是有规定的，无论班额有多大，为了统一管理，一律分成六个组。每个学生都有自己的小组和自己的小队，他坐在这里该属于哪个小组？带着这些疑问，在接下来的一段时间里，我把关注点放在了这位让我不敢掉以轻心的学生身上。通过与上一任班主任和同学们的谈话，我的疑问有了答案。这孩子果然与其他孩子有着不同的经历。在他一岁多时，他就跟着乡下的爷爷奶奶生活。在爷爷奶奶的溺爱和娇纵下，小豪虽然失去了母爱，却也享受了几年快乐的童年时光。六岁时，到了上学年龄的小豪带着养成的诸多坏毛病回到了单身爸爸身边。他爸爸每天早出晚归，每顿能让孩子吃上一口热饭已经是一件很不容易的事情了，更不要说每天给孩子洗洗涮涮和过问一下学习的事情。孩子从来不交作业，课上困了就睡觉，睡醒了就拿纸团或笔帽往前面的孩子头上扔。在学校找了事儿老师从来不敢告诉他爸，因为，只要他爸得知孩子在学校找事儿了，就会不问青红皂白地把他毒打一顿。久而久之，孩子也就养成了“三天不打，上房揭瓦”的习惯。同学们对他自然也是唯恐躲之不及，还有哪一组敢接受他？又有谁愿意和他同桌呢？

听了关于小豪同学的这些经历，作为班主任的我，深深地陷入了沉思。这个花季年龄的孩子，本该是在爸爸妈妈跟前撒娇的年龄，而他却从没有得到过。我们的校园本该是孩子学习、成长、发现、发展的乐园，他却体验不到。他能看到的多是同学们的白眼和无视，他能得到的也是同学们的冷漠和歧视。有时候我也问自己：从小在这种环境中长大的孩子心中会有爱吗？他将来会感恩老师、感恩学校、感恩家人、感恩社会吗？这些问题困扰了我整整一年多。一年里，我想过各种办法来拉近他与同学们之间的距离，我也试过各种手段想帮助他改掉以前的坏毛病，但效果甚微。

一眨眼，六年级寒假过完了。同时也意味着学生在小学阶段仅有一学期的时间了，如果就这样让小豪毕业，不仅是这个孩子人生的一大缺憾，也将成为我教学生涯的一个遗憾。于是，一开学，我就开了个主题为“我爱我家”的主题班会。会上，我宣读了新学期致辞，对孩子们新学期提出了新的希望，当我看到孩子们一个个精神振奋、摩拳擦掌的时候，我突然提出了一个班里重新改组的建议。孩子们一听，更加兴奋起来。于是，我们从选班长、副班长开始，到民主评议选组长，组长聘小队长，小队长挑队员（双方要本着自愿的原则），每个程序都体现了民主、平等，老师绝不越俎代庖。当进行到最后一个环节时，我意料中的事情发生了，小豪和其他两位同学没有被挑走，也就是说，他们三个将无“家”可归。我抓住时机，开始了语重心长的谈话：“孩子们，还有半年，我们就要离开母校，离开我们和睦相处了六年的同学们。常言道：一辈儿同学三辈儿亲。同学之间的友谊是世界上最伟大的友谊，我们能因为一个同学身上有些坏毛病就把这份友谊抛弃吗？况且，尺有所短，寸有所长，人无完人呀。”说到这里，我故意停了停，注意观察大家的表情。这时，我发现班长赵彬辰和旁边几个人嘀咕了几句，然后站起来大声说：“我们这个组要小豪，虽然他约束能力差点儿，但是，他在拔河比赛中为我们班立下了汗马功劳呢，我们也相信，在我们组全体成员的帮助下，他一定能变好的。”这时，班里响起了热烈而持久的掌声。我的眼圈一热，好一会儿才平静下来。接下来，我又看着小豪问：“你愿意去这个组吗？”他没吭声，只是使劲地点了点头，但我分明看到了他的眼眶红了。就这样，小豪无“家”可归的局面终于结束了。

第二天，当我走进教室，首先看见的就是小豪。只见他脸洗得干干净净，头发是认真梳理过的，尤其是那身我从来没有见过的衣服，虽然洗得发白了，却看起来十分干净。我笑着走到他跟前开玩笑地说：“有这么好看的衣服怎么从来没见你穿过呢？”他有点不好意思地低下头小声说：“这是我表哥穿小了留给我的，我爸一直没找着，今天早上我费了九牛二虎之力才翻腾出来。哦，老师，这是我的作业。”说着从书包里掏出了一个崭新的作业本交给我。我双手接过这个陌生的作业本，什么也没说，只是摸了摸他的头，转身回办公室了。因为我怕孩子看到我发红的眼圈。

坐在办公室，我依然不能平静。我虽然不知道他这样能坚持几天，但是，我相信，“家”终归是温暖的，有“家”回一定比在外面“流浪”要有安全感，我也坚信，这个“家”一定能温暖他那颗长期被冷落的心。

教育家们曾谆谆教导过我们：你的鞭下有瓦特，你的冷眼里有牛顿，你的讥笑中有爱迪生。这告诉我们，教师不要对学生冷眼旁观，要对学生献出爱心，它会唤起学生的激情，会挖掘出学生巨大的潜能。把爱献给最需要爱的学生，是教师的天职。

（三）帮学生发现失败原因

由于独生子女的增多、家庭经济条件提升、家长过分溺爱等原因，使一部分学生从小就没有养成刻苦耐劳的习惯，学习怕苦怕累怕难，自觉性和自制力差，难以约束自己的行为和改正自己不好的习惯，注意力集中的持续时间不长，对学习缺乏热情，认为学习对自己毫无用处。这些学生往往把失败的原因归于不可控制的因素，如运气不好、任务太难、同学偏心等等，这就容易使他们产生无能为力的心理，降低他们的学习要求，特别是困难面前的坚持性和自信心。将成功归于内部的能力与努力，会使人感到自豪、骄傲；将失败归于不可控制的因素、外部因素，会使人感到灰心丧气。所以帮助学生分析情况，找出失败原因是一件非常重要的事，要让学生认清自己，明确努力的方向。

六（6）班白艳红老师案例：

今天上午一下第二节课，小L就被叫到办公室，原因是数学作业的字写得东倒西歪，实在惨不忍睹。听杨老师说小L把自己的每周100分的基分，分给了其他队员。自从班级实施评价一体化以来，班里的学生你追我赶，对分数还是很在乎的。可是小L竟然把分数送给别人。我感到很吃惊，也感到很担心，因为这一次他语文月考成绩还达不到平均分，问题可能就在这里。在杨老师给家长打电话的时候，我把一脸是汗的小L叫到跟前。

“你在学校感到过快乐吗？” 他一脸茫然地望着我，不知说什么。

“老师觉得上周你参加拔河比赛，和全班同学一起为班级争光时是快乐的；今天课堂上你回答问题时，看到大家把目光聚焦到你身上时你也是快乐的。”他点了点头。

“所以每天为了一个共同的目标，和同学一起努力为小队争分应该是一件快乐的事，上课积极展示自己思考的结果和大家分享学习的收获也是快乐的。”他点了点头。“可是你为什么把分数分给其他队员？”

“小队的记分员不公平，每次我说话就扣我的分，别人说话他就不扣分，或者扣我的分多，扣别人的分少。”他一脸的气愤与无奈。

“记分员是谁？” 他们小队的确有几个爱说话的，一上课就有说不完的话。

“先开始是Y同学，后来换成G同学、W同学，现在又换成Y同学了。”

我知道全班同学都知道Y同学是一个非常公平公正的学生，老师相信他不会冤枉一个也不会偏袒另一个。小L是家里的独生子，爷爷奶奶、爸爸妈妈真是捧在手里怕掉了，含在嘴里怕化了。这种娇生惯养的孩子不会和别人很好相处，不能虚心接受别人的批评。所以在班里他没有一个好朋友，一个男孩子还经常和别人吵架，甚至打架。

“有没有想过为什么？一个、两个、三个，每个人都针对你，你有没有想过是自己的问题呢？我们来模拟一下当时的情况，老师是记分员Y同学，课堂上你正在和对面的同学说话，被我发现了。”

我提醒你说：“别再说了，要不我就扣你的分数了。这时你会说什么？”

小L看着我不说话。“你就当我是Y同学，说说当时你是怎么说的。”

他低声说：“小D也说话了，为什么光扣我的分？”“我猜想你这时的表情一定很愤怒，心里一定很委屈，你觉得他偏心。”他点了点头。

“接下来你会干什么？”

“我使劲变本加厉说话。”

“你觉得只有这样才能表达你的愤懑和不满。这样做的结果是什么？”

他想了想说：“我上课不听讲了，只想报复他。”

“由于你的固执，你课堂上不愿意听讲，不积极回答问题，回家写作业乱写，认为这样是不为小组争分的报复途径，至于自己的分数更是无所谓。老师觉得分数低不是问题，只要愿意改正缺点，提高分数只是时间问题。而不在乎分数则是最可怕的，他没有上进心，没有集体荣誉感，破罐子破摔，更没有快乐而言。这次月考你成绩下滑跟这有关系吧？”他点了点头。

“你有没有想过自己应该换一种方式，虚心接受Y同学的监督。我们再来试一试。‘小L别再说了，要不我就扣你的分数了。’”

“知道了，我不说了。”

“你猜想小Y听了你的话心里会怎么样想？”

"会觉得我是一个配合他工作，知错就改，愿意为小组争光的学生。""你不乱说话了，接下来会怎么做？""我会认真思考积极展示，为小队争光。""你心里生气吗？""不生气，我加分了我会很快乐。"

"每天和大家一起努力为小队争光，是一件多么开心的事呀。这种快乐就来自听从别人的劝告，努力改正缺点，有做一个好学生的强烈愿望，有争当优秀小队的动力决心。别人也觉得你会和身边的人相处得融洽，你也会收获友谊和快乐。"他点了点头，笑着走出了办公室。

啰啰嗦嗦就讲了这么多和小L谈话的过程，我用情景再现帮小L感受两种不同的做法导致的后果，并且让他意识到这种后果对自己的影响。这种感受会让他自己有一个判断和选择，教育从心开始，该怎么做我想他应该自己有答案了吧。我期待他会改变自己，学会虚心接受别人的意见，学会和别人相处，成为一个阳光快乐的学生。

（四）发现自主管理的乐趣

都说小学老师的工作很繁杂，最有发言权的当属小学班主任。作为一线的班主任教师，曲珍老师感受颇深。曲珍老师除了担任一个班的班主任外，还任教了两个班的数学课，平时的教学课时和作业量就很多，再加上班主任的相应的班级事务管理，工作量就更大了。在刚接任班主任工作时，因为对孩子们年龄小不放心，总是事事过问，事事亲为，感觉自己每天忙得不得了，但还是会出很多岔子：刚督促了清洁区的卫生，教室的卫生却是一团糟；刚把教室的卫生安排好，墙面瓷砖却还没擦；眼操不亲自盯着就乱哄哄；刚领着学生去做体操，教室没有关灯又被扣了分……教育改革强调自主高效，这就对老师提出了要求：要相信学生，敢于将老师的管理权力下放，让学生成为自己的主人，"我的地盘我做主"。

四（2）班曲珍老师案例：

曲珍老师在学校"学生自主管理制度"的指导下在班级内部设置"学生自主管理委员会"，并分列出"自主管理小岗位"和"自主服务小岗位"，形成了"人人有事做，事事有人管"的氛围。管理岗位设有纪律、卫生、两操等三个方面，服务岗位包括饮水机和空调管理、桌椅摆放等。学生们把班主任琐碎的工作分摊式地承担起来，教师从之前的分身乏术变为现在的无事可做。早上到校后曲老师像往常一样来到卫生区，看到卫生管理员已经在督促清洁区组员打扫清洁区；来到教室，卫生监督员也早让值日生整理好了教室；瓷砖承包人正在检查墙外的瓷砖，每块瓷砖都用手摸一下，看有没有灰尘；空调管理员也早早地打开了教室的空调，教室里暖和和的。曲老师的第一节课在2班上课，下了课她急急忙忙往1班跑，生怕学生做眼操乱。一推开教室门，两操管理员已经开始组织大家做眼操，而且还不时对各组做出加分或减分的评价；节能小天使也早早地把电灯关了。这样一来，班主任的工作减轻了，学生们的管理与服务能力也得到了锻炼，从而实现了双赢。

（五）让学生发现我很重要

配套的评价机制为教育改革提供了强有力的保障。学生是教育改革中的重要部分，如何让学生真正参与到自我评价中来一直都是教育改革中的重要课题之一。教师将班级分为六个小组，每个小组成员之间是平等的合作关系而非竞争关系。大家一起讨论学习，在互助和合作中形成一种健全的心理品格，使每个学生都能够感受到自己在小组中不可代替的位置，这样能够增强他们的学习自信心，使其获得必要的安全感和成就感。教师在建设小组时注意合理搭配，使学生都能够发挥自己的优点和长处，从而取长补短，共同进步。

二（1）班田菲老师案例：

田菲老师把全班分为六个大组，每组两个小队，全班十二个小队。用捆绑方式来评价六个大组，即让小队上台展示，评价的却是小队所在的整个大组，也就是赵验军校长提出的“队展组评”评价方式，这样既解决了大班额的困惑，又让每个孩子都有上台的机会，避免了优秀学生一直发言，而潜能未开发的学生不发言的两极分化现象，调动每个孩子的积极性。每节课上都要求评出冠军组，有专门的记录员会把结果准确地记下来，一周就会产生“周冠军”，“周冠军”就有抽奖机会。田菲老师将自己的抽奖箱命名为“百宝箱”。“百宝箱”里面的奖品除了有本子、铅笔这些传统奖品外，还有一些极富创意的新奖品，比如：与老师拥抱，给老师梳梳头，与老师合影，看老师出游的照片，教老师一个你喜欢的游戏等。有了与老师亲密接触的这种诱惑，孩子们更在乎自己的课堂表现了，也让师生之间的感情越来越浓厚。难怪田菲老师每每提到自己的学生总是笑得合不拢嘴。

（六）使学生感受爱和自由

在小学阶段，学校和教师应淡化功利，以长久的眼光、从容的心态，在给予孩子们扎实的基础知识和基本技能的同时，逐步体验到平等、自由、民主、尊重、信任、友善、理解和宽容。同时，受到激励、鼓舞、感化、召唤、指导和建议，引导他们形成良好的学习习惯，培养浓厚的学习兴趣，并练就健康、强健的体魄，为他们的终身学习打下良好的基础。笑着做教师，不会笑的教师学生是不会喜欢的。教师发自内心的微笑，正是在传递他内心拥有的教师这一职业所独具的人性感召力，这种感召力透过教师智慧的语言，使学生感受到来自教师的关爱、重视、指导、暗示、欣赏和接纳。

六(2)班孙巍老师学生的作文：

爱和自由

——我喜爱的学校

六（2）班　张依心　　辅导老师：孙　巍

一个学期转眼间就过去了！来到殷都实验小学的五个月里，时间在欢笑声中流逝，在思考时走过，在不舍中挥手，转瞬即逝！五个月的时间过去了，想想都收获了什么，脑海中第一个声音告诉我：是爱和自由！

当看到侯老师在给我们讲一个故事时，讲着讲着就哭了起来，后来才知道是因为我们快毕业了，这才明白这是因为爱！当看到侯老师为了一个调皮捣蛋、“不务正业”的男孩哭泣、心痛时，这才明白这是因为爱！当看到同学们为老师流泪时，忽然明白了什么叫真正的爱，什么叫诚实的爱……

记得有一次，班里一位男生把孙老师惹生气了，但孙老师并没有批评他，而是拥抱他！没有冰冷的话，只有温暖的怀抱！只用爱表达批评！看到用爱表达批评这一幕，就想起有一位同学在吃饭时弄脏了手，同学的妈妈就批了他一顿，我想，这应该是用批评表达爱吧！两种不同的表达方式是多么不同啊！

收获，不仅只有爱紧紧地包围我，还有自由的空气出现在我心灵的空间。当我鼓起勇气向老师诉说开心的小事，小小的紧张在心底流过，抬起头看老师，没有想象中的不理不睬，却有意想不到的微笑！当课上有了想法不用举手就能说时，我感到了自由！当发言的时候，只有别人安静地倾听，而听不到嘲笑声时，我“闻”到了自由的气息！当有什么心事都可以向老师、同学诉说时，忽然很高兴自己拥有了真正渴望的自由……

这个学期，我只收获了爱和自由，但我觉得已经足够了，因为在学校里，我真正感受到了家一样的幸福感，而且幸福无处不在！在一个微笑旁，在一句关心的话语旁，幸福在校园的每一个角落都留下了它的足迹，我们被它包围得紧紧的！让我们在这美丽的校园里，在这温暖的怀抱里，感受爱给予我们的滋养，享受自由给予我们的释放！

（七）帮学生发现自我，寻找自信

爱就是尊重学生。尊重意味着信任、理解、宽容和接纳。著名的罗森塔尔效应告诉我们，教师给学生更多的心理期待，那么学生就能表现得更为出色。充分地重视和欣赏每一个学生，耐心倾听他的意见，接纳他的感受，包容他的缺点，分享他的喜悦。人被接纳，才会有被理解的感动；人被理解，才能从中体会什么叫宽容。在宽容的氛围中，人与人之间少了一些排斥，多了一些包容和尊重。在这份尊重中蕴含着一种信任，这份信任又会带来自尊，而自尊又会产生一种自我发展的动力。

六（6）班王利老师学生的作文：

新来的王老师

六（6）班　程纪龙　　辅导教师：王　利

殷都实验小学四年级六班新调来一位姓王的老师，接替离开的李老师。她三十多岁，长长的头发，炯炯有神的眼睛，和蔼可亲的面庞，当她迈着轻快的步子走进教室时，全班同学立刻起立问好。

第一节语文课，就闹了笑话。课文刚刚学了一段，王老师提问时，班里学习好的同学齐刷刷地举起了手，希望能给新老师留下好印象。

王老师看了看他们，拿起了花名册："陈亮同学，请你回答一下这个问题。"全班顿时鸦雀无声。陈亮低着头，一声不吭，双手摆弄着衣襟。王老师重复了一遍问题，见他还是默不作声，只好让他坐下，让其他同学回答。

下课了，王老师把他叫到办公室。"陈亮，刚才老师提的问题你会吗？我想你是会的。"陈亮没有说话。

王老师其实说对了，刚才的问题他确实可以回答。平时，他不怎么听课，因为换了一位新老师，他觉得挺新鲜，一直认真听课，提的问题也不太难。

他看了看老师，说："老师，我是差生，没人提问我的。"

"差生？"王老师摇摇头，"谁说你是差生？"

他想了想，说："大家都这么认为。我，我自己也承认。"

王老师听了，意味深长地对他说："一个人不是生来就差，别人说他差，他不一定真的差。爱迪生、牛顿、爱因斯坦等许多科学家小时候反应非常慢，学习成绩非常差，有的甚至被学校退学，他们小时候在别人眼里也是差生。老师希望你能认真学习，不要轻易放弃，要敢于向自己挑战，老师会和你一起努力的。"

出了办公室，陈亮若有所思地走着，他细细琢磨着王老师的话，好像看到了美好的希望。从此，陈亮像变了一个人，课堂上专心听讲，积极回答问题，王老师脸上经常带着赞赏的笑容。

二、发现课堂中的故事

依托高效课堂改革，构建殷都实验小学发现课堂体系，突出体现学生课堂上自主学习特征，在课堂上着力发展学生的求异思维、发散思维、批判思维，达到培养学生创新思维的目的，为学生的发现素养和科学创新素养奠定思维品质基础。

教学的本质是学生和教师分享对学习的激情，分享种种新的发现，发现学习方法、发现学习规律、发现学习乐趣、发现同学优点……当孩子沉闷的时候，能否用有趣的话语或活动，让他们兴奋起来？当孩子不愿意学习时，能否用充满激励的言行，唤起他们的向往，获得一种动力？当孩子很亢奋的时候，能否用富含感染力的言语，让他们归于平静？这都需要教师不断反思成长，形成教育智慧，这样教师才能用她的为人师表的魅力和幸福，带给学生爱的感召力，把教师工作做得有滋有味。教师要设法增加课堂的趣味性，耐心倾听孩子的想法，尽可能地走近学生，了解学生。为学生提供足够的思考、选择、创造和展示的机会，帮助每个孩子成长为"最佳的我"。把每堂课都看成是献给孩子们的礼物，把课堂变成师生共同生活、共同创造的充满智慧和溢满爱意的家园。

（一）在质疑中发现学习的规律

注重民主化的教学，在课堂教学中，教师应努力使学生保持一种开放自由的心态，应该鼓励学生勇于探索，敢于质疑，呵护学生创新思维的萌芽。在课堂上倡导一种合作的学风，形成以学生为中心的生动活泼的学习局面，这样容易激发学生的创新激情。宽松自由的学习环境是培养学生创新力的一个重要原因。

“自主学习发现课堂”是以高效课堂教学模式为蓝本，以培养学生的发现精神和创新品质为目标，促使学生将学习和研究推向更深层面的一种课堂模式。这样的课堂落实发现精神的抓手，一是导学案的编制上增添“我发现……”的内容，即根据教学内容要求学生对知识内容、解题思路、思想方法等进行总结；二是课堂上学生针对展示组展示完毕后的质疑补充。情感有交流，思维有碰撞的课堂才是富有生命力的课堂。

范丽娟老师案例：

在学习圆的面积计算方法时，通过剪拼，将圆转化成近似的长方形。

因为长方形的长是圆周长的一半，长方形的宽是圆的半径。长方形的面积＝长×宽，所以圆的面积计算公式就是：$S=\pi r^2$。

学生顺利地完成了推导过程，范老师暗暗感到高兴。在她认为“该结束”时，一个叫崔光垚的孩子站起来这样质疑：“既然$\frac{1}{2}C$就是长方形的长了，那么$S=\frac{1}{2}Cr$就可以了，为什么非得总结成$S=\pi r^2$呢？难道就因为课本上是那样写的吗？”接着他又给出了这样的理由：“有很多题就是已知周长求面积，那么用我的这个公式岂不是更简单吗？”

不得不说，正是因为有了教育改革这个“后台”，学生才敢于向课本质疑，向权威挑战，并且在质疑与挑战的过程中发现知识的规律，提高探索新知的能力。

（二）启发教学发现学习方法

注重游戏、情境等充满趣味儿的活动介入，启发学生进入学习的过程中，也是发现课堂一种常用的方式。好的启发活动能有效调动课堂上学生学习的主动性、自觉性，能有效促进学生成为课堂的主人、学习的主角。

四（2）班曲珍老师案例：

注重数学思想方法的渗透

《三角形的三边关系》是学生在学习认识了三角形后，通过猜想三角形的三边关系，再动手摆三角形进行验证，最后得出结论。这节课除了要通过动手操作发现三角形的三边关系外，还有一个更重要的任务就是渗透“猜想—验证—得出结论”这种学习方法和体验这种学习过程。本节课的导入是从一个猜测游戏开始的：

师：老师的信封里藏着一个大家熟悉的平面图形，你能通过露出的这一部分（露出了一个角）猜出它是什么图形吗？

生1：三角形。

生2：平行四边形。

生3：梯形、菱形……

师：在揭晓答案之前，刚才的回答只是我们的猜想，要知道到底是什么图形，我们需要——

生：打开书验证！

师：对，在我们遇到疑问或新知时，我们可以通过大胆的猜想、小心的验证，最后得出正确的结论。猜想—验证—得出结论，是一种学习方法，也是我们要经历的学习过程。

通过导入的游戏，向学生渗透了学习思想方法。接下来，进一步体验从猜想三角形的三边关系，到动手摆三角形操作验证，最后再通过观察分析数据得出结论的知识形成过程，再次让学生经历这种学习过程，感受这一思想方法。

我们数学的学习其实就是一个数学习惯和数学思想方法的学习，只要让我们的学生养成好的学习习惯、学会最基本的数学思想方法，他们以后的数学学习之路就会一路畅通。数学思想方法很多：数形结合思想、推理验证思想、分类讨论思想、方程思想、整体思想、转化思想、类比思想、等量代换思想等等。但在小学阶段这些数学基本思想方法不是单独、独立、明确呈现的，它是依附在学生学习和解决问题的过程中，所以就要求我们在备课时，思考本课知识点所蕴含的数学思想方法，在课堂教学中，逐步渗透给学生。

（三）引导学生发现身边的数学

发现课堂紧密联系学生的生活环境，从学生的经验和已有知识出发，创设良好的教学环境。运动会上的田径赛跑是学生生活中很熟悉的活动，它贴近学生的生活实际，真实、自然，是很好的教学素材。

五（3）班侯丽霞老师案例：

在教《起跑线》这一课时，侯老师设计如下：我校的跑道全长 200 米，弯道最内圈的半径是 10 米。每条跑道宽 1 米。

若进行 200 米赛跑（比赛时选手一般压着跑道的内圈跑）：

（1）第 2 道和第 1 道的路程相差多少米？

（2）第 3 道和第 1 道的路程相差多少米？

（3）若有 4 人进行 200 米赛跑，（不抢道）你可以怎样设计起跑线？

我引导学生得到设计起跑线的方法：只要第 1 道起跑线确定后，以后每条跑道的起跑线依次提前 6.28 米。前面的两道题与例题同步。后一题这类练习与例题比较应稍有变化、有所提高，可以强化认识，防止学生出现生搬硬套的消极思维现象。通过练习，学生把知识转化为能力，形成综合运用知识解决问题的技能，这些题目大部分学生经过认真思考都能够解决。在教学设计中，只有真正地贯彻“以生为本”的设计理念，真正让学生处于主体地位，真正让学生主动构建知识，实现有效教学才有可能。

（四）发现学习的兴趣

激发学生的学习兴趣，是发现课堂的一种手段，也是一个目标。“兴趣是最好的老师”，让学生自己学习，在学习中有发现，必须注意激发学生的学习兴趣。数学课堂上的讨论是活跃课堂教学，激发学生学习兴趣，调动学生的学习积极性的重要途径。因此在每一节新课中，教师都可以放手让学生去推导、去讨论，通过动口、动手、动脑，得出新的结论。数学课堂中的讨论，既能使学生进一步加强对平行的判定的理解，又能培养学生合作学习的态度，营造你追我赶的学习氛围。

侯丽霞老师案例：

如在教《数字的用处》后，侯老师让学生做一个“小小的设计师”。试编能代表自己身份的编号，学生在小组内通过充分地讨论、交流后，试着编号。

例如有个学生是这样介绍她的编号：我设计的是“豫 YDSX5038”，豫代表是河南，“YDSX”表示殷都实小，503 表示五年级三班，8 是双数表示我是女生。还有些学生的编码多种多样，有些还很有个性和特色，编码中有数字、文字、字母，还有图案等等，学生的解释也是非常有趣的。这样的设计，点燃了学生思维的火花，学生敢于质疑，大胆猜测，气氛紧张而又愉悦，既掌握了知识，又发展了能力。在教学设计中，只有着眼于学生自主、合作、探究的学习方式的建构，才有可能实现课堂教学的有效性。

（五）多给学生提供成功的机会

有兴趣才有动力，有动力才会有成功。而成功总是会使人兴奋，能产生一种积极的情绪和情感。没有人认为自己不行，愿意落后，人人如此，学生也不例外。抓住这一心理特点，我们在平时的数学教学中，尽可能提供成功的机会，使学生从数学学习中得到成功，产生满足感，增强自信心，并将此转化为新的学习动力，形成可喜的良性循环。

作为教师，应该学会笑着做老师、蹲着看学生、乐着做同事，以从容、平和、真诚的心态带给学生爱的感召，帮助他们排解学习、生活中暂时的障碍和困难。我们也许无法喜欢每一个学生，但是我们要尊重每一个学生；我们也许不能让每个学生都得100分，但我们一定要让每一个孩子拥有成功的体验和成长的自信；也许我们无法让每一节课都生动精彩，但一定要保护保持好教学的民主和对话的空间；也许我们不能解决学生成长中的每一个问题，但一定要保护好学生的学习热情和探究欲望。

第七章

发现·求索

——思考在这里延续

思考一：关于发现教育的思考

发现教育，是以强调学生科学创新素养培养为突出的教育目标，以强调学生的主体性、突出学生的学习主体地位为基本学生观，以强调学生多元发展、自主发展为主要教育策略的一种教育认识和操作体系。发现教育作为殷都实验小学的办学指导思想，是殷都实验小学在长期办学实践中不断思考，逐渐摸索、总结出的一套适合自身学校实际，也基本契合教育发展方向的教育认识和操作体系。概括来说，包含教育的本质功能、主体教育思想、多元智能理论和小学生自主发展教育理念等方面的内容。

教育的本质功能论回答了教育培养学生的知识、技能目标，主体教育回答了教育培养学生的社会属性、心理品质目标，多元智能理论和自主发展教育对培养学生的方法论提供了支持。发现教育设计了立体的教育框架，多年来扎实、有效地指导并促进了殷都实验小学健康发展。

一、“我发现”文化

（一）教育的本质功能

“什么是教育”，曾经是我们苦苦思索却不得其解的一个问题。我们试着从教育的本质功能这个角度来思考。教育的本质功能有许多，比如教育具有传承功能、阶级功能、政治功能、统治功能和创新功能等。这里，没有区别教育的狭义和广义领域，仅是泛泛而论。就狭义的学校教育尤其是基础教育而言，就我们的认识和理解，教育的本质功能有两个。其一是传承。传承就是传承人类既有的文明成果。将人类既有的文明成果，利用课本这个载体，在学校的课堂上，借助教师的帮助，转化为学生的知识和技能。现在的学生，不需要按照前人的研究路径，经历那个漫长而复杂的研究过程，只需要站在前人的肩膀上，获得那些认知。这就是教育的传承功能。其二是创新。这里指的不是教育理念创新，而是指教育要培养学生的科学创新素养。让受教育者在获得知识技能的同时，形成一定的科学创新素养。这是教育的第二大本质功能。科学创新素养包括科学创新所应具备的知识、科学创新意识（精神、能力）、科学创新思维、科学创新行动、科学创新成果等几个方面。

教育的传承功能，是基础性功能，人类既有的文明成果要基本普及所有受教育者。教育的创新功能，是教育的高级功能追求，在受教育者普遍形成科学创新意识的基础上，一些具有科学创新潜质的受教育者还要进一步获取专门的科学创新知识和科学创新思维方法，付诸科学创新实践，形成科学创新能力。此时，这部分人基本已经形成科学创新素养。

教育的传承功能反映到教育目标上，就是让学生具有扎实的基本知识和基本技能。这在我们的课程标准上有所反映。教育的创新功能反映到教育目标上，就是让学生形成较高的科学创新素养。科学创新素养包括三个方面：其一是科学创新的知识，就是学生掌握一定的基本知识和基本技能；其二是科学创新的心理品质，包括创新意识、创新精神、创新思维、创新方法和创新能力；其三是具有科学创新的行为和实践。在学生学习的不同阶段，只有科学创新素养的简单和复杂区别，没有阶段性区别。以前有一种认识，说是小学阶段形成创新意识，中学阶段形成创新精神，大学阶段形成创新能力。这种阶段性划分有一定道理，但是割裂了学生的创新素养结构，是不科学的。

我国的传统教育重视教育的传承功能，而不自觉地忽略了创新这个重要功能。我们对教育的认识就是让孩子学知识、学文化。特别强调和发展教育的传承功能，好处是学生的基本知识和基本技能掌握得比较全面、系统。但过分强调教育的传承功能，也必然带来诸多的教育积弊，比如教育目标单一、教育手段单一、教育评价单一等，最终编造了传统教育特有的那种应试教育樊笼。在这样的教育体系中，学生的主体地位缺失，学生的学习主动性缺失，学生的创新思维缺失，教育表现出来的状态就是教师竭力教授，学生拼命死学。学历很高、能力低下，知识广博、创新不足，是我们教育体制下学生的不争表现。有人将诺贝尔自然科学奖获得者中至今没有新中国教育体系培养出来的学生，归结为我们的教育体制存在问题，这不无道理。这种状况，也必将影响未来一个国家和民族的发展后劲，影响一个国家或民族在一个时期内的国际竞争力。

西方的教育与我国的传统教育则相反，他们强调教育的创新功能，特别重视学生的动手实践和创新能力培养。例如美国的传统基础教育，在美国没有全国统编教材，教材都是教师自己编写自己使用。他们的教学方法非常灵活，学生在课堂上学习非常自由，也非常自主。他们的教学效果检测也比较自由，几乎没有统一的成绩检测体系，学生较少考试，几乎没什么成绩负担。他们的学生作业比较开放，经常是一些研究性的课题。美国教育体系下的学生学习轻松、愉悦。这样的教育体制优势非常明显，学生具有很强的主体意识，具有很强的动手实践能力，具有很强的创新能力。但是，美国的教育却不自觉地忽略了教育的传承功能，学生的学习往往不成体系，所学的知识有时候也比较浅显。

综合来讲，中国和美国的传统教育，在本质功能的追求和落实方面有很大差别。中国传统教育重视的是教育的传承功能，学生表现是基础知识和基本技能扎实、牢固，但创新实践能力缺失；美国的传统教育重视的是学生的动手实践和创新素养的培养，学生的表现是动手实践能力较强且创新素养较好，但知识体系往往不够完善和深入。

中国意识到自身传统教育存在的问题，从 1999 年开始了新课程改革。这轮改革从改革教材、教法入手，提出了基础教育的新课程三维目标，提出了自主性学习、合作性学习、探究性学习等新的学习方法，力图实现在保持学生扎实的学科知识的同时，实现学生创新素养的教育功能突破。而美国，早在克林顿任总统的时候，包括微软公司在内的大型集团和公司就向联邦政府上书，要求政府改革基础教育。他们认为，美国的基础教育阶段在基础性知识教学方面存在问题，孩子们所学的知识不成体系，也不深入。现在的教育体系下的孩子，将来将没有能力引领美国走在世界的潮头。他们建议加强基础教育，让孩子系统学习学科知识。据此，克林顿政府制定了教育改革法案，但没有等到签署生效，克林顿届满卸任。小布什任美国总统之后，签署的第一个法案，就是这个教育改革法案，法案名称是“不让一个孩子掉队”。按照这个法案，美国开始对基础教育阶段学校进行教学效果考核，甚至进行全州统考排名。他们的教育改革价值取向是，在保持学生良好的创新素养和动手实践能力的同时，让学生的学科知识体系学得更加扎实和完善。

中美两国都在进行教育改革，其改革的起点不同，但目标取向却是一致的，就是学生基础知识、基本技能扎实，同时学生的动手实践和科学创新素养较强。由此可以证明，教育的本质功能是传承和创新这个判断是正确的。这就是教育的本质功能论。

（二）科学创新素养教育

我国的传统教育重视教育的传承功能，以“两基”扎实为主要的教育目标，运用不同形式的统一考试来检测、评价学校、教师乃至学生的教学、学习效果，而忽略了对学生创新素养的培养。殷都实验小学在过去也不例外，坚持每月考试，按班级给教师排名，等等。虽然一贯地取得了较好的成绩，但是学生思维僵化、负担过重、学习兴趣缺失。鉴于此，我们进行教育思考时，认为应该将学生的科学创新素养教育放在一个重要位置，要努力实现教育在这方面的突破。其实，一个大国必须有与其体量相当的科技创新能力，才能稳居大国地位。当今的世界，谁能提出新的科学思想、新的理念，谁就站在了科学技术的前沿。而科学思想、理念、概念的创新，需要具有有创新素养的人群。因此，突出科学创新素养的培养，应当是一种正确的选择。

于是，殷都实验小学提出了将科学创新素养培养作为学校特色进行建设的设想。为建设科学创新素养教育特色，我们确立了科学特色课程项目，以科学特色课程建设作为学校科学素养教育特色建设的突破口。

在一、二年级开设科学课，设立专职科学课教师，建设学校科技馆，开设社会大课堂，科幻电影进课堂，凸显校园物表文化的科学特色，开展自主学习小课题研究等等，都是我们为建设科学创新素养教育做出的努力。

（三）“我发现”学校文化

学校文化是决定一所学校竞争力的核心因素。对于一所学校来说，教育教学质量、学校的物质文化建设、学校的社会美誉度都是学校的外显竞争力。而支撑这些竞争力的因素，是学校的管理和教师队伍素质。学校的教师队伍素质、学校的各项管理措施等，都决定着学校的外显参数。但支撑这些因素的，却是居于核心支配地位的学校文化。

学校文化，承载着学校的办学思想。学校文化，决定了学校的教师队伍凝聚力，决定了学校的管理理念和管理结构形成，进一步，学校文化决定了学校的教育教学质量、社会美誉度。

在进行科学创新素养特色建设过程中，殷都实验小学的校领导一步步意识到，应当提高学校特色建设的定位，将科学创新素养教育提升为学校文化来建设。这个提议在取得教师们的广泛认同之后，随即，学校开始了学校文化建设的研究。

科学创新素养，包含了具有科学创新所需要的知识，具有科学创新的意识、精神、品质，具有科学创新的行为。这些素养的培养，是不能依靠开设专门课程来实现的。探索、发现，不断探索、发现，是形成科学创新素养的“原材料”。科学创新素养也最终体现在不断的探索、发现行动中。“我发现……”这个概念逐渐形成，并发展成为承载科学创新素养教育的标签。

2010年，殷都实验小学学校文化的标签正式确定为“我发现……”。

二、主体多元教育理念

主体多元教育思想是安阳市殷都区在推行高效课堂改革的时候，由中国教育学会小学教育专业委员会理事长、安阳市殷都区教育总顾问姚文俊先生首先提出的。主体是指主体教育，是说人具有主体性，在教育教学过程中，要避免将学生当作学习的客体对待，而是提倡承认和凸显学生的主体地位。多元是多元智能理论的简称。多元智能理论是美国心理学家加德纳提出的一种认识论，认为人的认知智能是多元的，并且分析出八种认知智能。主体教育和多元智能理论均是当今时代有关人的认知品质的比较先进的理念。姚文俊先生将两者合并起来，则为我们的教育在研究学生认知品质领域提供一个比较宽阔的视野。主体多元教育是兼具时代性和科学性的认知理念。

人具有主体性，是人和客观世界其他生物的本质区别。人的主体性，表现在人具有改造客观世界的意识、思维、方法和能力。其他任何事物都作为客体存在，都是被人改造的对象。人对客观世界的改造不仅仅是对于异质个体或非我世界，也包括自身的认识和改造。关于人的心理研究、人的意识研究、人的生理研究、人的认识研究，都是人作为主体针对自身的改造活动。人的自身改造活动，也是人改造客观世界的充分条件。对于自身的研究和改造越加充分，对于客观世界改造的方法就越科学，改造客观世界的能力就越强大。

主体教育思想，就是在认识作为人的学生的主体性特征，承认作为人的学生的主体地位，进而实施以学生为认知主体，以教师为认知帮助者的教育思想。学生主体地位的落实，最现实的结果，就是学生在改造客观世界也就是在进行学习活动时，其主观能动性得到充分的彰显。学生学习的主观能动性包括三个方面：学习的自主性，学习的能动性，学习的创造性。学习主观能动性的彰显，带来了学习体验的变化，原来是被动学习，学习非常沉闷甚至非常痛苦，犹如老牛被驱赶着拉犁耕地，现在的学习是体验愉悦，从而改变了学习的生态。学习主观能动性的彰显，还带来了学习积极性的变化。由原来的被动消极，变成了主动积极，由要我学就变成了我要学。这些变化，最终导致了学习效果的变化。在快乐的过程中，在积极主动的前提下，学习效果事半功倍。

实施主体教育，要掌握几个原则。其一，要摆正几个地位，教材是客体，教师是服务主体，学生是学习主体。在教师的帮助服务下，学生学习教材的内容，并将其内化成自己的认知结构，形成自己的基本能力。必须摒弃将学生当作容器、客体的思想。其二，要采取目标任务驱动方法。学期初明确学期学习目标，课堂上明确课堂学习目标。目标比较笼统和抽象，可以将目标转化成学习任务，由学生在完成一个个任务的过程中实现学习。其三，采取自主学习的方式，学生独立自主去尝试完成任务，达成学习目标。只有在需要教师帮助时，教师才提供适当的帮助。切忌教师在认知过程中，通篇讲解灌输。其四，要科学评价学习的效果。评价学习效果可以量化学生完成任务、达成目标的程度，评价也可以诊断学生在学习过程中出现的问题并对出现的问题予以帮助解决，评价还可以对学生的学习予以鞭策和鼓励。其五，是学后练习。练习是非常重要的。适当的作业练习，可以进一步帮助学生理清学习的过程，理清知识的脉络，巩固知识结构。

将多元智能理论引入教育，其意义非常大。加德纳认为，人的认知智能是多元的，按照他的分析，有语言智能、数理逻辑智能、肢体运动智能、空间智能、色彩形象智能等八种智能。其意义在于，廓清了一种教育认识：针对于不同的受教育者，他们的认知强项可能不同，在这个方面发展好的，在另一个方面可能发展得好，也可能发展得不好。在这个方面发展得不好的，可能在另外一个方面会发展得很好。因为孩子们发展潜质存在差异，我们就应该拿出多样化的评价标准，客观地评价学生在某一方面的发展效果。它告诉我们，教育就是让学生学习教材知识，通过考试来评价学生学习效果的认识是错误的。那种学习内容单一，评价标准单一，极容易挫伤学生学习的信心、兴趣，极容易打击学生自尊心的教育模式必须改变。

按照多元智能理论的理解，我们的教育应该在搞好普适性的基础教育的同时，关注学生的个性智能发展，只有有效关注个性智能发展，教育才是有意义的。如果我们能够区别学生的认知智能类型，根据其认知智能类型开展针对其智能强项的学习项目，可能就会减少成批的所谓"差生"，造就成批的个性发展天才。为此，我们可以在完成普适性基础课程的同时，再开设一些选修课程，让学生有机会选择能发挥自身智能特长、更适合自己的课程予以学习。我们还可以在平时的学校评价中，有目的地针对有不同认知智能的学生进行一些额外、特殊、个性的评价，也就是对学生进行个人特长评价，以评价实现对学生个性发展智能的照顾，这也是一种教育方法。

综合来看，多元智能理论引入教育，意义重大：其一，让我们认识到学生之间存在心理品质方面的差异。除了智商之外，还有智能强项的区别。教育在发展学生基本知识、基本技能的同时，也就是在对学生进行普适性知识技能培养的同时，要关注学生的多元发展。仅仅以普适性知识的学习成果来评价学生，会出现人才评价的偏差。其二，它告诉我们，教育方式、方法应该多元。教育不能单条腿走路，针对多元智能，应该采取多元的教育方式和模式。我们应该创造自主学习的课堂，创造适合学生自主发展的教育模式，让学生多元发展。任何仅仅局限于某一种教育模式的教育理念，都会扼杀一些学生的多元智能，都是应该摒弃的。其三，帮助我们树立多元的教育价值观。学生的发展智能是多元的，学生最终形成的技能将是多元的、丰富多彩的。社会需要的人才也是多元的，多元的社会需求，对应多元的学生发展智能，正好是一个完整的结构。按照学生的智能强项发展，是社会对人才的多元需求。正所谓"天生我材必有用"。

总之，主体多元教育思想是科学的教育认知。我们的教育必须了解、认识这种科学认知思想，变革我们的教育管理模式，变革我们的教育思维模式，变革我们的教育教学模式，变革我们的教育评价模式，让学生主动地参与学习，让学生体验更多的学习快乐。

三、自主发展教育理念

受国内其他课改先行学校的成功典型的启发，殷都实验小学从2004年开始，在全校实行课堂教学改革。改革的主要内容是“目标引导、自主学习、先学后教、当堂练习”。至2008年，全校课堂改革基本达到要求，大多数教师的课堂已经形成了自主学习的基本模式。当年，我们提出将自主学习课堂教学改革，提升到“小学生自主发展教育”的新阶段。于是全校在课堂改革、学生管理、学生评价等多方面开始进行自主发展探索。也就是说，自主发展教育在我校有着长时期实验的经历，经验不少，教训也很多。

综合前面所述，如果从人的知识和能力素养培养目标角度看，教育的本质功能是传承和创新；如果从人学习的心理品质培养目标角度看，教育的功能是主体和多元；如果从人的发展方式培养目标角度看，则教育的功能应该理解为自主发展。那么，关于教育则可以阐述为：教育就是实现教育的传承和创新两大本质功能，承认、强调、依靠和使用人的主体多元特质，以自主发展为主要发展方式的影响人的发展成长的社会活动。我们的教育目标是：培养“双基”扎实，具备科学创新素养，具有主体意识，自主多元发展的未来社会建设者。

自主发展是人的主要和重要发展方式。人具有改造客观世界的基本属性，其发展必然依据自身的内在需求，根据自身的发展起点，根据自身的发展潜力而进行。这就是自主发展的内涵。一切基于外部需要而强加于个体的发展要求，都是反规律和反人性的，也是效果极差的一种发展方式。

学生有主体性。教育要承认、强调、依靠、利用人的主体性，让学生自主发展。让学生自主发展，其发展的主观能动性就会得以激发，发展的品质优越，发展的速度和效果就好。我们反对忽视学生主体性的他主发展的传统教育模式。

自主发展包含多个方面：自主学习、自主管理、自主评价、自主调节等。

自主学习是我国新课程改革提出的一种学习方式，与合作学习、探究学习、研究性学习并列出现，为新课程改革提出的几种学习方式。这种说法较以前虽有很大进步，但是仍然有一定的不完整处，那就是没有分清自主学习、合作学习、探究学习这几种学习方式的层次。三者不是同一个层面的概念。如果将其混为一个层面，就会把这些学习方式当作并列存在关系。这就容易导致操作层面的问题，例如单独强调合作学习或探究学习等。其实，自主学习是一个上位概念，只有在自主学习的大前提下，才可以谈得上所谓的独自自学、合作学习、探究学习。

关于自主学习和他主学习，余文森曾经有一个比喻——父亲的脚后跟。说的是一个父亲，带着自己的孩子出门去赶集。孩子从来没有出过门，于是父亲就告诉儿子，跟在自己身后，看着自己的脚后跟，不要走丢了。可是孩子的注意力有时是会转移的，一不留心，找不到父亲，于是就走丢了。这就是一种非自主学习方式。

自主学习的条件是，学习动机明确，学习目标明确，学习任务明确，学习方法自主选择，学习过程自主经历，学习效果自主评价。如果学习的动机来自自主需求，学习目标来自自主确立，学习任务也是自己根据学习目标转化而来的，则自主学习就属于一个较高的层次，其学习的效果相对于前者会更好。

自主学习的流程：第一，通过背景介绍，学生明确学习的动机；第二，明确目标和要求，即明了学习什么、学到什么程度；第三，目标转化成学习任务，实现目标的具体化、任务化和可操作化；第四，选择自己喜欢的学习方法和学习策略；第五，自主经历解决问题完成任务的过程；第六，检测自己的学习效果，并对自己的学习行为予以评价。

其中的学习过程就是自主解决问题的过程，可以分成几个环节：自己独立解决、小组沟通交流、班内展示交流等。这个过程还要伴随适当的评价，以产生刺激和激励作用。

自主学习方式的优势在于：其一，学习者轻松愉悦。由于学习者的学习动机明确，学习愿望强烈，所以其学习就是“我要学”状态，具备极强的积极性和主动性。愿意做的事情，当然就是快乐的。其二，学习效果好。学习的目的地以及路线都了然于学习开始前，胸有成竹，就如同自己驾驶汽车按照地图行进一样，所以学习的效果比较好。其三，利于创造性素养的形成。在自主学习状态下，学习者的发散思维、求异思维和批判思维得以关注，进而就会形成创新思维。

自主管理是自主发展的一个重要方面。学生的良好行为习惯的养成、学生主体意识的形成、学生民主精神的形成、学生科学创新素养的形成等，都可以得益于学生自主管理的实践。

自主管理的基本原则是岗位目标责任制和考核量化评价制。将管理项目分解成学生力所能及的小单位，形成一个个小岗位，学生对岗位进行自主选择确定，制定明晰的岗位职责和岗位履职目标，实施科学客观的履职情况量化考核评价制度。在自主管理中，学生学会了劳动和管理，养成了自主管理的习惯，自己的事情自己做逐渐形成了主体意识，岗位自己选、职责自己定、工作有考核，民主的精神也逐渐形成。

自主评价和自主调节，是学生在实现发展的过程中，诊断自己的发展问题，总结自己的发展成果，进而进行发展方式调整的策略，对于实现自主发展的健康前行，有着重要的意义。

经过几年的实践，证明自主之于学生的发展效果，明显优于其他的发展方式。

四、发现教育思想的形成

自“我发现……”学校文化标签确立以后，我们殷都实验小学对自己的办学思想进行了梳理。我们认为，根据教育本质功能就是传承和创新判断，让我们做出以科学创新素养培养作为学校特色的选择；主体多元教育理论让我们找到了自主学习发现课堂的有效课堂教学灵魂，形成了多元教育价值观；而之前长期的自主发展教育实践证明，只有自主发展才是学生有效发展的根本途径。也就是说，传承和创新的教育本质功能论、主体多元教育理论、自主发展理念共同指导了学校的发展，共同构成了学校的办学指导思想。为确立科学素养这个重点，学校将这个教育思想体系命名为发现教育。

发现教育，我们也称之为“我发现”教育。发现教育强调自然科学知识学习。谁获得科学知识多，具备的科学技术强，谁就可能成为推动历史车轮前进的丰碑式人物。丰碑式人物多的这个民族就会成为世界民族之林的强者。

发现教育强调创新素养。科学知识，创新意识，创新思维，创新行为，都是创新素养的元素。强调创新素养，还要关注创新思维品质的形成，利用有效教育手段，培育学生的求异思维、发散思维、批判思维，进而达到培育学生创新思维的目的。

发现教育强调学生的发现品质。用我的眼睛去观察，用我的大脑去思考，用我的双手去操作，用我的智慧去创造。生活中有发现，校园中有发现，课堂上有发现……发现我的神奇，发现同伴的神奇，发现老师的神奇……脑子充满好奇，每天点滴发现，万事万物神奇，奥秘我能发现。

发现教育承认学生的主体属性，强调学生自主发展。自主发展，其自主性、能动性、创造性得以迸发，发展充满灵动和快乐。发现教育力避他主教育那种扼杀学生发展主动性和灵动性的僵化教育思维模式。

发现教育认可并努力发展学生的多元智能，强调学生多元发展。社会需要的人才是多元的，人群的发展智能是多元的，个体的发展智能存在差异。多一条发展路径，多一个评价标准，促进学生实现多元发展。

发现教育关注教育的本质功能，关注教育的终极目标。

发现教育在校园实施，落到实地与取得效果很关键。为此，我们注意几大原则：坚持普及性实施与个性化实施相结合的原则；坚持实施到学生中与学生主动参与的原则；坚持课堂渗透与活动培育相结合的原则；坚持学校文化孕育与管理评价保障相结合的原则。

五、让孩子在发现中成长

在以发现教育为引领的办学思想确定以后，我们随即落实到办学实践中。发现教育在实践中的逻辑关系是，以发现教育为指导思想，以“我发现”学校文化为思想的承载，以七个具体发展项目为抓手，实现学生和学校的发展目标顺利完成。借鉴项目化工作法的原理，将学校实施发现教育列为长期重点工作，将学校文化建设目标分割为七大实施项目，由分包项目负责人负责落实。七大项目分别是：科学特色课程建设，发现课堂建设，自主管理体系构建，学生特长发展，多元发展性学分制评价，教师专业发展，家长学校建设。

（一）科学特色课程建设项目

目标是通过科学特色课程建设，为学校发现思想、“我发现”学校文化找到一个落地点。我们着力于校园物表文化的科学知识特色和学生参与“我发现”文化活动激励功能特色，使校园物表成为会说话的教育者，影响教师、学生的发现教育思想认同感。着力于殷都实验少儿科学院建设，承载“我发现”文化活动，激励学生普遍地自主参与到文化建设活动中来。开展“我发现”文化卡片撰写、进行自主学习小课题研究、建设学校科技馆、开设社会大课堂、科普电影进课堂、举办“我发现文化节”等多种活动，具体承载“我发现”学校文化的要素。

（二）发现课堂建设项目

目标是改造传统的课堂，变以教师教为特征的他主学习形态为以学生学为特征的自主学习状态，同时达到课堂学习中培养学生发散思维、批判思维、求异思维进而培养学生创新思维的目的。规范发现课堂的实施范围，二年级以上的所有学科课堂。规范班级课堂管理结构，实行班、组、队、对子、队员五级管理，每班1正、2副共3个班长，每班6个组6个组长，每组2个队2个队长，每队4—6人。统一课堂评价与班级评价，统一不同学科课堂评价，提出评价一体化概念，建立评价一体化模式，每节课产生冠军组，以一定的分数记录于班级管理评价中，班会予以讲评。规范课堂的五环模式，规范课堂的队、展示组评价模式，提出课堂的小流程、大流程、特流程类别，等等。

（三）自主管理体系构建项目

目的在于突出学生主体地位，养成学生自主管理的意识、习惯，形成民主思维模式，学会一定的管理方法，并最终提高班级管理的质量。着力于岗位自主管理实践。将学校和班级管理中的所有岗位切割细化，形成一个个小岗位。确定岗位名称，制定岗位职责和管理目标。学生自主择岗上岗，考核评价岗位履职情况。实施班级自主管理考核评价实现一体化等等。同时，制定学生校园行为规则，教育学生养成良好的校园行为习惯。

（四）学生特长发展项目

目标是根据多元智能原理，经过我们的努力，让每一个学生都有一项特长。这项特长可以是基于学科内，也可以是学科外的特长，可以是世俗常规的特长，也可以是独特的绝活。重点工作在于督促学生形成特长意识，也就是让学生意识到自己有一项特长。也在于督促学生在意识到有特长的时候，也能有意识地加以训练，至少形成该项特长的简单技能。强调学生申报特长，学年初动员学生确立特长，填写申报表申报特长，填写特长申报表时要求家长协同参与并签字。强调考核认定特长，学年末，由家长委员会对学生的特长申报项目予以考核，根据考核情况予以认定或不予认定。中间，举办“校园星光大舞台”活动，让具有特长的学生登台展示自己的特长，在全班同学面前露一手，激励自己进一步练习，也鞭策其他同学加紧练习。

关于特长，之前我们也通过开办各种社团，实现学生在社团活动中学习、练习自己的特长，但是由于师资问题、学生多编班困难问题，主要是学生特长的多元化问题，社团逐渐停办。现在的不教练、不教学，只确立和考核认定的模式，效果可能更好。

（五）多元发展性学分制评价项目

多元发展性学分制评价项目是其他各项工作的总推进器。目的是建立科学的、客观向上的评价机制，促进学生的自主发展。主要有学科内考核评价、学科外考核评价两大部分。在学科内考核评价中，区别学科内知识类考核评价和学科内能力类考核评价。学科内能力类考核评价，采取面试评价的方式进行，由家长委员会完成。学科外评价包括三种评价，分别是班级自主管理考核评价、殷都实验少儿科学院学位评价、荣誉特长类评价。其中班级自主管理考核评价，评价获得表彰者，获得各种各级“小管家”称号。殷都实验少儿科学院学位评价，评价获得表彰者，被授予各级学位称号。特长、荣誉类评价获得荣誉者被授予“优秀学生”称号或“特长发展之星”称号。

教师专业发展是学校教师队伍建设的重要内容，家长学校是家长素质提高的重要途径。这两项工作之于学校的发展，都有着非常重要的作用。将这两项工作作为学校重点工作，长期不懈地抓紧抓实，是我们一以贯之的做法。

依托这七个项目，我们的发现教育思想，基本落实到了办学工作实践当中，从而为孩子们创建了一个具有浓厚发现氛围，能够基本形成科学创新素养，实现自主发展、多元发展的快乐校园，充满“发现”的校园。

思考二：发现课堂的表决性评价

评价，是发现课堂的一个基本要素。评价几乎遍布课堂的每一个环节，评价产生良好的课堂学习秩序，评价产生良好的学习效果，评价产生学生积极的学习动力。

对评价的总体要求是，每个班级的所有学科课堂，要有统一的评价标准。这个标准的产生，由班主任负责。每一节课，在下课时，上课教师都要组织学生按照课堂评价规则和标准，总结出这节课的冠军组。冠军小组由班长或者评价管理员负责记录归档。

高年级的课堂，提倡按照环节评价。即在每一个环节完成后，就这一个环节学习中，对各组同学的表现情况进行总结，以分数量化并记录。

低年级的课堂，或者是班风秩序不太好的班级的课堂，提倡按照时间进度进行评价。即课堂学习进行过程中，根据教师对学生学习情况的观察，如果学习氛围较好，则继续学习，实行不打断学习而评价；如果出现了学生学习状况纷乱或者因学习内容转段，需要进行评价的情况，则打断学生学习，专门进行一次评价。

每个课堂的评价次数，以5次为宜。最多不要超过7次，最少不要少于3次。高年级可以少一些，低年级可以多一些。班风、学习氛围好的班级可以少一些，班风、学习氛围差的班级可以多一些。

评价要正式。要么不评价，既然评价，就组织学生全部停下来，正式实施评价。我们强调评价的庄严性。反对那种在学习进行中，针对某一个不良现象，而随意进行一次点名批评式的评价。这种评价虽然可以及时提醒那个学生，但是，却耽误课堂进度，影响其他学生的注意力。这种随意的不做记录的评价，也不能够引起全体学生的足够重视。这种评价的“人治”倾向突出，一般不是依照班规班纪而做出的。

评价要以量化积分为主要形式。我们反对那种定性的评价。对于相当一部分的老师，由于缺乏足够的威信，定性的评价过多过滥，已经成为学生的一种“耳旁风”，几乎没有什么效果。量化的分值一般设三档，分别为0分档、1分档、2分档。

关于评价的形式，在我们现在的课堂上主要表现为三种：其一为教师直接施以评价，其二是一组同学对另一组同学施以评价，其三是表决性评价。我们提倡在课堂评价中，采用表决性评价。

所谓“表决性评价”，就是在某个评价实施时，由评价组织人按照评价规则，组织全体同学对评价结果进行表决。根据表决情况得出小组的最终得分。比如，某个环节评价时，组织者就6个组的评价结果进行唱分：同意第一组得2分的举手，同意第一组得1分的举手，同意第一组得0分的举手，根据举手多少，确定第一组的最终得分。以下以此类推。也可以由组织者领唱：现在评价第一组，请各位同学亮分。大拇指与食指圈成圆圈、其他三指蜷回表示0分，一个食指表示1分，食指和中指同时出为2分。每一个学生将手形分数值举手亮出，根据学生举手情况确定最终得分分值。

表决性评价优势明显。其一，可以突出“民主”，民主不仅是现代社会的主旋律和主要追求，也是学校教育孜孜以求的，从小应该给学生以民主思想的熏陶。其二，可以提高学生的参与意识，每个学生都可以在学习之余对别人予以评价，其注意力会及时收回，并保证在过程中注意学习秩序和行为。其三，利于培养学生的主体意识。其四，规避了教师评价和推火车评价的适用标准偏颇或评价缺失公平。其五，利于提高课堂上的凝聚力。

思考三：班级管理的五级管理结构模式

在班里听课多了，一个问题逐渐凸显，那就是班级管理的结构和班干部名称很乱。就拿班长来说，有的班级叫班长、副班长，有的班级叫中队长、副中队长，有的班级叫小班主任，有的班级甚至叫大班长等等。而班级管理的二级机构名称也五花八门，有的是组，有的是队，有的是对子，等等。二级机构的规模大小和数量也差别很大，有的班级固定组数为6个，则每个组10多个人；有的班级固定组内人数为6人，全班设10多个组。

这令人眼花缭乱的管理结构，给学校的整体管理带来很大不便。比如，偶然发现某班一个突发情况，校长想找来他们的班长问一下情况，结果却问不出谁是班长，因为他们班的管理结构里没有设班长一职；想找班里最大的“官”，同学们又说不上来，往往一下子能找到好几个。这种情况引起赵验军校长的思考：偶然的一件事就令人对一个班级的结构都这么无从下手，那么每个学科的教师在上课时，不知道会是什么情形？

这种班级管理的乱局，弊端很明显。第一是不利于班级的内部管理。虽然我们强调民主管理，但是民主管理也需要产生一个班级管理的主要负责人，那种各管一道、政出多门的管理体系是不能应对班集体的管理需要的。有一个主要负责人，便于协调各部门，便于组织开会研究事务，便于对外沟通，便于班主任传达指示。第二是不利于班级非班主任任课教师的课堂管理。他们要兼任年级内 8 个班的教学任务，不可能认清所有学生，那么就需要通过机制管理，如果班级之间的管理结构和机制不统一，势必增加管理难度。

由此联想到，军队建制中设立连、排、班，极大地提高了军队管理的效度，我们的班级管理能不能也借鉴一下军队的管理形式呢？

经过周密考虑，形成我校现行的班级管理结构模式。这也有效破解了我校大班额的班级管理难题，解决了班数过多带来的管理难题。

统一的结构模式是：班级划分为班、组、队、对子、队员五级。班级设班长 1 人，副班长 2 人；班级下设 6 个组，每组设组长 1 人；组级下设 2 个队，每队设队长 1 人；队级下边就是个体，称为队员。6 个组编号为第一、二、三、四、五、六组。组内的队称为甲队、乙队。队内队员编号为 1、2、3、4、5、6 号队员。课堂上，教师可以把各队 1、2 号队员称为 a 对子，3、4 号队员称为 b 对子，5、6 号队员称为 c 对子。课代表一类的职务，由组长这一级的干部兼任，不设专门职务。

在课堂教学或者课外活动时，班、组、队、对子的结构可以灵活运用。需要以班为整体活动单位的，则整班活动。班内管理，比如课堂评价时，又以组为单位比较合适。活动清点人数或分解游戏单位时，往往又以 6 个人的队为单位更合适。课堂上讨论问题、核对答案等活动，对子又是很合适的组织形式。具体怎么运用，不作统一规定。但是班级结构，必须严格按照统一的要求组建。

经过一段时间的运行，效果非常好。教师们很愿意这样规范，对五级管理结构模式非常认同。五级管理结构模式有效提高了班级管理效果，有效配合了发现课堂建设和岗位自主管理机制模式的实施。

第八章

发现·成果

——智慧在这里闪光

呈现一：成长的脚印

朱自清在《匆匆》中写道：“燕子去了，有再来的时候；杨柳枯了，有再青的时候；桃花谢了，有再开的时候。但是聪明的你告诉我，我们的日子为什么一去不复返呢？”是啊，时间是这样的匆匆，一去不复返。

学生成长记录手册

作为学校，一个个学生在小学阶段度过了六年的小学时光，我们怎样留住孩子们成长的瞬间，留住美好的小学回忆呢？我们该怎样记录下孩子们成长的脚印，到孩子们长大成人后重返母校时，还他们一份惊喜呢？应该怎样立足于每个孩子个体的成长，让每个孩子都能感受到经过自己不懈的努力体会成功带来的快乐呢？那就是对孩子六年的成长予以记录，留下他们成长的脚印。于是我们精心设计了一套成长档案。档案包括两部分肖像，其一是“殷都实验小学学生成长记录手册”，包括学生每个学期的照片，记录有学生的身体发育情况，每个学期学生的学科知识能力成绩，同学、老师、家长对孩子的综合描述性评价，还记录有每个学期放假、开学的相关通知等。这份档案偏重于文字记录。其二是“殷都实验小学学生成长档案”，档案袋由市场上常见的一般档案夹代替，记录十二个学期中每个学期每个孩子的“成果”，设置有七个板块：我的基本情况、寄语成长、一手好字、我的发现卡、我的作品集、试卷王国、收获园。这份档案偏重于存放学生的“实物成果”。

这套档案，基本可以囊括孩子们六年的点滴进步，是每个孩子六年成长的脚印，当翻看时，孩子们能从中发现自己在一天天长大，在一点点进步。我们相信，只有发现，才有悦纳欣赏；只有悦纳欣赏，才能体验成长的快乐。

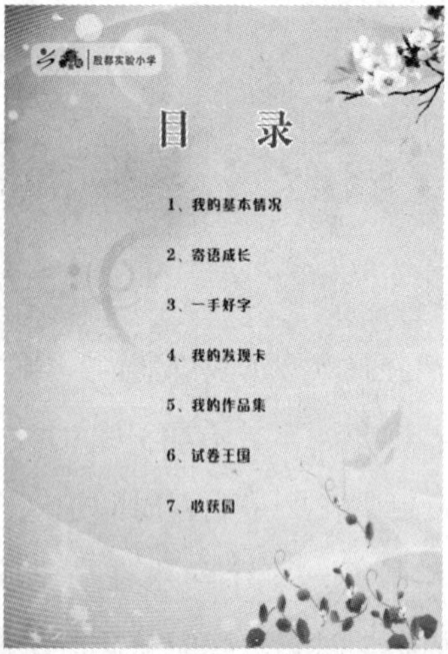

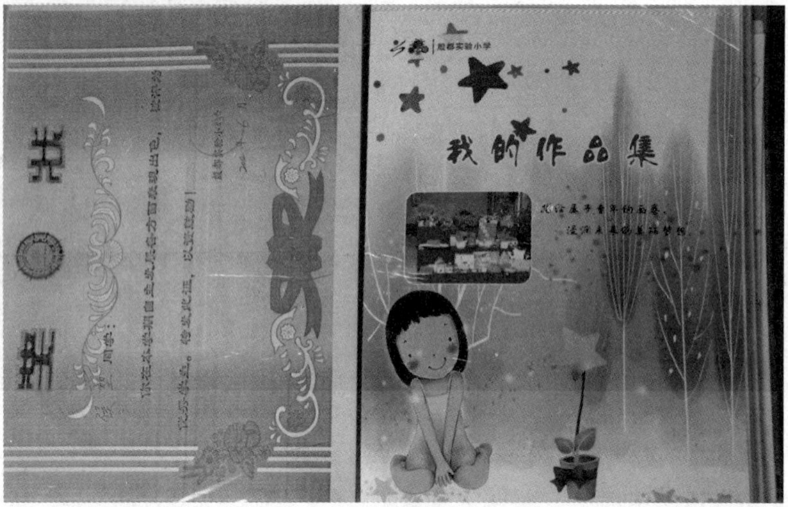

小小的成长档案，一定会让孩子们感到母校对他们的一份浓浓的爱。

呈现二：发展的足迹

于光远在《我的教育理想》中指出：“整个教育工作搞好搞坏的责任都在教育者身上。”苏步青指出：“我们常说祖国是花园，青少年是祖国的花朵，但花朵结什么果，希望能否实现，关键是操纵在教师手里。”因此教育的成功必然要求关注教师的成长、关注教师的发展、激励教师的成就感。

按照教师发展学校的思想，一个学校就是一个教师生活、成长和发展的“家园”。在一般情况下，一个教师从入职到成熟，从年轻到年老再到退休，一直会生活在一个学校中。他们把自己的青春，甚至把自己的一生，奉献给了我们的学校，风华正茂朝气蓬勃，稳重持诚师生师表，慈爱和祥桃李满天下，一个个的人生片段，我们应该替他们截取保存，将来作为一种纪念。不时看看自己的发展足迹，也是反思、总结、进步的材料。

作为学校，也应积极营造教师成长的良好氛围，使教师把学校、把教育当成自己生命中的一部分。教师有强烈的发展冲动和明确的发展目标，就会充满活

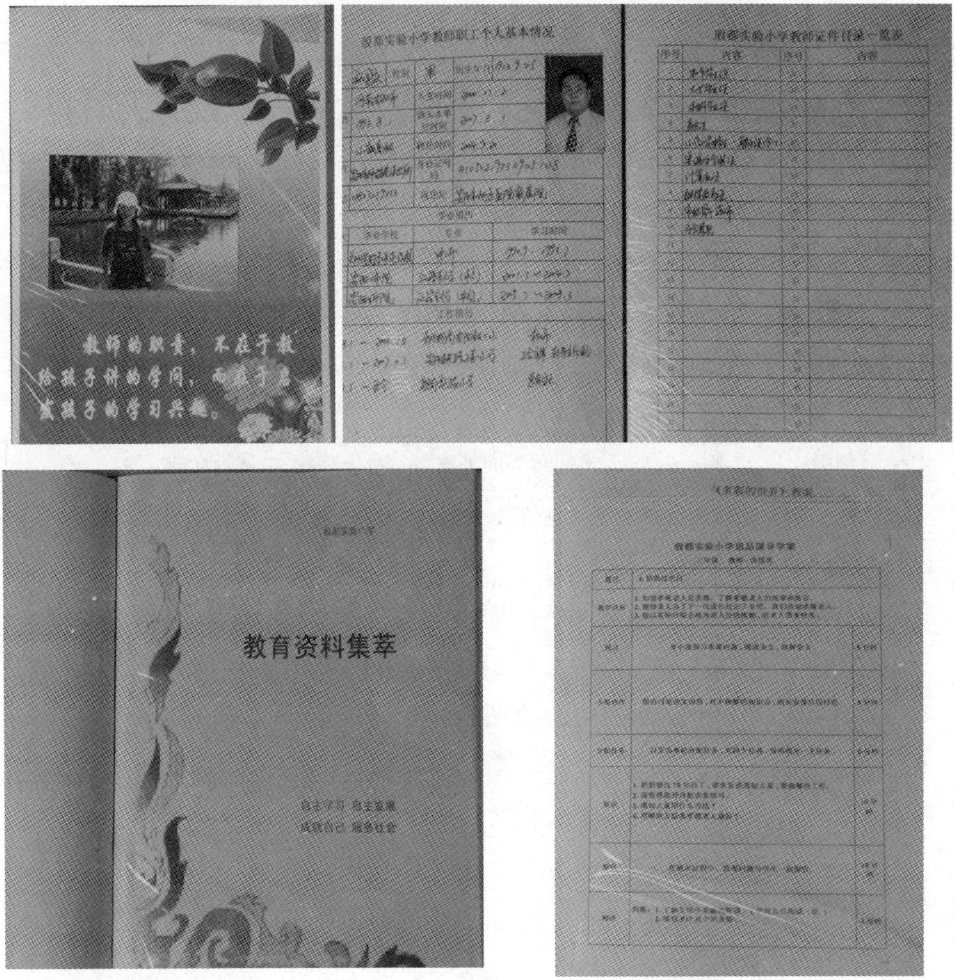

教师成长档案

力，满怀激情，主动投入到创造性的教育工作中。教师发展的内容和目标包括行为技术、情感、认知三方面。技术行为方面：增进教育学的知识技能及专长；找出阻碍教师充分发展的因素；改善教学表现；鼓励参与与发展；帮助同事有效地工作。情感方面：加强作为教学专业的自信；提高教学的满足感；增加对教育工作的承担。任职方面：理解当前的教育形式，理解现实学校政策和运作的目标和方向；认识教学工作的价值，确定个人教育信念，提供教师澄清角色的机会；认同学校的使命；对自己教学的成功和失败之处进行有效的反思。基于上面的三个方面，学校为每位教师建立一份成长档案，包括发展的“足迹”。每学期一份发展计划书、一份导学案、一份教学反思和一篇学习笔记，来记录下教师发展的足迹。

呈现三：各学科导学案汇编（设计意图及反思）

一、语文师生学习案

（一）《再见了，亲人》

年级：五年级　　学科：语文　本周行为训练重点：合作有效　展示互动
课题：再见了，亲人　　主备人：白艳红　　学习小主人：
【教学目标】 1. 正确流利地朗读课文，理解课文主要内容。 2. 有感情地朗读课文，体会重点语句对表达情感的作用。 3. 体会课文前三个自然段表达上的共同点，仿写创编。
学习过程 **任务一：正确读课文，扫清字词障碍。** 1. 大声朗读，做到正确流利。 2. 给加点字注音，再多读几遍。 战役（　）　友谊（　）　歌谣（　）

续表

噩耗（ ） 嫂子（ ） 挎着（ ）

3. 联系上下文理解下列词语。

雪中送炭：__________ 同归于尽：__________

任务二：默读思考，理解课文内容。

课文写了哪些亲人？	为志愿军战士做了什么事？可以写成小标题	体会中朝人民之间有着怎样的情感？

任务三：品读第 1 自然段，体会课文情感。

1. 默读第 1 自然段思考并在书上批注，哪些语句或词语最让你感动？原因是什么？

2. 把这种体会有感情地读出来，尝试背诵自己喜欢的语句。

任务四：品读第 2—3 自然段，体会课文情感。

1. 默读第 2 自然段思考并在书上批注，哪些语句或词语最让你感动？原因是什么？

2. 把这种体会有感情地读出来，尝试背诵自己喜欢的语句。

任务五：品读第 4—6 自然段，体会课文情感。

1. 中国人民志愿军就要离开这片洒遍鲜血的土地，离开朝鲜亲人了，心中有太多的不舍，有感情地朗读最后三个自然段吧！

注意前三个自然段的开头、中间和结尾。

2. 最后三个自然段在全文起什么作用？

任务六：研读课文，体会课文写法。

1. 默读思考，课文在表达方法上有哪些突出特点？

2. 在依依惜别之时，朝鲜人民一定会回忆起志愿军的许多可歌可泣的感人事例，请大胆想象，然后仿照课文的表达方式写一段话。

【当堂检测】

1. 抄写喜欢的语句。

2. 背诵喜欢的语句。

设计理念

（1）遵循学习语文的规律，初读扫清字词障碍，再读整体感知，品读体会情感，细读学习表达，仿写积累语言。

（2）遵循语文课标要求，高年级要在阅读中揣摩文章的表达方法，体会作者的思想感情，并尝试仿写。

（3）以任务包的形式出现，既有利于学生的学习，也有利于学生分任务展示。

课后反思

这次语文课结束之后，我对高年级语文“五环”的教学流程及任务包的设置有了更清晰的认识。

任务包：（一）生字词。（二）理清脉络，概括主要内容。（三）品读课文第（　　）—（　　）自然段，体会课文情感，有感情朗读。（四）品读课文第（　　）—（　　）自然段，体会课文情感，有感情朗读。（五）品读课文第（　　）—（　　）自然段，体会课文情感，有感情朗读。（六）揣摩写作方法，仿写或创编。

学习流程

课前预习：把导学案发给学生，学生根据导学案要求独立完成。

第一课时：检测读课文—自学群学整理—分任务预展—展示任务包一和任务包二（字词和主要内容）。

第二课时：检测—展示任务包三、四、五、六（品读课文和写作方法）。

教师的作用：学生在展示时，教师要能沉静下来用心倾听，即使发现错误也要沉住气，给倾听的同学以纠错的机会。这样做学生展示会越来越自信，倾听的同学也会越来越认真。如果大家都没有听出来，教师再补充。让教师真正成为学生中的一员，一个学习者、参与者。

（二）《威尼斯的小艇》

年级：五年级　学科：语文　本周“好习惯，我养成”：大方展示，认真倾听
课题：威尼斯的小艇　主备人：孙巍　学习小主人：
【学习目标】 1. 学会本课 10 个生字，正确读写“翘起、祷告、哗笑、停泊、操纵自如、手忙脚乱”等词语；

续表

2. 了解威尼斯小艇的特点及和人们生活的关系，感受威尼斯的独特魅力，读出自己的理解；

3. 学习作者用词准确、抓住事物特点描写的表达方法。

【时间预设】

第一课时：个人自学 20 分钟，对子交流 5 分钟，小组学习 15 分钟。

第二课时：展示探究 32 分钟，达标检测 8 分钟。

威尼斯旅游知识链接

可以将它设计成主持词、过渡语，或用它补充、丰富展示内容哦！

威尼斯是一个美丽的水上城市，“开门见水，出门乘船”是它独特风光的写照。城市面积不到 7.8 平方公里，却由 118 个小岛组成，177 条运河蛛网一样密布其间，这些小岛和运河由大约 350 座桥相连。整个城市只靠一条长堤与意大利大陆半岛连接。城内古迹众多，有毁于火中又重生的凤凰歌剧院，徐志摩笔下忧伤的叹息桥，世界上最美的广场之一——圣马可广场……令游人乐而忘返。

欢乐的学习之旅

准备好了吗？奇妙的威尼斯之旅就要开始啦！

★旅行第一关：自学互助，准备旅行背囊。

1. 用自己喜欢的方式读课文，读准字音，并标出本课生字词。

2. 理解下列词语的意思，并放声读两遍：

翘起、小艇、船艄、船舱、保姆、祷告、哗笑、停泊、操纵自如、纵横交叉、手忙脚乱

3. 再读课文，概括主要内容：

小导游提醒：可以借助工具书或联系上下文的方法来理解词语。

课文通过介绍威尼斯小艇的（　　　）特点，船夫驾驶小艇的（　　　）以及小艇和（　　　）的密切关系，为我们展示了威尼斯这座水上名城特有的风光。读了课文我最想说的是（　　　）。

★★旅行第二关：展示探究，共同畅游水城。

来到威尼斯，发现“水城”的与众不同了吗？

续表

默读第 1 自然段填空，“大街”指的是（　　），“汽车”指的是（　　），可见小艇在威尼斯有着（　　　　）。

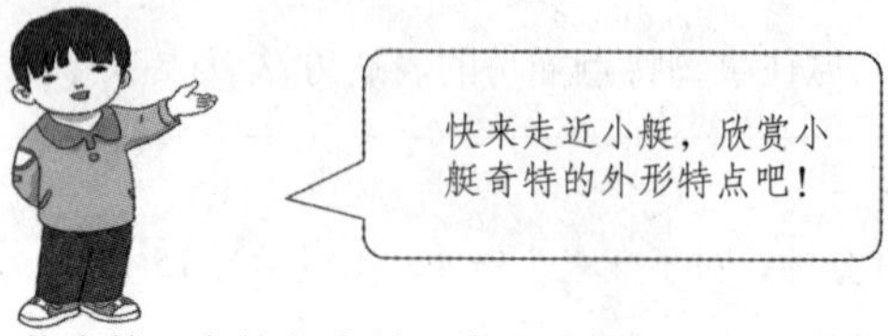

1. 我会发现：找出第 2 自然段中的三个比喻句，思考怎样生动地描写出小艇外形的特点。

①把小艇比作（　　　　），写出了它（　　　　　　　　）的特点；

②把小艇比作（　　　　），写出了它（　　　　　　　　）的特点；

③把小艇比作（　　　　），写出了它（　　　　　　　　）的特点。

2. 我会画图：根据这三个比喻句的描写，把小艇的样子画出来，并讲一讲。

3. 我会品析：这段中最精彩的是 ______ 这个比喻，因为 ____________。

4. 我会朗读：威尼斯小艇造型独特，我能把自己的理解和感受读出来。

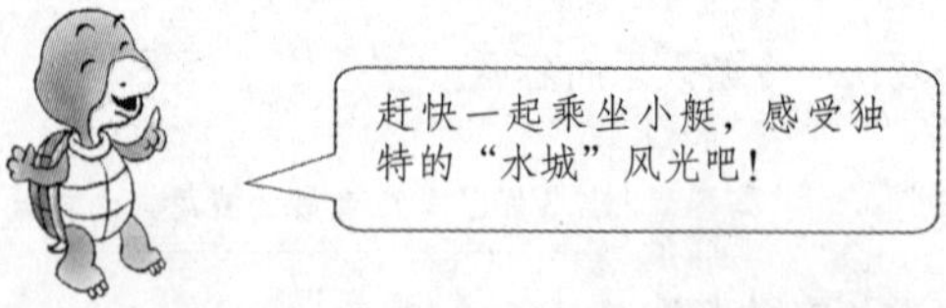

1. 我会感悟：读第 3 自然段时，我感受到坐在这样独特又舒服的小艇里游览威尼斯，我会看到 ____________（风景、建筑），听到 ________________________，我会和 ______ ____________（谁）打招呼，心情 ______________（怎样）。

2. 我会发现：课文的第 4 自然段中 ________________ 这一句是本段的中心句，其他句子都是围绕它来写的。

3. 我会表演：如果我是威尼斯的船夫，我可以向各位游客介绍我令人惊叹的驾驶技术，招徕顾客。

表演小贴士：用上课文当中的语言，加上肢体动作，能让你的表演更生动呢！

4. 我会朗读：如果我是小艇中的游客，我会惊叹船夫的驾驶技术超级棒呢！

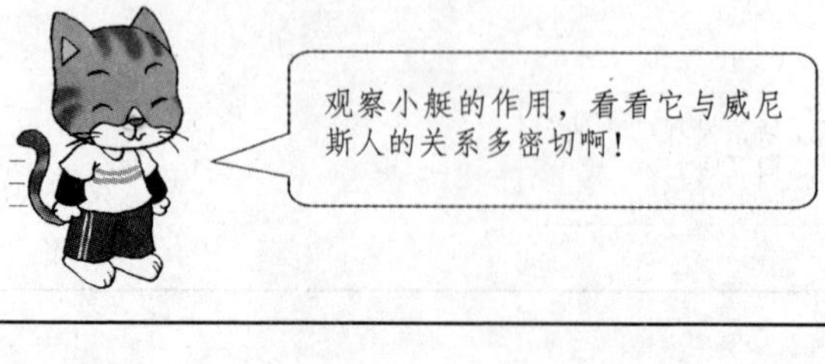

续表

1. 我会发现：对照课文第 5 自然段，我会填写下表。

什么人		去干什么	说明什么
	坐着小艇		

2. 我会仿写：________（什么人）________（怎么样）坐着小艇去______（干什么）。

3. 我会朗读：小艇与人们生活息息相关，白天艇动人动，夜晚艇停城静，我能读出威尼斯夜晚宁静的美丽。

★★★旅行第三关：达标测评，细数游览收获。

旅行加油站：没有发言的孩子抓住最后表现的机会哦！参与就是成功！

愉快的威尼斯之旅结束了，看看夜晚的星空中，你能摘多少颗星星！

★ 我能够背诵课文的优美段落。

★★ 我会用自己的方式为“威尼斯的小艇”做一个广告：________________

★★★ 我能运用比喻句描写家乡的某一处（种）景物的特点。

____

____

设计理念

《威尼斯的小艇》是美国著名小说家马克·吐温的一篇写景散文，描绘了“水城”威尼斯瑰丽的异国风情与小艇的独特作用，文章思路清晰，语言形神兼备，是进行朗读和写作训练的好范例。本文所处的第八单元训练重点为抓住主要内容，了解民族风情，并学习作者描写景物的方法。所以本课的导学案设计力图体现以读为本、读写结合的教学理念，使学生在读中感悟小艇在威尼斯的独特作用，感受文章的语言美，学习抓住一种景物刻画当地风情的写作方法。

本节课的导学案在两课时都要运用：第一课时的自主探究课上，它是学生自主合作学习的蓝本；第二课时的展示提升课上，它是小组展示、生成，教师点拨的依据。

结合课文的特点，本课导学案的设计准确而独到地把握住了课文体裁——景物游记的特点，以小导游带领大家游览“水城”威尼斯的形式展开。教学时可以按照游览的顺序进行合作学习成果的展示，一定会妙趣横生，充分调动学生参与的主动性、积极性、创造性。

课后反思

两课时的学习过程紧紧围绕学习目标，师生成为一个学习共同体。在学习方法上，一节课让“读”贯穿于学习的始终，洋溢着随处可寻的独特的“语文味”：看，学生在声情并茂、惟妙惟肖地模仿船夫介绍自己高超的驾驶技术；听，学生在激情吟诵夜色中的“水城”。尤其在展示交流环节中，学生诵读、表演、绘画、仿写……无不体现了“语文”二字，学生流连于语言文字和“水城”威尼斯的绮丽景色中，实现了语文能力与情感熏陶的和谐统一。

存在的问题：展示提升课上，在创设的旅行情境中，学生时而是小导游，根据选择的不同段落小组进行合作、展示；时而是小游客，倾听、评价、补充其他段落的学习内容……各组展示虽精彩但耗时较多，没有当堂完成达标检测的内容。下一步将规范各组展示时间，使展示既生动又高效。

备课组点评

（1）导学案的设计匠心独具

《威尼斯的小艇》一课的导学案设计以旅行为线索，引领孩子们进行了一次令人乐而忘返的“水城”之旅，一次让人怦然心动的语文之旅，一次印象深刻的学习之旅。

本节课的导学案中既有旅行情境的创设，又有学习思路的引领，既有学习方法的指导，又有温馨的提示和鼓励。此外，导学案中“我会读”“我会画”“表演小贴士”“旅行加油站”的设计，均站在学习者的角度，在相应的学习环节中为学生提供了“捕鱼”的方法，指明了“旅行”的方向，调动了学生积极参与的热情。

（2）以读为主彰显语文学科特色

语文教学的主要任务是让学生获得运用语文的能力，而朗读是一项最基本、最经常的训练。读是学习语文的一扇窗口，读是感悟积累的前提。在本节课的导学案设计和课堂教学实践中，教师以读为主，对于读的要求和形式非常明确，如：让学生用自己喜欢的方式初读课文；接着让学生再默读课文，概括主要内容；在各小组分组展示时，学生通过绘画理解、比较品析读出小艇外形的特点，通过表演体会赞叹船夫高超的驾驶技术，通过填表想象，有感情地读出小艇与人们生活的密切关系，以及读出威尼斯夜晚宁静的美丽……琅琅的书声贯穿整节课堂，学生一遍遍地反复吟诵，读出了感受，读出了意境！学生的朗读水平也在一次次的练读中明显提高。教师在其间相机点拨指导，如引导学生体会“你坐在船舱里，会怎么样？来舒服地读读这句话吧”，从而理解小艇带给大家的快乐惬意。

（三）《再见了，亲人》

年级：五年级　学科：语文　本周行为训练重点：合作有效　展示互动

课题：再见了，亲人　主备人：耿英超　学习小主人：

【教学目标】

1. 正确流利地朗读课文，理解课文主要内容。

2. 有感情地朗读课文，体会重点语句对表达情感的作用，体会课文前三个自然段表达上的共同点。

3. 背诵喜欢的段落，摘录使自己感动的语句。

【任务分配和展示过程】

（一）正确朗读课文，用生字组词并解释词语。

（二）根据表格，说主要内容。

课文写了哪些亲人？	为志愿军战士做了什么事？

（三）品读课文，课文写了哪些亲人？从哪些事情中可以感受到他们是“亲人”？并有感情地朗读。抓住重点词句来体会。

续表

(四) 课文中有不少句子表达了强烈的感情，找出来读一读，仔细体会体会。 注意前三个自然段的开头、中间和结尾。 (五) 研读课文，体会写法。 默读思考，课文在表达方法上有哪些突出特点？ (六) 表达积累 1. 在依依惜别之时，朝鲜人民一定会回忆起志愿军的许多可歌可泣的感人事例，请大胆想象，然后仿照课文的表达方式写一段话。 2. 背诵抄写喜欢的段落，并画出好词和使自己感动的句子。

设计理念

基于新课程理念，重在培养学生的自主阅读、自主感悟、自主探究、自主发展的语文综合素养。

语文课堂是情感的课堂，让孩子在课堂上充分地去朗读。本课以“感动”这条情感主线展开教学，努力构建开放的课堂格局，让学生入情入境地读好课文，使孩子们在“感动”中感受中朝两国人民的深情厚谊，在感动中让学生体会重点语句对表达情感的作用，达到语文工具性与人文性的和谐统一。

课后反思

教学时，抓住课文中的关键词句好好品析，让学生体会情感。通过琢磨词句，让学生品味、推敲，感受其感情色彩的，以阅读引起学生“内心体验”。让他们深深体会到朝鲜人民对志愿军战士那山高海深的、不是亲人却似亲人的感情。师生一起有感情地朗读，掀起了一段情感的高潮。教师不仅成为学生阅读的导师、课堂阅读的组织者和促进者，而且积极营造亲密和谐的气氛，激发学生阅读的兴趣，引导他们掌握阅读的方法，把“点拨”“启发”“引导”“激励”留给自己，把“阅读”“体验”“品味”“感悟”还给学生。注重朗读训练，读中悟情。俗话说："读书百遍，其义自见。"可见读的重要性。本节课，我根据教学内容设计了各种形式的读：自由读、个别读、齐读，让学生从读中体会中朝军民的深厚情谊，进而体会文章的思想感情。

注重培养学生的想象力。该文语言凝练，为培养学生的语感，我引导学生联系课文内容，启发他们展开想象，丰富课文内涵，拓宽思想，强化积累。如启发学生想象：八年来，志愿军为朝鲜人民做了哪些事？课文后三个自然段，通过朗读引导，让学生想象千千万万个大娘、小金花、大嫂到车站送行的情景，这样不仅对学生理解课文很有帮助，而且可以培养学生的想象力。接着让孩子们仿照课文的表达方式写一段话。

（四）《乞巧》

年级：三年级　　学科：语文　　本周行为训练重点：认真倾听
课题：乞巧　　主备人：李保丽　　学习小主人：
【学习目标】 1. 能正确、流利地朗读、背诵古诗。 2. 能大致了解诗意，感受诗人要表达的情感。
【学习流程】 1. 导入解读（3分钟）；2. 自学组学（5分钟）；3. 预展展示（30分钟）；4. 总结结束（2分钟）。
【课前预习】 1．了解作者 ____ 2．了解诗意 （1）七夕今宵看碧霄，牵牛织女渡河桥。 我知道：宵：__________　霄：__________ 两句合起来意思是________________________________ （2）家家乞巧望秋月，穿尽红丝几万条。 我知道：家家：__________　几万：__________ 两句合起来意思是________________________________ 3．我会朗读背诵 （1）我练习朗读______遍，能达到正确、流利。

续表

（2）我能在上面的诗句中画出停顿和重读，读出节奏和韵律。

（3）我要尝试背诵。

4．我会拓展

（1） 我通过 ________（方式）大致了解了牛郎织女的故事。

（2） 我还收集到的有关节日的诗有：________________________________

【学习过程】

一、直接导入，解读目标

二、自学组学

1.（起立）自已读一遍古诗，再练习背诵一遍。

2．与对子相互检查背诵。

3．与对子互对“课前预习”部分，都有疑问的咨询小队其他成员。

三、预展

出示任务包，分配任务，开始预展。

任务一：了解诗意。

（方法参照“课前预习 1”）

任务二：朗读古诗。

要求：展示读文要正确、流利，读出诗的节奏；多种形式检查其他同学读古诗的情况。

任务三：了解诗意 1 、2 句。

参照“预习了解诗意（1）”，要检查掌握情况。

任务四：了解诗意 3 、4 句。

参照“预习了解诗意（2）”，要检查掌握情况。

任务五：背诵古诗。

要求：背诵正确、流利，要有诗的节奏韵律。多种形式检查其他同学的背诵情况。

任务六：拓展延伸。

要板书收集到的诗的名称、作者。熟悉的诗要让大家一起背一遍。

四、展示

1．每组的 A 、B 两队石头剪刀布，决定展示组和补充组。

2．开始展示。

五、总结

总结诗人的情感，引导孩子读更多的中国民间故事、传说。

设计理念

《乞巧》是三年级下册第八单元《古诗两首》其一。对于古诗的学习，前面已经有学习和引导，同学们能根据注解、参考资料等内容理解字词、基本了解课文大意，本节课在学生已有的学习经验上，又增加了了解作者和拓展延伸，意在培养学生收集、整理资料的能力，拓展学生知识面。为了让学生在课堂上展示的既扎实有效，又有提升的空间，所以对预习做了详尽的布置，体现对学生自学能力的培养。

课后反思

本节课，学生学习态度积极，展示扎实，学生补充积极，时间到了，还意犹未尽。我想这得益于导学案上"课前预习"部分，条理清楚，任务明确，重点突出。孩子们肚子里有"货"了，知道说什么，表现的欲望自然而然就产生了。加上我在每个任务后都有对这个任务展示的一些提示，降低了难度，又增加了可操作性和针对性，同学们对展示的方法也运用得得心应手。对古诗情感表达是个难点，我在备课时就预设了两次指导的环节。一次是在任务三了解诗的1、2句诗意时，我引导孩子讲牛郎织女的故事；一次是在任务四了解诗的3、4句诗意时，我引导学生看课后资料袋的内容，让学生明白人们还要在乞巧节时许下自己美好的心愿。让学生各抒己见：如果你在现场，你会许下什么美好的心愿，进而说明诗人的情感？

（五）《日月潭》

课题：日月潭　课时：第2课时　课型：识字写字课　主备人：柴燕丽
本节好习惯：我会认真倾听　学习小主人：
【学习目标】 1. 我要有感情地朗读课文，感受日月潭的秀丽风光，背诵自己喜欢的段落。 2. 我能正确认读生字"环、绕、朦、胧"等。 3. 我能正确、规范地书写"隐、约、茂、盛"等字。
【时间预设】 朗读 15分钟→识字10分钟→写字15分钟。

续表

【学习过程】 一、有感情地朗读课文、背诵课文 1. 我能熟练地读课文。 2. 思考问题并在文中画出相关的句段。 （1）日月潭的名字是怎么来的？（指导朗读第 2 自然段） （2）日月潭的水有什么特点？（指导朗读第 3、4 自然段） 3. 我来夸夸日月潭的风景。（用一个词或一句话） 4. 我会用自己喜欢的方式背诵自己喜欢的段落。 二、识字 出示生字、词语。 1. 我能说出生字的读音。 2. 我能和对子互相学习。 3. 我会和小队合作学习。 4. 我们队勇于展示。 三、写字 学习生字“隐、约、茂、盛”等。 1. 我能说出这 4 个字的读音、结构、组词、笔顺、关键笔画等。 2. 我会和对子交流自学时遇到的困难。（“绕”的右上角没有点） 3. 我能跟随小队，汇报学习成果。 4. 我会仿写。

设计理念

在整个教学活动中，尊重学生的读书体验，注重情感的生成。力求把教师的引导、学生的读书与有关日月潭的图片有机地结合起来，从而让学生去想象日月潭的美，并在感受美的过程中积累词语、运用词语。引导学生在合作中学习，在学习中交流，在交流中体现学习的主体性。

课后反思

语文教学最不能缺失的就是琅琅的读书声，我在本课采用自读课文、对子轮读、小队齐读、小队展读等多种形式的朗读让学生美文美读，深入文本。在这节课中，学生展读课文环节，教师适时引导学生有感情朗读，努力以自己的情感感染学生。同时努力让学生自己感受课文字里行间流露出的对日月潭之美的赞赏之情。于是，我试着放手让学生自己读书，让他们从文中找出自己觉得最美的地方。只要学生真正体会到了美，那么这种“情”就会自然而然地流露出来。

有缺憾的课堂才是客观真实的课堂。本节课也有许多不足之处，如：过渡语和体态语言的运用得加强。俗话说：“上好一节课容易，但要上好每一节课很难。”我应关注细节，在平时的教学中多备、多思、多学。

总之，教学技能非一日之功，只有一如既往地去做，才会日渐提升。因此在以后教学中，我应多学习、多反思自己的每一次教学行为，让我的课堂逐渐从“缺憾”走向“完美”。

二、数学师生学习案

（一）圆柱和圆锥

学习小主人：________班________小组________同学

年级：六年级　学科：数学　主备人：贾改霞　　审核人：六年级数学组

训练主题：静心独思　争分夺秒

学习内容：“圆柱和圆锥”复习提升

【学习目标】

1. 我能进一步理解圆柱、圆锥的有关知识，灵活地解决实际问题。

2. 在学习的过程中体会转化的数学思想。

【知识梳理】

1. 等底等高的圆柱和圆锥体积之间的关系是（　　　　　　　），用比表示 $V_{柱}$ ∶ $V_{锥}$ =________________。

2. 用字母表示：$V_{柱}$ =________________；$V_{锥}$ =________________。

3. 在体积、底面积和高这三个量中，已知两个量就能求出第三个量。

在圆柱中，$S_{底}$ =________________，h=________________。

在圆锥中，$S_{底}$ =________________，h=________________。

续表

【基础练习】

1. 圆锥的体积比与它等底等高的圆柱的体积少（　　），

圆柱的体积比与它等底等高的圆锥的体积多（　　）。

2. 把一段圆柱形钢材削成一个最大的圆锥，切掉的部分重 8 千克，这段圆柱形钢材重（　　），圆锥重（　　）。

3. 两个圆柱的底面半径比是 3 ∶ 2，高相等，则底面积比是（　　），体积比是（　　）。

【拓展提升】

任务一：

1. 如果将一个底面积是 28.26 平方厘米的圆锥形铅块熔铸成一个高不变的圆柱形铅块，则圆柱的底面积是多少平方厘米？

2. 一个圆柱形水槽里面盛有 10cm 深的水，水槽的底面积是 $300cm^2$，将一个棱长 6cm 的正方体铁块放入水中，水面将上升几厘米？（假设水不溢出）

任务二：

1. 把一个底面半径是 8 厘米，高是 20 厘米的圆柱形木块沿一条底面直径劈开，分成相等的两部分，他们的表面积比原来增加了多少平方厘米？

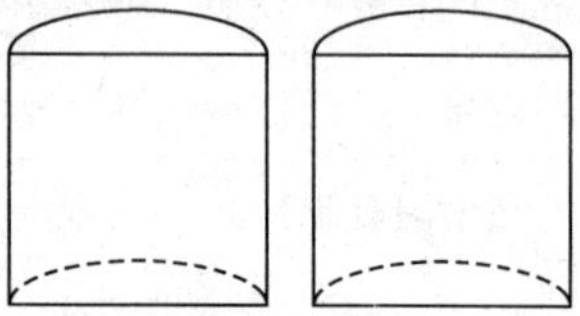

2. 一个长为 3m 的圆木，如图截成了两段，表面积增加了 $60cm^2$，这个圆柱的原体积是多少？

任务三：

一个长方形长 10 厘米，宽 4 厘米，以长方形的长为轴旋转一周，得到一个什么样的立体图形？这个立体图形的体积是多少？

设计理念

本节课以学生的发展为本，着眼于学生能力的培养。通过学生对本单元知识的梳理，激发学生的潜能。在整理和复习的过程中，加深学生对本单元知识的理解，培养学生分析、归纳、解决问题的能力，也使学生认识到数学知识在生活中的作用。

课后反思

本节课我以“学生是学习的主人”为指导思想，充分发挥学生的主体作用，积极创造民主和谐的课堂气氛，培养学生自主学习的能力。

（1）把学习的主动权交给学生

在上课前，我先让学生根据导学提纲对本单元的知识进行梳理，然后在课堂上，以任务包的形式分组抽签决定展示组，每组在展示完以后又根据与本题有关的知识进行拓展，这样孩子不仅学会了这道题，也把这类题进行了对比整理。通过展示，孩子在课堂上相互对比交流、补充、质疑，教学中的重点环节都是引导学生合作完成，真正起到了教师是组织者、引导者、合作者的作用。

（2）精心设计练习

一堂好的复习课，需要配备必要的例题，通过教师对例题的讲解与析评，学生更进一步理解和运用知识。本节课我在例题的设计上尽量贴近生活，又有新鲜感，使孩子产生浓厚的学习兴趣。

（3）创设和谐融洽的教学氛围，激发学生创造潜能

在本节课中，我始终尊重他们的每一个想法。对于他们在课堂上的每一个闪光点都及时给予肯定和赞扬，让他们获得更多的成功体验，让学生在轻松和谐的氛围中充分发挥潜能和创造欲。

总之，我认为在复习教学中，要安排、组织、引导学生积极参与复习全过程，使他们在复习中多动脑、多实践、多思考，引导学生自己检查、自测、查漏补缺，针对各自的学习缺陷进行温习补救，教师应把主要精力放在设计安排、点拨总结、答疑引导和评估反馈上。

（二）长方体的表面积

主备人：张颖　　审核人：五年级组　　学生姓名：　　小组：

课题	长方体的表面积	课型	新知探究	内容	课本第 33、34 页
学习目标	1. 我知道什么叫长方体的表面积。 2. 我能自己研究出长方体表面积的计算方法。				
重点	长方体表面积的计算方法。				

学习过程	师生笔记
【学习流程】 任务一： 1. 通过观察长方体和正方体的平面展开图，我知道了长方体或正方体（　　　　　），叫作它们的表面积。 2. 在准备好的长方体上，分别把上、下、左、右、前、后标在 6 个面上。仔细观察后我发现：（　　　）和（　　　）、（　　　）和（　　　）、（　　　）和（　　　）的面积相等。 任务二： 1. 在下面的长方体中分别标出长、宽、高，并思考每个面的面积计算方法。 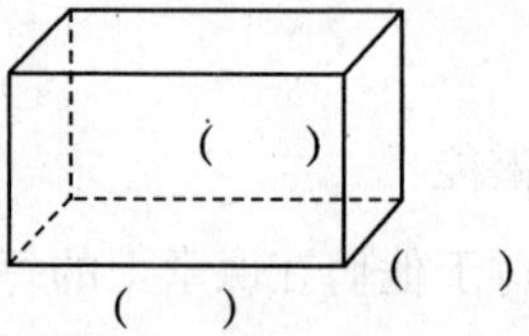 可以这样想：“前面”这个面的长和宽分别是长方体的（　　）和（　　），面积 =（　　）。 2. 上、下面的长和宽分别是长方体的（　）和（　　），面积 =（　　）； 前、后面的长和宽分别是长方体的（　）和（　　），面积 =（　　）； 左、右面的长和宽分别是长方体的（　）和（　　），面积 =（　　）。 3. 通过以上分析可以归纳出： 长方体的表面积 =（　　　　　）， 用字母表示为：$S=$__________。 任务三： 请你算算自己做的长方体盒子的表面积是多少。（粘贴处不考虑）	

续表

【达标测评】 1. 如右图，一个长方体木箱，这个木箱的占地面积是多少平方厘米？表面积是多少？（单位：厘米） 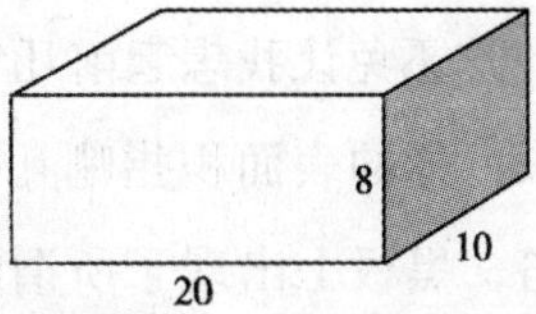 2. 一个长方体的无盖水桶，长 0.4 米、宽 0.3 米、高 0.5 米。制作一个水桶至少需要铁皮多少平方米？做 1000 个呢？ ★ 3. 加工一个洗衣机的机套（没有底面），每台洗衣机的长是 60 厘米，宽是 40 厘米，高是 80 厘米，做一个机套至少用布多少平方厘米？

设计理念

首先是以学生原有的知识基础为前提，再通过课前的一个生活当中会遇到的实际问题来引入课堂。让学生知道数学是做什么的，在生活中什么地方会用到数学知识。

接下来让同学们通过观察来实际了解长方体的表面积包括哪些面的面积，这 6 个面有哪些特征？ 我们怎么来求这 6 个面的总面积？通过思考学生就能逐渐得出计算方法及公式。最后的设计是利用刚刚学到的知识，来解决生活中的实际问题，达到学以致用的目的。

课后反思

《长方体的表面积》一课是在学生已经认识了长方体的特征的基础上学习的，这部分内容对于学生来说并不困难，只要把 6 个面的面积相加就行。但是，我为了让学生能够有强烈的学习兴趣，设计的第一个小环节是引发学生思考，带着问题学习。结果学生的表现我很满意。

方法一：把长方体展开后分成三组，按组求面积后再求和，得到的计算方法是：长 × 宽 ×2+ 长 × 高 ×2+ 宽 × 高 ×2。

方法二：把长方体展开后分成面积相等的两大组，得到的计算方法是：（长 × 宽 + 长 × 高 + 宽 × 高）×2。

这不免让我想起前几年的教学，教师在讲台上高举教具，边演示边提问："这个长方体的表面积指哪几个面？""谁会计算它的表面积？"随着几个学生的回答，黑板上出现了所谓的计算公式：长方体的表面积 =（长 × 宽 + 长 × 高 + 宽 × 高）×2，并让学生把公式记在书上。这样的教学方式，没有学生动手操作的时间，没有学生思考的空间，没有学生交流、分析与整理的过程，何谈第二种方法的出现？何谈创新意识和实践能力的培养？

两种做法的对比，让我看出，在"以学生为主体"的教学理念下，教师的教学观念要转变，学生的学习方式要转变，要让学生真正成为课堂主人。因此我认为数学教学中，还要从学生已有的知识以及学生熟悉的生活情境和感兴趣的具体事物出发，通过实物、教具引导学生在理解的基础上掌握知识，给学生充分观察和实际操作的机会，让他们体会到数学来源于生活、来源于生产实践，增强学生学好数学的兴趣。我们要从生活实际引入，为学生创设探索新知识的条件，让学生参与到获取新知识的过程中去。将抽象的知识变成学生能看得见、摸得着的现实东西，使学生在观察和操作中，对知识的思考与实物模型的演示和操作有机地结合起来，在学生头脑中形成表象，建立概念，以动促思。并给学生机会，把时间还给学生，把课堂交给学生，让学生充分展示自己的想法，在多种算法的展示中选择适合自己的算法，不但调动了学生学习的积极性，更加能够真正实现我们心中的高效课堂。

（三）植树问题

课堂小主人：班级 __________　　　　姓名 __________

年级：四年级　　学科：数学　　主备人：曲 珍　　审核人：程丽华
训练主题：有序展示　积极互动
课题：植树问题
【学习内容】 第 117 页例 1。

【学习目标】

1. 我能通过图示理解植树问题（两端都栽）中的数量关系。

2. 我会解决生活中的植树问题（两端都栽）。

【学习流程】

学海探秘

任务一：我能发现在路两端都种树的情况下，路长、间距、间隔数和棵数之间的数量关系。

温馨提示：结合图示，仔细观察、认真思考哦！

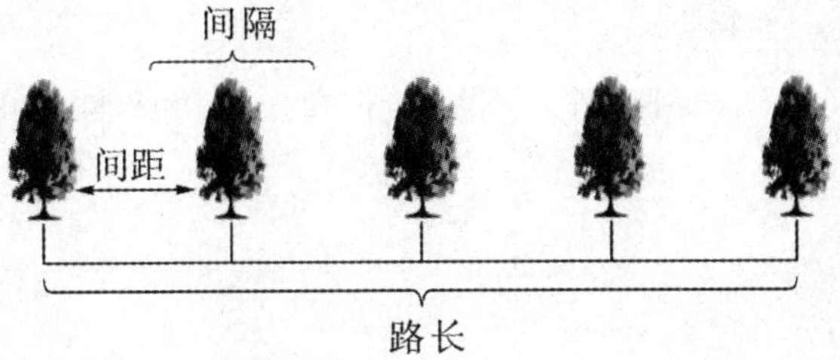

棵数 =　　　　　　　　间隔数 =

间距 =　　　　　　　　路长 =

任务二：我会解决植树问题（两端都栽）

1. 同学们在全长 20 米的小路上植树，每隔 5 米栽 1 棵（两端都栽）。

①如果在小路的一边植树，一共能栽多少棵树苗？

学法指导：要求出一共能栽多少棵树苗，必须先求出什么呢？我们可以利用之前总结的数量关系哦！

②若在小路两边这样栽树，一共能栽多少棵树苗呢？

续表

2. 园林工人沿公路一侧植树（两端都栽），每隔 6 米种 1 棵，一共种了 36 棵。从第一棵到最后一棵的距离有多远？

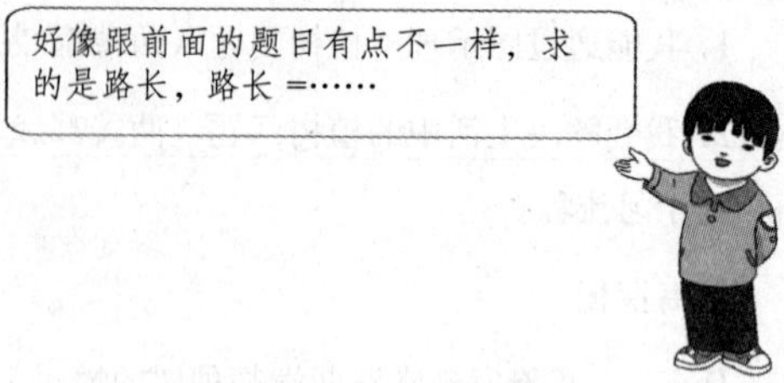

达标检测

1. 8 路公交车行驶路线全长 12 千米，相邻两站的距离是 2 千米。一共有几个车站？

2. 四（1）班同学站方阵，15 人站一横排，每两人之间的距离是 2 米，这一横排有多长？

设计理念

“植树问题”是人教版小学数学四年级下册“数学广角”内容，本节课主要研究两端都栽的植树问题，通过学习，要让学生理解植树问题（两端都栽）的基本概念和基本数量关系，并会灵活运用数量关系解决这类植树问题，在通过解决生活中的“植树问题”感受数学在生活中的应用。

由于理解植树问题的概念和总结数量关系是解决植树问题的前提，所以本节课设计了两个学习任务，任务一：重点是通过线段图，理解植树问题（两端都栽）的基本观念和基本数量关系；任务二：重点是运用任务一中总结的数量关系，解决实际的植树问题（两端都栽），在解决问题的过程中，再一次理解植树问题（两端都栽）的数量关系。由于任务一的内容是任务二内容的基础，所以课堂教学时，是通过高效课堂“小五环”模式进行，即每一个学习任务都让学生经历独学、合作、交流展示的过程，在每个阶段的交流展示过程中，通过师生互动、生生互动的补充、质疑，将重、难点突破。

导学案的设计始终贯穿于学生主体、教师主导的理念，力求营造和谐、主动、富有个性的数学课堂。

课后反思

“植树问题”是一节经典的课目，每个执教老师都有自己的教学风格和思路，设计导学案前，我首先参考并观摩了其他老师设计的课例，大部分都是由手的手指数和手指缝的关系引入植树问题，再通过解决例题来发现植树问题里的数量关系，最后应用。这样的教学流程基本符合我们现在的教学模式，于是按这样的思路在四（1）班进行教学。吸取以前的听课经验，知道学生在学习植树问题时，最大的困难不在发现规律，而是在植树问题一些概念的理解上，所以，课上情景导入、明确学习目标后，我结合图例明确了路长、间距、棵数、间隔数等一些基本概念，再出示例题开始数量关系的研究。学习过程中发现，有很大一部分学生在教师明确概念用的图例上就能发现数量关系，不必非要等到有具体的题例，一个想法跳进了脑海，可以让学生先在图例上明确概念、发现数量关系后，再去牛刀小试啊！行，就这么做！于是将导学案进行了修改，我在第二个班上课时，就采用了这种方法，学生从图例中理解概念，发现路长、间距、棵数、间隔数之间的数量关系，然后通过解决实际的植树问题，加深理解，最后灵活运用。这样下来，感觉一节课学生学得也比较清晰、明白。

最后的达标检测本以为应该畅通无阻了，但又有了新的问题：学生的认知起点与知识结构逻辑起点存在差异。本以为学生能发现路长、间距、棵数、间隔数之间的数量关系就能解决问题了，实际上，学生只学会了种树的植树问题，如果把树换成路灯、钟声、路队、车站牌，学生就不知该如何下手了。看来，植树问题的本质还需要在课堂上点透，植树问题就是研究点与间隔的问题，这个点上可以是树，可以是路灯、钟声、路队、车站牌……不管这个点上是什么，数量关系是不变的。课堂上将问题的本质说明白了，学生才会真正地运用。

（四）表内除法

学科：数学　年级：二年级　主备人：赵燕玲　审核：二年级数学组	
训练主题：聚焦迅速　组织有序	课题：“表内除法”的复习提升

【学习目标】

能尝试总结表内除法知识并解决问题。

小热身

口算。任选 2 题给同桌说一说你是怎样算的。

$32\div4=$　　$81\div9=$　　$15\div5=$　　$24\div6=$

$42\div7=$　　$40\div8=$　　$24\div3=$　　$14\div2=$

学海探秘

任务一：知识梳理

1. 我知道什么是“平均分”：每份分得（　　　　）叫平均分。

2. 我会按指定的份数平均分。我还会按每几个一份平均分。

分一分，圈一圈，列式并写出算式中各部分的名称和表示的意义。

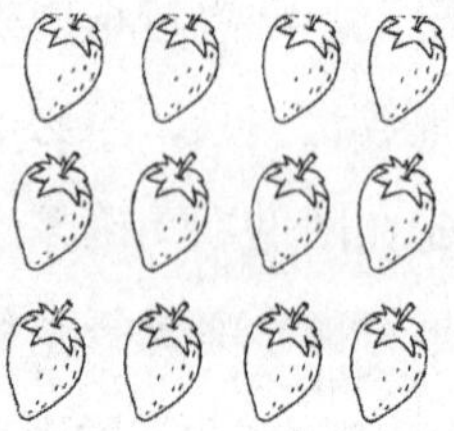

（　　）÷（　　）=（　　）

名称：（　　）÷（　　）=（　　）

意义：要分的 ______ ______ ______

任务二：解决问题

10.00 元

6.00 元

24.00 元

8.00 元

9.00 元

54.00 元

（1）篮球的单价是文具盒单价的几倍？

（2）买 4 个球拍的钱可以买几根跳绳？

（3）你还能提出什么问题？并解答。

续表

任务三：拓展提升

1. 可以分给几位客人？

8个　14支

2. 哪一种袜子最便宜？

15元　　5元　　12元

达标检测

1. 口算。

$4 \times 6 \div 8=$　　　　$35 \div 7+36=$

$54 \div 9 \times 2=$　　　　$4 \times 5-11=$

2.

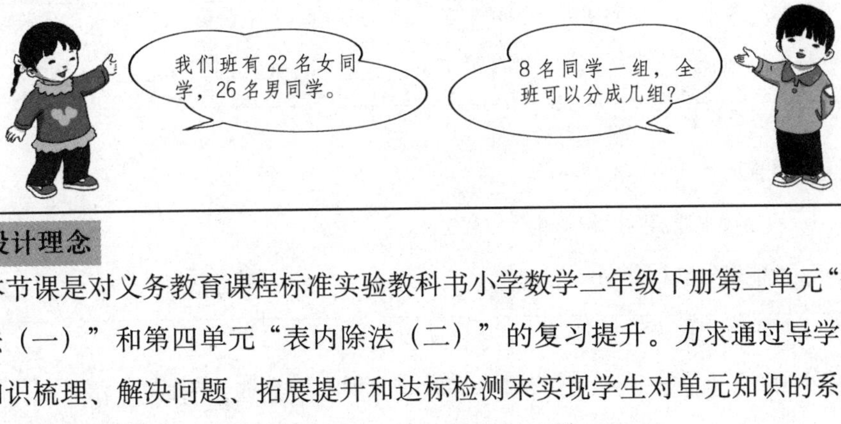

设计理念

本节课是对义务教育课程标准实验教科书小学数学二年级下册第二单元“表内除法（一）”和第四单元“表内除法（二）”的复习提升。力求通过导学案上的知识梳理、解决问题、拓展提升和达标检测来实现学生对单元知识的系统梳理，促进学生对于知识的理解和应用，培养学生的学习能力。

课后反思

孩子们在课堂上充分释放自己的能量

能量一：分、圈草莓帮助孩子们在操作的过程中进一步理解除法的平均分含义。孩子们踊跃地补充多种分法，可以感受到他们思维的灵活性在碰撞中变得深刻、有序。

能量二：根据提供的商品和单价，孩子们提出了自己喜欢的问题。值得欣慰的是，孩子们不但解题思路讲解清楚，而且开始尝试展示组和倾听组的互动学习，从而使学习更富挑战性和趣味性。

当然，我更关注的是课堂上出现的问题。

问题一：补充发言忽略规则，浪费了时间。孩子们虽然有很强的自我表现欲望，但忘记了学习规则，就会导致争抢而浪费时间。因此，学习规则还要不断强化以形成孩子们良好的学习习惯。

问题二：老师没有把握好展示小组的组内分工是否合理，配合是否默契，衔接是否紧凑，导致班级学习节奏的松懈。这也是今后我要努力的方向。

三、英语师生学习案

（一）You can play football well.

教材：五年级上册 Module 6　　课题 : You can play football well.

课型：学习新知

最酷的 School：安阳市殷都实验小学　　主备人：牛苗苗　　审核人：崔文静

最炫的 Class ______　　最牛的 Team______　　最佳的 I’ m ______

【学习目标】

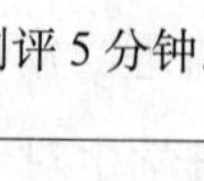

a. 我能听懂、会读本模块单词。

b. 我会读本课前两段句子并明白意思。

c. 我能用句型 Can you... 造句。

【时间预设】

小检测 5 分钟→自学、对学、群学 20 分钟→展示 10 分钟→达标测评 5 分钟。

【学习流程】

I can remember.　　听写小能手　（听写—对改—改错）

____

____

____

____

续表

快把写错的单词改两遍吧！

____
____
____
____

一、自学（独学—小组报到）

1. 听录音学单词。

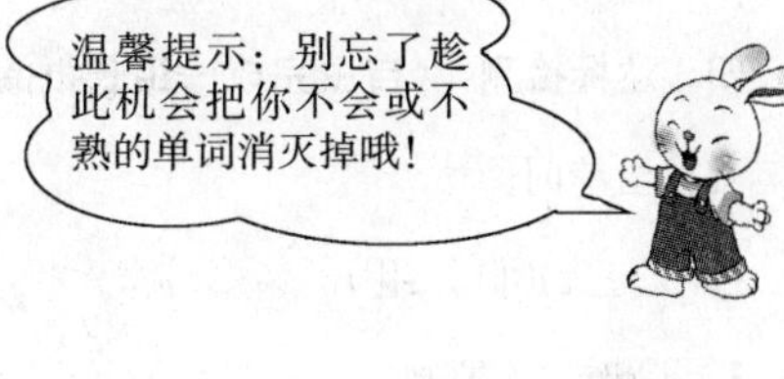

2. 自读单词，不会的用双色笔标出来哦！

3. 对子、小组合作交流，顺利闯关！

I can write. 翻译小专家

1.football team__________ 2.control the ball__________

3.run fast__________ 4.be good at__________

5.catch the ball__________ 6.jump high__________

自读两遍课文前两段，用红笔标注不会读的地方。

跟录音读课文两遍，翻译课文前两段。

I can listen. 听力闯关（认真倾听，独立思考）

圈出你所听到的单词。

1.well bell 2.game team 3.control drop

4.badly bad 5.real really 6.catch match

二、合作（对学、群学—小组报到）

1. 对子、小组内交流自学内容，将未能解决的问题板书在黑板上。

2. 自读、对子互读单词和课文三遍，组长领读单词、课文两遍。

3. 任务准备：

（1）背写新单词和课文前两段，对子、组长提问单词、课文及意思。

（2）读熟课文中 Can you... 的句子，并仿造三个句子。

三、展示（抽测—组间交流—补充质疑）

1. 单词闯关 （1）英汉互译 （2）听写单词

（错的在空白处抄两遍）

____
____
____
____

续表

2. 课文闯关

（1）读前两段课文，翻译课文句子。

（2）用 Can you... 造句。

四、达标检测 （自主完成—组长批阅—小组报到） **得分：________**

☆补全单词。

1.t__ __m(队，组)　　2.c__a__ __(接住)

3.c__ntr__l(控制)　　4.r__ __ll__(真正地)

5.b__dl__(不好地)　　6.f__nt__st__c(极好的)

7.g__ __lk__ __per(守门员)　　8.b__sk__tball(篮球)

☆背会下列句子并翻译。

1.A:Can you run fast? ________________________________

B:No,I can' t.________________________________

2.You can catch the ball well. ________________________________

学案整理：请赶快完成你学案中未完成的题目吧!

拾贝园

设计理念

本课课型是学习新知课。重点是有关运动类的一些词汇及其用法，难点是会运用评价自己和他人的语言。在设计导学案的时候，首先要想到的是面对全体学生，在学习知识的过程中关注学生的个体差异，让每个学生都有所收获。

根据学生的特点，安排导学案内容时，遵循由易到难、循序渐进的原则，从单词、短语、句子到课文的顺序，通过学生自学、群学等方式让他们探究方法，利用双色笔的标注让学生明白目标中的重难点、质疑纠错点等，在自主学习和合作学习的过程中体验快乐，在快乐中学习。

课后反思

本节课遵循了英语新课程标准的理念：以人为本，面向全体学生，以活动为主，采用任务型教学法，让学生通过感知、体验、实践、参与、合作与交流的方式来实现任务目标，更能发挥学生的自主能动性。书写和对话交流都符合学生的特点，整堂课比较活跃，达到了语言运用的目标。

课堂上使用了交际教学法、任务型教学法，引导学生们大胆交流、积极实践、合作创新。学习知识的过程中关注学生的个体差异，让每个学生都有所收获。

教学对象为五年级学生，他们对英语保持着良好的学习兴趣，具有一定的英语口语表达和英语思维能力。以前学生学过句型，有一定的基础知识，课堂活动方式的变换让学生在学习中不断体验到成功的乐趣。尤其在达标检测环节，能够及时发现问题和纠正错误，做得较好。

课堂上组长发挥了很好的作用，小组合作学习有序高效。以后课堂中要加强小组建设，为以后的顺利教学打下基础。

（二）My favourite season.

教材：人教版 PEP 五年级下册 Unit 2　　课题：My favourite season.

课型：成果展示

最酷的 School：安阳市殷都实验小学　　　　主备人：杜晓贝

最炫的 Class__________　最牛的 Team__________　最佳的 I' m__________

【学习目标】

1. 我能听说读写 Let' s learn 中的单词。

2. 我会运用重点句型：

What' s your favourite season?Which season do you like best?

Why do you like...?Because I can...

3. 我能熟练朗读或背诵课文，并试着表演、创编对话。

【时间预设】

小检测 5 分钟→对学、群学 10 分钟→展示 20 分钟→达标总结 5 分钟。

【学习流程】

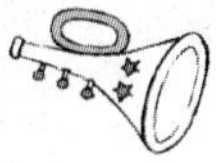

Step Ⅰ：Check. 我是听写小能手（听写—对改—改错—报到）

____

____

____

____

____

____

____

____

续表

有错必纠（两遍）

____

____

____

____

Step Ⅱ：Presentation and Cooperation

对子之间课文互评。（打“✓”）（10 分钟）

Great（　） Good(　) OK（　）

Step Ⅲ：Show（20 分钟）

孩子们：大显身手的时候到了！赶紧来分享一下自己的学习成果吧！

任务条：

Task 1：我是“小小讲解员”：板书并讲解本课重点句型。（双色笔）

Task 2：我是“朗读／背诵小能手”，展示课文（提示：齐／分角色读／背课文，课本剧……）

Task 3：我是“小导演”，用重点句型创设情境表演英语小话剧。

Task 4：我是“小作家”，介绍自己喜欢的季节。

我还有其他的创意……

Step Ⅳ：Consolidation 达标测评（5 分钟）

（1）看图填空：

_______ is my favourite season. ________ I can _______ and _______a snowman. But it’s very_____.

续表

（2）能力拓展： 同学们，赶快把你喜欢的季节画一画，并写出来吧！

设计理念

确立以学生发展为本的理念，明确学生有效学习。关注学生学习的全过程，关注学生学习的有效性，关注教师教学的针对性，关注课堂师生共同成长的互动性。其核心是：根据学生有效学习的需要以及班级授课的特点，设计和组织课堂教学。

课后反思

综观整个教学，课堂上有激情，有活跃，有思考，有高潮。特别是在巩固课堂知识、运用课堂知识并加以扩展的过程中，小组预展和展示时，极大地调动了学生的兴趣和参与的积极性，培养了学生的合作精神，增强了学生良好的竞争意识和集体主义精神。

回头看这节课的教学，我认为必须进一步强化教学基本功，力求把现代教育手段引入课堂，使学生学会学习、学会生活、学会交往，让学英语“It’s fun! It’s easy”成为自己永远的追求。

（三）Time

教材：人教版新起点二年级下册　　Unit 13　课题：Time　课型：学习新知

最酷的 School：安阳市殷都实验小学　　主备人：李元霞　　审核人：樊伟

【学习目标】

a. 我能听说数字 0—100。

b. 我会运用重点句型“What time is it”

【时间预设】

复习 10 分钟→新授 20 分钟→巩固 10 分钟。

【学习流程】

Step 1：Revision

复习前三单元所学过的单词。

Step 2：Presentation and Cooperation

一、复习所学数字 1—20，引入所学新单词：twenty，thirty，forty，fifty，sixty，seventy，eighty，ninety。

1. 领读。

2. 通过游戏练习所学单词。

3. 打开书再一次培养孩子的认读能力。

二、教师拿出一钟表引出句型：

What time is it?　　　It's 7 o'clock.

通过一个游戏训练句型，让学生学会用英语表达时间。

对子之间一问一答。

Step 3：Consolidation

在学习整点的基础上进一步学会分点的表示方法。

What time is it?　　　It's 7:25.

设计理念

教学中面向全体学生，为学生全面发展和终身发展奠定基础，运用任务型的教学途径，培养学生综合语言运用能力。由于小学生注意力保持时间短暂，在英语教学中老师要善于运用丰富多彩的教学方法来吸引学生的注意力。在教学中我常用的有表演法、竞赛法、游戏法等。

另外，在巩固新课时，我经常采用竞赛法，引进竞争机制，给学生一个自我表现的机会，符合小学生争强好胜的心理特征。许多学生跃跃欲试，尤其是自我表现力强的、得到老师表扬的，甭提有多神气了。

教学方式的转变，活跃了课堂学习气氛，缩短了课堂与生活的距离，学生在类似的生活情境中学习英语，轻松愉快，学生听、说英语的整体素质也得到了较快提高。

课后反思

本课的教学是在原有学习数字的基础上，学习认识时间的英语表达法。

孩子们对数字掌握得较扎实，但是对表的认识不够，许多学生只认识时间的数字读法，一旦让他们看表用英语表示还是有些难度，这也是本节课的教学难点。所以，本节课后我给孩子们布置的家庭作业是，在家拿出实物表，先会认读时间，在此基础上再转换成英语思维，用英语直接读出正确时间。

本课的设计思路：游戏满足了儿童的天性，在游戏中激发他们的思维，该游戏的设计目的是把枯燥的学习内容变成趣味性的活动，从而有效地达成教学目标。

四、音乐师生学习案

年级：三年级　学科：音乐　主备人：靳小慧 审核人：王健　本周好习惯：会听琴模唱歌曲旋律
【学习目标】 1. 我会用自然优美、欢快活泼的声音演唱歌曲。（重点） 2. 我能掌握附点八分音符及前八后十六分音符的节奏。（难点）
【学习流程】 复习链接—自主聆听—示范引领—展示拓展。
【学习过程】 **一、复习链接** 1. 游戏发声 1 2 3 4 | 5 — | 5 4 3 2 | 1 —‖ 小猫 怎 样 叫， 喵 喵 喵 要求：眼睛睁大，嘴巴随手势上提，笑起来，眼睛和气息点相交。

续表

方式：对子互相检测。

2. 复习歌曲《每人伸出一只手》，对子互相检测。

二、自主聆听

（一）互动游戏

2/4 | 0| | 0‖ （写出节奏或唱名）

欢 迎 欢迎 热 烈 欢迎

（二）感知聆听

1. 介绍歌曲创作背景。

2. 对子研究二拍子的拍击玩法。（注意强弱规律）

方法：对子互学，自己研究强弱的拍法。

（三）自主探究

1. 看歌谱，对口形，找出歌曲有几个乐句，轻声哼唱。

2. 从第一乐句中找出哪些节奏？______________。

找一找，生活中有哪些这样的节奏？用声音和动作模仿出来。

3. 带歌词完整演唱，找出相同或重复的乐句，自己对比一下情绪。

4. 有节奏地读歌词（高位置）。

5. 用读歌词的位置完整演唱歌曲。（注意：眼睛、嘴巴、气息）

三、识读乐谱

1. 自读歌谱，找出第一乐句中出现的唱名，读一读。

唱名______________。

2. 跟琴慢唱歌谱。

3. 找出第一乐句中哪个是六度大跳音程，用手势比划并唱出来。

____

四、展示拓展

（一）小组合作，预展。（以不同的形式来演唱）

（二）运用欢迎的节奏型为歌曲进行乐器的伴奏。

五、课堂检测

1. 歌曲情绪：__________ 2. 2/4 强弱规律：__________

3. 找出节奏型：__________ 4. 唱名排列：__________

设计理念

现在的社会是个能力培养的社会，因此，我区进行了教学的改革，而高效课堂模式以及学生的自主学习能力的培养，更是让学生的能力得到极大的提高。在我的音乐课上，我摒弃了原有的教学模式，把课堂交到学生手中，让学生在“多听”的基础上逐步把课堂所学的内容自己去学会，而这也是新课程标准中所提出的基本理念，以“听”带动学生的学，再加上学生的参与互动，从而让学生学会这首歌曲。

课后反思

课堂教学是师生之间互相促进、互相影响的过程。针对我区的教学模式，也针对新课程标准中提出的音乐是听觉的艺术，音乐教学首先是使学生会听。本节课所学的这首歌曲从整体上来说是属于比较简单的，曲调朗朗上口。虽然曲调简单容易学唱，但是这首歌曲的难点也就是容易出错的地方。一是在音程大跳的过程中学生很容易就唱出一个滑音，再一个歌曲第二段的“小小”这里和第一段的“亚非拉”因为填词的原因学生容易唱成一样。针对容易出现滑音的地方告诉学生这里更要轻声唱，那么在歌词容易出现问题的地方让学生多听教师的范唱，再加上学生的听，通过这种简单易行的方法学生就能很好地解决问题。依据本课的内容及情绪，我鼓励、引导学生进行即兴创编活动。根据学生的个性差异对每一位同学进行关心和鼓励，构建和谐、团结、民主的氛围，引导学生共同参与、积极讨论，培养学生乐观的学习态度和友爱的精神。

五、美术师生学习案

年级：五年级　学科：美术　本周好习惯：我展示，我倾听
课题：火花的设计 主备人：马海芹　审核人：白艳红
【学习目标】 1. 我知道火花的组成和特点。 2. 我会用有特色的简练的纹样设计一幅火花。
【学习流程】 新知探究课：明确目标—预习交流并展示—示范引领—自主练习—点评优秀

续表

【学习过程】

上课口令（赤橙黄绿青蓝紫，我的风采我展示）

一、明确目标（2分钟）

（让学生读目标）孩子们，我们今天来欣赏一些漂亮的火柴盒，（出示幻灯片火柴盒）请大家思考什么叫火花？火花的功能是什么？

生答：略。师总结：火花的功能有装饰、美化、标志、实用的功能。

二、预习交流展示（12分钟）

老师知道大家收集了很多火花的资料，老师也找了许多漂亮的火花，（出示火花幻灯片）我们今天一起来了解一下有关火花的知识，完成以下几个任务。（出示任务包）你们在欣赏这些漂亮火花、解决问题的过程中，有疑问的可以和对子讨论，小组内交流。我们一会儿分任务展示。

任务包：

1. 火花的绘画形式有什么特点？

2. 火花的色彩有什么特点？

3. 火花的图案有什么特点？

4. 火花的组成有什么特点？

续表

（学生在自学、对学过程中，老师板书火花设计课题）在大家预习结束后，老师组织学生分任务，各组抽到任务后A队和B队抓阄儿展示，对每个小队的展示进行表决式评价。 学生展示完毕，老师总结。 **三、示范引领（1分钟）** 通过大家的展示，老师也知道了火花的组成是文字和图案，老师也设计了一幅火花，大家喜欢吗？ **四、自主创作（15分钟）** 孩子们，你们能不能用自己灵巧的双手、聪明的大脑和喜欢的形式设计一幅火花？ 要求：1. 构图饱满，色彩鲜艳，有想象力。 2. 符合火花的特点和组成。 **五、展示评价（10分钟）** 让学生在小组内展示作业，选出有特色的作品到前面展示，师生点评。

设计理念

本节课是一节设计课，导学案是指教师根据一节课教学知识的特点、教学目的，依据学生的认知水平、知识经验，为指导学生进行主动的知识建构而编制的学习方案。在明确目标环节让学生通过导学案的图片来思考什么叫火花？火花的功能是什么？在预习交流展示环节通过导学案给的任务包提出问题，学生通过自主预习交流，达到解决问题的能力，学生通过欣赏各种火花知道了火花的绘画形式是多种多样的，有版画、水彩画、速写、国画等等。通过分任务展示，提高了学生的积极性，充分体现了学生是课堂的主人，老师是促进者、学习者、幸福者。

课后反思

这节课是高效课堂模式精品课，这节课的核心是如何把更多的课堂时间还给孩子，还给孩子思维，还给孩子活动，还给孩子讨论，还给孩子自己去发现，还给孩子自己解决问题。学生在课堂上的五个环节很紧凑，教师的教学方式以探究式教学方式为主，学生的学习是研究性的学习，例如在预习交流展示环节，学生通过自主的欣赏、对子之间的探讨、小组内的交流解决了任务包里的问题，学生的参与率达到了百分之百，每个学生都充分发挥了自己的特长。在展示作品环节学生能把自己的设计思想展现给大家，作品的内容丰富多彩，可以看出学生的学习能力在不断加强。

六、科学师生学习案

年级：四年级	学科：科学	课型：新知探究	主备人：史素芬
课题：蜡烛会熄灭吗		学习小主人：	

【设计思路】

课程标准中明确提出："亲身经历以探究为主的学习活动是学生学习科学的主要途径。"为了让学生逐渐养成科学的行为习惯和生活习惯，为了培养孩子的探究兴趣，也为了给下节课的探究燃烧之谜做好铺垫，本节课的设计立足于"用教材"，而不是"教教材"这一理念。首先通过魔术表演激发孩子们乐于探究的欲望，再通过小组合作实验让学生深刻感受燃烧与空气的关系，从而逐步形成让学生会科学地看问题、想问题，保持和发展对周围世界的好奇心与求知欲。同时本节课还紧紧围绕猜想—实验—结论这一基本教学策略，让学生形成大胆猜想、尊重证据、敢于创新的科学态度，深刻感受"科学并不遥远，其实就在身边"。

【学习目标】

1. 我知道什么是对比实验。

2. 我能与小组成员合作完成实验，深刻理解燃烧与空气的关系。

3. 我能灵活运用本节课知识，解决、解答生活中的问题。

【学习重、难点】

找出燃烧与空气的关系。

【实验器材】

教师器材：大小相同的 3 个玻璃杯（其中一个无底），高度相同的 3 支蜡烛，1 块橡皮，1 个打火机。

学生器材：（以小队为单位）玻璃杯 3 个，长度相同的蜡烛 5 支，棋子 3 个或橡皮 3 块，剪刀、直尺各 1 把，火柴 1 盒或打火机 1 个。

【本节课科学思想】

好奇是科学的种子。

续表

【学习过程】

一、猜想实验，揭示对比实验

1. 两支一样的蜡烛，将它们同时点燃，用两个一样的玻璃杯将它们同时罩住，其中 1 号杯无底，2 号杯有底，蜡烛会熄灭吗？

我的猜想及理由：________________________________。

2. 两支一样的蜡烛，将它们同时点燃，用两个一样的玻璃杯将它们同时罩住，其中 3 号杯下面垫 1 块橡皮，你猜结果会怎样？

实验内容		不垫橡皮	垫 1 块橡皮
燃烧的时间（在燃烧时间长的下面打✓）	我的猜想		
	实验结果		

3. 通过刚才的实验，我发现有 ______ 个相同条件，有 ______ 个不同条件的实验，叫对比实验。

二、深入实验，探究新知

1. 我猜想蜡烛燃烧的时间长短和 ____________________ 有关。

2. 自主决定一个原因设计一组对比实验。

我的实验设计和记录：

设计要求：要写清楚相同条件、不同条件，有实验记录表格和实验结果。

我的实验结论是 ________________________________。

三、拓展应用，解决解答实际问题

1. 小明妈妈在炒菜时，油锅突然起火了，这时应该怎么办？

2. 中医治疗中的拔火罐是什么原理，你能试着说一说吗？

课后反思

本节课以孩子们感兴趣的魔术为话题，引导他们进行科学猜想和实验，大大提高了他们的学习兴趣和热情。在孩子们对蜡烛燃烧的时间长短和什么有关进行了大胆猜想以后，老师只是交代了实验时的注意事项，并没有对小队进行什么实验做过多的干涉，而是由孩子们自主讨论决定。

小队决定实验内容、表格的制定，并合理进行分工，完成实验。老师的大胆放手，给了孩子们更广阔的探究空间，也再次将孩子们的探究情绪推向了高潮。唯一遗憾的是，在展示时，由于时间的关系，没能让展示的小队逐一演示实验，孩子们语言的组织和表达能力也有待提高。

后 记

由于到学校来听课、参观的客人总是找我们的老师或管理部门索要关于课堂和学校管理方面的各种资料，而我们的资料比较分散，有的根本就没有形成文本，所以很多时候不能满足客人的需要，令客人很失望。

因此，我们组织力量，对我们学校在推动课改、文化建设等方面的工作进行梳理，总结、汇集了我们教育教学中的一些做法，大致按照学校的重点工作分类，编成了这本册子，希望对致力于课改的学校与教师有所帮助。

但是，囿于我们的教育认识尚待成熟，我们的教育理论水平有限，难免会有一些观点偏颇。由于我们的课改还正在进行中，课改中的许多新问题不断出现，我们也是在解决问题、产生新问题、再解决问题的梯次渐进中前行。所以，此书可能会有很多经不起推敲的地方。如是，欢迎同行们不吝指出，便于我们改正，便于我们共同研究以期解决之。

谢谢！

编者

2013 年 6 月 5 日

后记

[illegible]

[illegible]

[illegible]

[illegible]